W0177214

Margrit Sprecher

Leben und Sterben im Todestrakt

WILHELM HEYNE VERLAG
MÜNCHEN

HEYNE SACHBUCH
19/773

Taschenbucherstausgabe 08/2001
Copyright © 1999 by Haffmans Sachbuch Verlag AG, Zürich
Wilhelm Heyne Verlag GmbH & Co. KG, München
http://www.heyne.de
Printed in Germany 2001
Umschlagillustration: Visum/Rolf Nobel, Hamburg
Umschlaggestaltung: Hauptmann und Kampa Werbeagentur, CH-Zug
Herstellung: Helga Schörnig
Satz: Schaber Satz- und Datentechnik, Wels
Druck und Verarbeitung: Ebner Ulm

ISBN: 3-453-18847-0

Inhalt

Hauptstadt des Todes

*Willkommen in Huntsville, wo das
Abenteuer beginnt*

Die Richtstätte liegt mitten im Ort, so stolz und selbstverständlich wie in andern Städten die Bank oder das Reiterdenkmal. Ruhig fließt der Verkehr darum herum, niemand wendet den Kopf. Fugen- und fensterlos ragt die Backsteinmauer in den Himmel, unüberwindlich wie eine Felswand. Auf den Zinnen blitzt hin und wieder Metall in der Sonne auf, Schatten bewegen sich. Eine Wand, die das Böse dämmt, eine Wand gegen alle Ängste Amerikas. Und dahinter steht sehr blau der Himmel.

Vor dem Aufgang schwingen Häftlinge den Besen, begießen die Blumen, mähen den Rasen golfplatzkurz. Sie arbeiten lässig, schauen freundlich und wirken in der weißen Anstaltskleidung so proper wie Tennisspieler. »The Walls« wird einen gepflegten Eindruck auf die Gäste machen, die abends zur Hinrichtung kommen.

Viel Publikum wird allerdings nicht erwartet. Kein medienträchtiger Serienkiller steht heute auf dem Programm, kein Kindermörder, keine geläuterte Karla Faye Tucker. Damals hatten tausend Menschen vor dem Gefängnis gestanden und ihren Tod entweder mit Gospels beklagt oder mit Freudengeheul begrüßt. Heute gibt's nur das Übliche: Der Täter, schwarz, tötete bei einem Raubüberfall den Ladenbesitzer, weiß. Auch lässt das Interesse an Hinrichtungen merklich nach, seit sie so häufig stattfinden. Selbst die Protestler von auswärts haben sich daran gewöhnt und bleiben weg. Jahrelang hatten sie Spruchbänder mit der Aufschrift »Murder in Progress« oder »Auch Jesus ist ein Opfer der Todesstrafe« geschwenkt, Kerzen im schützenden Kelch ihrer Hände gehalten und mit dünnen Stimmen »We shall overcome« gesungen. Jetzt sind sie müde geworden.

Huntsville, das im Auftrag des Staates mehr Menschen hingerichtet hat als jede andere Stadt in einer Demokratie, liegt eine Autostunde nördlich von Houston. Vor der Einfahrt steht die Tafel: »Willkommen in Huntsville, wo das Abenteuer beginnt!« Die Doppeldeutigkeit stört niemanden. Im Gegenteil, für grimmigen Humor hatte man hierzulande schon immer viel Sinn. Den elektrischen Stuhl nennt Texas »Old Sparky«, alter Funkensprüher; seine Gefängnisse taufte es »Ferienheim«, »Bergsicht« und »Zuckerland«. Aber auch besonders verdiente Mitglieder der Strafjustiz dürfen sich unsterblich machen. Die Ehre, den beiden gefürchtetsten der sieben

Strafanstalten von Huntsville ihren Namen leihen zu dürfen, fiel Mr. Ellis und Mr. Estelle zu. In »Ellis I« warten 450 Männer auf ihren Tod, im Hochsicherheitstrakt »Estelle« bringt die neuste Gefängnistechnologie die Menschen an den Rand des Wahnsinns.

Neben den scharfen Backsteinkanten des Gefängniswürfels »The Walls« wirkt der Rest des Städtchens, als wäre es die aus Brettern zusammengenagelte Kulisse für einen Western. Und wie in der Drehpause liegen die Straßen verlassen da. Staub scheint aus dem Himmel zu fallen, der mittags weiß ist von Hitze; ein stetes Sirren liegt in der Luft, von dem man nicht weiß, woher es kommt. Vereinzelte Vogelrufe brechen rasch ab, wie vor einem Gewitter. Nur nachts täuschen die roten Schilder der Billigmotels und Fastfood-Lokale pulsierendes Leben vor. Doch am nächsten Morgen ist alles wieder leer wie zuvor.

Änderungen werden hier nicht geschätzt. Das Nicken der Baukräne jenseits der Staatsstraße wirkt auf die Einwohner wie das Vorrücken einer feindlichen Armee; die Alteingesessenen empfinden die siebzig Neuzuzügler jährlich als ernsthafte Bedrohung ihres eigenen Wesens. Wer weiß, vielleicht kommen sogar Schwarze, Juden und Demokraten. Schließlich reichen 35 000 Einwohner vollauf, um genügend würdige Mitglieder für Rotary- und Lionsclub, für die Business Women Association und den Schießverein rekrutieren zu können.

Als noch lästiger empfand das Städtchen freilich die Invasion der Medien, als man sich hier 1998 anschickte, Karla Faye Tucker, die erste Frau seit 130 Jahren, hinzurichten. 500 Presseleute drängten sich im Ort und blockierten mit 30 Fernseh-Übertragungswagen den Verkehr. Huntsville fühlte sich, als wäre es unter die Zigeuner gefallen. Glücklicherweise rückte das Lokalblatt *Huntsville Item* die Proportionen wieder zurecht. Es zeigte der Welt, was das Ereignis wirklich wert war: ein paar dürre Worte auf einer seiner letzten Seiten. Umso mehr Platz räumte die Zeitung den Ereignissen ein, die im Leben eines anständigen Bürgers wirklich zählen. Die Eröffnung eines neuen Nagelstudios wurde ebenso ausführlich gewürdigt wie der Wohltätigkeitsbazar der Farmerfrauen und der durchschlagende Erfolg des Schießkurses für Jugendliche.

»Hinrichtungen sind etwas, das passiert, aber unser Leben nicht berührt«, bestätigt Bürgermeister William B. Green. Der Bürgermeister ist ein liebenswürdiger Mann mit dem zuversichtlichen Gesichtsausdruck eines Menschen, dem es immer gut gegangen ist. Von sich reden gemacht hat er nur einmal in seinem Leben, als er das Hinrichtungsgeschäft als »eine belebende Spritze in den Arm der Stadt« bezeichnete. Kaum wahrscheinlich, dass er oder seine Mitbürger sich der Zweideutigkeit dieser Worte bewusst waren. Im fernen Washington, New

York und Boston dagegen griffen die Nordstaaten-Softies den Satz triumphierend auf: Ha! Ein weiterer Beweis für das Denken dieser Barbaren im Süden, wo Liberale ein Visum benötigen und Mitgefühl illegal ist!

Der Bürgermeister ist hauptberuflich Wirtschaftsprofessor an der örtlichen Sam Houston Universität und besitzt im Rathaus nicht einmal ein eigenes Büro. Das ist auch nicht nötig. Hier weiß ohnehin jeder Bürger, was Recht und Ordnung ist, deshalb regiert sich der Ort von allein. Auf dem Polizeirevier herrscht ein Polizeichef, der Gesinnungsfeinde an ihren Sandalen erkennt. In den 70 Kirchen donnern die Pfarrer mit alttestamentarischem Zorn auf die breitkrempigen Hüte der Damen und festgezurrten Krawattenknoten der Herren nieder; dazwischen werfen sie flinke Blicke auf ihre Spickzettel. Ja, selbst der Zeitungs-Gastrokritiker vergibt seine Punkte nicht nach der möglicherweise sündig-guten Qualität der Speisen. Stattdessen bewertet er die Sauberkeit der Tischplatte und die Wirksamkeit der verwendeten Schädlingsbekämpfungsmittel.

Dass man auf die Meinung der Welt keine Rücksicht zu nehmen braucht, dazu trägt vor allem das krisenfeste Gewerbe bei, von dem Huntsville seit 150 Jahren lebt. Gedacht war das Gefängnisbusiness als Trostpflaster, weil der Ort nicht Hauptstadt von Texas wurde. Inzwischen ist aus dem Trostpflaster eine Goldgrube geworden. Heute hält man hier 15 000 Häftlinge in sieben Gefängnissen, bewacht und verwaltet von 11 000 Menschen, die Monat für Monat 16 Millionen Dollar an Löhnen in den Geldkreislauf der Stadt einfließen lassen. Es werden von Jahr zu Jahr mehr.

Der Preis für die Unannehmlichkeiten, die ein Geschäft wie dieses mit sich bringt, ist klein. Sowohl Gefängnispersonal wie Gefangene bleiben nahezu unsichtbar, ähnlich den Dienstboten in einem gut geführten Privathaushalt. Höchstens in den Supermärkten kann man die Wärter und Wärterinnen in ihren frisch gebügelten Uniformen vor der Kasse anstehen sehen. Oder es fährt einer der militärgrün gestrichenen, mit Metallkäfigen verstärkten Lastwagen durch die Straßen, in dessen Innerem schemenhaft ein paar Gesichter auszumachen sind. Oder die Einwohner passieren, auf dem Weg zum Golfplatz, lange Reihen von weißen Gestalten, die auf den Feldern hacken und pflücken, bewacht von einem bewaffneten Aufseher hoch zu Ross. Für die Huntsviller ein ebenso alltäglicher und ungenierlicher Anblick wie für den Farmer seine weidenden Kühe – Erwerbsgrundlage eben.

Nur akustisch wird die Stadt zweimal täglich unüberhörbar an die Quelle ihres Wohlstands erinnert: wenn die Sirene zum Body counting heult. Dann hat jeder Gefangene an Ort und Stelle zu erstarren, bis alle Körper gezählt sind. Die Huntsviller richten ihre Uhren nach dem Ton, schalten die Nachrichten ein oder gehen mit dem Hund spazieren. Und der Verkehrsverein empfiehlt den Besuchern, die Sirene als Anlass zu nehmen, um mit den Einheimischen über Sinn und Wert der Todesstrafe zu sprechen.

Doch die Gespräche sind rasch zu Ende. Vor allem im ältesten Lokal der Stadt, im Café Texan. Hier sitzen wuchtige Männer auf winzigen Stühlen, und die Limonade auf dem mit Leukoplast zugeklebten Wachstuch scheint ein Missverständnis zu sein. Sie sprechen von Viehmärkten, Holzauktionen und der kommunistischen Gefahr aus Mexiko, und eiskalt bläst ihnen derweil die Aircondition in den breiten Nacken. Als die Kellnerin den Tisch abräumt, packt man die Gelegenheit beim Schopf.

»Und, wie lebt es sich denn in Huntsville, der Welthauptstadt des Todes?«

Das mütterliche Lächeln der Frau erlischt schlagartig; ihre eben noch so freundlichen Augen blicken kühl und gewarnt. Sie bleibt stehen, die schmutzigen Teller in der Hand:

»Sie sind wohl von der Presse.«

Die Frage ist eine Feststellung, und Verachtung schwingt darin mit.

Ein Mann, der eben nach dem Ketchup greifen wollte, dreht langsam den Kopf, um die Herkunft der Störung zu orten. Dann widmet er sich wieder seinem Steak, begräbt es unter der roten Farbe und stellt im Rhythmus des Flaschenschüttelns fest:

»Wir-sind-die-Welthauptstadt-der-Gerechtigkeit-und-wir-halten-es-hier-mit-der-Bibel-Aug-um-Aug-Zahn-um-Zahn-okay?«

Die Kellnerin nickt befriedigt und geht mit ihrem Tellerstapel weiter. Der Mann am Nebentisch klingelt zustimmend mit dem Eis im leeren Colaglas:

»Das Schlimme sind nicht die Hinrichtungen. Das Schlimme ist, was sie vorher getan haben, okay?«

Dann schiebt er den Stuhl zurück und steht auf. Nutzlos, hier weiter seine Zeit zu verschwenden.

Auch die 11 000 Studenten der örtlichen Sam Houston Universität stehen stramm hinter der Todesstrafe. Ja, sie helfen auch gerne dabei mit. Der Berner Soziologie-Professor Jürg Gerber glaubte erst, nicht richtig gehört zu haben, als sich einer seiner Schüler für drei Wochen vom Unterricht abmeldete, um das Hinrichten zu üben. Er hatte einen Nebenjob als Exekutionsassistent angenommen und musste das korrekte Anschnallen des Verurteilten lernen – dies sowohl mit als auch ohne Widerstand des Opfers.

Jürg Gerber und seine Kollegen James W. Marquart und Dennis Longmire sind die einzigen Lehrer an der Universität, die offen gegen die Todesstrafe sind. Weil, sagt Jürg Gerber, die Todesstrafe wie eine Axt im Krankenzimmer ist. Weil, sagt Dennis Longmire, ein zivilisierter Staat nicht auf Gefühle, sondern auf Gesetze abstellen muss. Zum Ärger seiner Frau hatte er sogar eine Zeit lang seine Ferien nach den Exekutionsterminen gerichtet, um vor »The Walls« protestieren zu können. Dann fand er, dass er damit dem Staat zu viel Macht über sich selbst einräumte. Jetzt belässt er es bei einem Stapel Faltblätter gegen die Todesstrafe vor seiner Bürotür. Kaum ein Student bedient sich.

Noch immer kann er seinen ersten Morgen in Huntsville nicht vergessen, als er munter pfeifend zum Fischen an die Seen hinausfuhr. Plötzlich tauchten im Frühnebel die Umrisse eines riesigen Pferdes auf. Auf dem riesigen Pferd saß eine riesige Uniform, die ihm eine riesige Stopphand entgegenstreckte. Dahinter, wie in der Oper, ein endloser Zug weißgekleideter, aneinander geketteter Gefangener, die sich über die Straße zur Feldarbeit schleppten.

Alle Sightseeing-Touren in Huntsville haben mit Gefängnis und Tod zu tun. Höhepunkt des touristischen Angebots aber ist zweifellos das Gefängnismuseum. Der Eintritt kostet zwei Dollar, und dafür gibt es viel zu lachen. Kinder deuten auf allerlei kurioses Ausbruchswerkzeug, Hausfrauen auf Listen mit »letzten Mahlzeiten«. Liebespaare lassen sich zum Spaß in eine Original-Gefängniszelle sperren. Auf den Fotos liegen berühmte Verbrecher wie erlegtes Wild am Boden, und das Blut rinnt ihnen aus dem Mundwinkel. Das Prunkstück, der elektrische Stuhl, steht in einer Art gruselig beleuchteter Grabkammer: solide Eiche, gedrungen, mit Holznägeln zusammengehalten und mit Draht und Lederriemen umwickelt. Gefangene haben ihn vor 75 Jahren eigenhändig geschreinert und gebeizt, um die natürliche Schönheit der Maserung zur Geltung zu bringen. Bis 1972 starben 361 Menschen auf »Old Sparky«.

Am 8. Februar 1924 jaulten die Generatoren ein erstes Mal auf, erst auf 1800 Volt hochgetrieben, dann zurück auf 500. Wieder hinauf auf 1300. Und zurück auf 500. Damit die Lichter der Stadt nicht flackerten, hatte »The Walls« seine eigene Elektrizitätsversorgung. Jahrzehntelang stand Joe Byrd am Hebel der Maschine, ein großer, hagerer Mann mit schlaksigem Gang und blassblauen Augen hinter der Brille. Der Scharfrichter galt als streng, aber gerecht. Die Männer, die er hinrichtete, behandelte er mit Respekt, duldete aber keinerlei Widerspruch. Besonders geschätzt wurde die Feierlichkeit, die er dem Ritual zu verleihen verstand. Unnachahmlich seine Art, erinnerte sich der Reporter vom *Huntsville Item*, Don Reid, wie er die Todeskandidaten vor dem elektrischen Stuhl zu empfangen verstand:

»Nehmen Sie Platz, bitte.«

Zu seinen Ehren taufte Huntsville den Friedhof, auf dem die Hingerichteten begraben werden, *Joe Byrd Cemetery.* Der Scharfrichter selbst pflegte nach seiner Pensionierung täglich auf dem Gelände spazieren zu gehen, um sich seinen Erinnerungen hinzugeben und sein Lebenswerk zu betrachten.

Um das stille Geviert herum flüstern mächtige Bäume, der tiefgrüne, fast blau gemästete Rasen ist mit Holzkreuzen gerastert. Liegt ein ehemaliger Armeeangehöriger unter der Erde, nistet ein buntes Band am Kreuzsockel. Es sind sehr viele. Alle Grabmale tragen ein X für »executed« und die Todesnummer des Hingerichteten. Namen fehlen. So bleiben die Toten bis in alle Ewigkeit nur eine Zahl im Inventar des Staates. Und als wäre ihnen selbst jetzt nicht zu trauen, windet sich ein Stacheldraht um das Gelände, flankiert von zwei Granaten am Eingang.

Bereits ist das Grab ausgehoben für den jungen, gesunden Mann, der, keine Meile entfernt, neben dem Hinrichtungsraum auf seinen Tod wartet und auf die bürokratisch helle Gefängnisuhr horcht. Wenn sie sechs Mal schlägt, wird er seinen letzten Atemzug tun.

Ein Tag im Todestrakt

Warum der Fernseher 16 Stunden täglich läuft

Am Boden des Wagens rollen die leeren Colabüchsen herum; der Fahrer hat die Lehne seines Sitzes so weit zurückgestellt, dass er kaum über das Armaturenbrett sieht. Erst wenn ihn ein anderes Auto überholt, wacht er auf, wirft sich entschlossen über das Lenkrad und betrachtet das Geschehen auf der Straße mit intensiv gefurchter Stirn. Bis ihn die Müdigkeit von neuem übermannt. Wer den Todestrakt in »Ellis I« besuchen will und kein eigenes Auto hat, ist auf das einzige Taxi von Huntsville angewiesen. Hin- und Rückfahrt kosten 40 Dollar, für die meisten Angehörigen ein Vermögen.

Links und rechts dehnt sich sattgrüne Freizeitlandschaft mit Seen, Teichen und stabil gezimmerten Picknicktischen, beschattet von üppigen Parkbäumen. Oft steht die Texas-Fahne stramm im Wind. Alles ist ganz so, als wollte man dem zum Tode Verurteilten auf seiner letzten Fahrt nochmals vorführen: So schön ist unser Land, wo zu leben du das Recht verwirkt hast.

Nach 20 Minuten öffnet sich eine Zufahrt, breit wie die eines Sanatoriums. Blumenrabatten säumen den Weg; der Parkplatz vor dem Haus ist fast leer. Hin und wieder stehen hier Touristen, die die vom Huntsviller Verkehrsverein empfohlene Gefängnistour abfahren. Sie schauen hinüber zum flachen Backsteinbau, und es ist ihren Gesichtern anzusehen, wie beruhigend sie die Vorstellung finden, 450 verrohte Kriminelle mit kantigen Kiefern hübsch aufgereiht in ihren Zellen zu wissen, bis sie schließlich der Henker holt.

Angesichts der dahinter gestauten Flut von Bösartigkeit scheint das Pförtnerhäuschen lächerlich klein, kaum ernsthafter als die Portierloge einer Fabrik. Im Innern sitzt ein unförmiger Mann, das Hemd straff über die Kuppel seines Bauchs gezogen, die Beine von den gewaltigen Oberschenkeln auseinander getrieben. Mit seiner Rechten tippt er die Daten der Besucher in den Computer, mit seiner Linken greift er unablässig in eine Popcorntüte. Er arbeitet stumm, ganz dem Vorgang des Kauens hingegeben.

Wie rasch man hier passiert, hängt vom Wachhabenden ab. Manche wedeln die Besucher mit abwesendem Blick weiter; andere bauen sich vor ihnen auf, dass man glaubt, die Stiefel im Kasernenhof knallen zu hören. Manche lassen sich kaum in ihrem Gespräch stören; andere studieren die Ausweise, als wollten sie sie auswendig lernen.

»Hat die Eisprinzessin Dienst?«, fragt Gary Taylor, Anwalt aus Austin, als er seinen Wagen zusperrt und dabei versucht, ins Wärterhäuschen zu spähen. Der Name soll nicht nur beschönigend, sondern auch besänftigend und beschwörend wirken. Denn die kompakte Frauensperson, das Blondhaar zum dicken Zopf geflochten, sieht aus, wie sich Hollywood-Regisseure die ideale Besetzung für eine KZ-Wächterin im Dritten Reich vorstellen.

Auch der »Dragoner« könnte im selben Film beschäftigt werden. Ihre Uniformhose reicht über breite Hüften bis schier unter die Achseln. Das Kinn scheint weggeschossen, das kurz geschnittene Haar ist stumpf und farblos. Stellt sie sich in Positur, senken die Besucher ihre Stimme zu einem beflissenen Flüstern und präsentieren ihre Ausweise möglichst sichtgerecht, um kein Missfallen zu erregen.

Selbst wenn es an der Besuchserlaubnis nichts auszusetzen gibt, lässt die Frage der angemessenen Kleidung immer noch viel Freiraum für persönliche Entscheidungen übrig. Einmal ist der Pullover zu knapp, dann die Hose zu eng. Einmal ist der Ärmel zu kurz, dann der BH zu spitz. Der knöchellang wallende Rock half einer Anwältin nicht. Sie musste sich vor der Wärterin bücken und vor deren Augen auch die beiden untersten Knöpfe schließen. Die Botschaft ist klar: Hinter den Backsteinmauern lauert ein tiefer Abgrund, aus dem die ungezügelte Sexualität der Monster und Tiere dampft.

Da die Regeln sich ständig ändern, weiß niemand, woran er ist. Eine Mutter musste ihre beiden acht- und zehnjährigen Töchter auf dem Parkplatz zurücklassen, weil sie Shorts trugen. Eine Frau durfte ihren Mann nicht besuchen, weil sie Keilhosen anhatte. Wer nach einer Begründung fragt, bekommt die Antwort, die hier alle Diskussionen beendet: »It's a rule« – es ist Vorschrift.

So sieht man auf dem Parkplatz hinter Autoscheiben oft das wilde Armgefuchtel von Umkleidemanövern. Bis schließlich Frauen zum Vorschein kommen, die als konturlose Kleiderbündel zu ihren Männern schlurfen. Dies im Gegensatz zu den Wärterinnen, die eben von der Schicht kommen: Üppig wogt der kaum gebändigte Busen unter der weißen Bluse, Po und Bauch sind in so straff sitzende Uniformhosen und -röcke gezwängt, dass sich darunter nicht nur der Slip, sondern auch die anatomischen Umrisse abzeichnen. Über den meisten Schultern baumeln die Bügel frisch gewaschener und geplätteter Kleidung. Dass die Gefangenen die Garderobe ihrer Bewacher und Bewacherinnen reinigen, gehört zu den Annehmlichkeiten des Jobs. Das wird bei der Anstellung stets gern betont.

Das Drahtgewirr, das sich meterdick um das Backsteingebäude windet, glänzt scharf in der heißen

Sonne. Ein helles, bösartiges Summen liegt in der Luft.

Plötzlich ein lang gezogener Schrei, als stünde man vor einem Zoo. Dann eine kurze scharfe Männerstimme. Danach herrscht Ruhe. Noch nie, sagen die Männer im Todestrakt, ist über dieses Haus ein Vogel geflogen.

Wie lange man vor »Ellis I« auf Einlass warten muss, hängt von der Laune des Personals ab. Oder davon, wie spannend der eben ausgehängte neue Dienstplan ist. Klickt es schließlich im Drahtgewirr, fassen die Besucher rasch nach der Klinke im Durchgang, bevor sich jemand anders besinnt. Sie finden sich in einer Art Käfig wieder, bis der nächste Klick die Türe nach innen öffnet – der Weg zum Todestrakt ist frei.

In der Lobby laden Fauteuils zum Sitzen ein, von den Wänden schauen Politiker mit strenger Miene auf das Volk hinunter; die rustikale Rezeption könnte in jedem Countryclub stehen. Und überall Ölbilder, wie sie Gefangene auf der ganzen Welt malen: überaus bunt, und die Farbe so dick aufgespachtelt, dass sie Schatten wirft. Sie zeigen, wovon eingesperrte Menschen am heftigsten träumen. Da liegen Winterlandschaften im blauen Mondlicht, Tiger im Dschungel fauchen mit weit aufgerissenem Maul den Betrachter an; Pinup-girls mit leeren Augen haben die Bluse bis zum Gürtel geöffnet, Clowns lachen über den Witz des Lebens, ein Cowboy sitzt lässig auf einem Zaun und schaut über die Weite der Prärie.

Die nächste Tür öffnet sich nicht mehr von allein. Sie muss aufgeschlossen werden. Und sie schlägt mit dem endgültigen Rammen eines Panzertores hinter einem zu. Wie bei einem Filmschnitt ist man von einer Sekunde zur andern in eine andere Welt geworfen, ins düstere Science-Fiction-Reich eines Finsterlings. Statt Sonnenlicht – fahles Neon; statt Holz und Stein – Zement und Eisen; statt dem Geruch nach Heu – der Gestank von Urin und Schweiß. Metall schlägt auf Metall, abgehackte Rufe, faustgroße Schlüsselbunde rasseln an Gürteln. Überall stehen Uniformierte mit Schlagstöcken und warten mit gespannter Tatenlosigkeit auf etwas, das jeden Augenblick eintreffen kann. Aber nur ein Mann in weißer Anstaltskleidung wird vorbeigeführt. Sein Blick ist in die Ferne gerichtet, das Gesicht hat er leer gemacht, die Hände sind so auf den Rücken gefesselt, dass die Daumen nach außen schauen. Links und rechts gehen zwei Wärter. Sie rufen:

»Dead man coming!« – Toter Mann kommt.

Das ist Vorschrift, wenn ein zum Tod Verurteilter durch den Teil der Anstalt geführt wird, in dem auch die gewöhnlichen Gefangenen zirkulieren.

In der »Death Row«, im Todestrakt, sind die Zellen eigentlich Käfige und übereinander gestapelt wie eine Hühnerbatterie. Verbunden werden die drei Etagen mit einer Art Feuerleiter. Die Käfige sind fensterlos, das Tageslicht kommt vom Korridor. Und statt einer Tür besitzen sie himmelblau gestrichene, dicke Stäbe. Die Gefangenen dürfen sich nicht mit einem aufgehängten Tuch vor den Blicken der Wärter und Wärterinnen schützen. Auch die Benützung der Stahltoilette in jeder Zelle geschieht vor aller Augen. Eine Armlänge vor der Zellenfront ist ein blauer Strich auf den Korridorboden gezogen – Überschreiten lebensgefährlich. Der Gefangene könnte eine Krawatte zu fassen kriegen und zuzerren. Oder einer Besucherin die Kleider vom Leib reißen. Oder zubeißen, um seine Aids-Infektion zu übertragen. »Alles schon dagewesen«, sagt düster der Pressesprecher, der in- und ausländische Reporter Schritt für Schritt durch den Todestrakt begleitet.

Doch die meisten Männer wirken blass und verletzlich und mit ihren kahl rasierten Schädeln kaum älter als Collegeboys. Manche umklammern mit beiden Händen die Stahlstäbe ihrer Zelle; andere sitzen auf der Bettkante, malen ein Christusbild oder liegen zusammengerollt in Fötusstellung auf ihrer Pritsche. Die einen starren gegen die Wand, die andern dösen. Alle sind in Unterhosen, die Brust ist nass und die Augen zwinkern, weil der Schweiß durch die Augenbrauen tropft und brennt. Die Temperatur im Backsteinbau beträgt über 40 Grad.

Nur ein grauhaariger Gentleman lehnt, unbekümmert von der Hitze und lässig wie ein Kreuzfahrtpassagier an der Reling, an den Stäben seiner Zelle. Eine um den Hals gehängte Lesebrille baumelt auf seiner nackten Brust. Seine Haut wirkt, als hätte sie zu lange im Wasser gelegen. Lästig, beschwert er sich beim Aufseher, sei diese ständige Störung durch Besucher.

»Am Morgen waren die Studenten von der Sam Houston Universität da, jetzt …« und seine weiche, dickliche Hand wedelt ärgerlich das Besuchergrüppchen weg, das an seiner Zelle vorbeizieht.

Roger McGowen hat den Betonboden seiner Zelle mit Wasser benetzt, um die Mittagshitze besser zu ertragen. Er hat sich kaum verändert im letzten Jahr.

»Wirklich?«, lächelt er und fährt rasch mit der Hand über seinen glatt rasierten Schädel. »Ich habe doch jetzt noch weniger Haare.«

Seine Augen schauen klar und ruhig, sein Körper unter dem weißen T-Shirt ist fit und straff. Er war einst ein guter Boxer und lässt sich auch jetzt nicht gehen. Täglich hebt er die zusammengerollte Matratze als Hantelersatz und macht 300 Liegestützen zwischen Pritsche und Wand. Andere Übungen sind nicht möglich. Denn die Zelle ist winzig, nicht länger als zwei Schritte, und mit den ausgestreckten Armen kann er beide Seitenwände berühren.

Um drei Uhr nachmittags rollt der Wagen mit dem Abendessen über den Korridor. Mittagessen ist mor gens um zehn, Frühstück um drei Uhr nachts. So wird der Tag recht lang. »Chowtime!« hallt es durch die Zellen. Futterzeit. Die Stimmung steigt. Die Mahlzeiten sind die einzige Abwechslung für alle, die 23 von 24 Stunden eingesperrt und mit sich allein sind. Häftlinge schaufeln Pizza aufs Plastiktablett. Die Pizza besteht aus einem dicken Teigboden mit rot verstrichenen Tomatenschlieren. Erwartungsvoll strecken sich die Hände durch die Durchreiche, genannt »Delikatessenschleuder«. Vielleicht geschieht heute ein Wunder. Doch das Wunder geschieht nie. Das Fleisch ist stets so geschmacklos wie gesottener Karton, das Huhn halbroh und nicht ganz gerupft. Die Kartoffeln wurden zum wässrigen Brei, Karotten und Mais absichtlich zu Mus verkocht, um ihnen jeden Geschmack zu nehmen. Ja, selbst Eier können ungenießbar gemacht werden, wenn man sie nur lange genug kocht, damit sie zu grünem Gummi werden. Die dazu servierte braune Brühe nennt sich Eistee und schmeckt nach nichts. Im Winter schwimmen Eiswürfel darin, im Sommer ist sie handwarm.

Nach dem ersten Bissen bricht in allen Zellen Protestgeheul aus. Nach dem letzten Bissen erscheinen die Ratten, um vom Tablett zu fressen, was übrig geblieben ist.

Roger, der auf seine Linie achtet, gibt sein Essen häufig in die Nachbarzelle weiter. Besonders, wenn eine mysteriöse Kreation namens »Harmony« darauf liegt. Das tut sie oft. Hinter ihre Zusammensetzung ist noch keiner gekommen. Ebenso verdächtig ist ein Gericht namens »Stir fry«.

»Es schmeckt«, sagt Roger McGowen, »als hätten sie sämtliche zurückgegebenen Essensreste der Woche von den Tellern abgekratzt, mit Knoblauch gewürzt, damit niemand merkt, was er isst, und anschließend in der Pfanne verkohlt.«

Die meisten putzen sich nach jeder Mahlzeit rasch die Zähne, um den Geschmack wieder loszuwerden. Dass sich die Körper vieler Männer auf unerklärliche Weise verändern, schwammig und dick werden, führen viele auf Medikamente im Essen und Wasser zurück. Das bestreitet die Gefängnisleitung entschieden.

Lesen mag kaum einer, vor allem nicht die Bücher, die man in der Gefängnisbibliothek findet. Nicht nur bringen die Wärter gern einen falschen Band, einen, den man gar nicht bestellt hat. Auch die Titelauswahl – zum Beispiel Ratgeber wie »Einkauftipps für Senioren« oder »Sich kleiden, um Erfolg zu haben« – trifft die Bedürfnisse und den Geschmack der Männer im Todestrakt nur bedingt. Nicht gesagt, dass es sich dabei um eine absichtliche Verhöhnung handelt. Viel eher war es Gedankenlosigkeit: das Ergebnis einer Dachbodenräumung, gefolgt von einer milden Gabe an das Gefängnis in der Nachbarschaft.

Dafür flimmern die Fernsehapparate im Korridor von morgens um sieben bis Mitternacht, am Wochenende auch länger. Viele Männer lassen keinen Blick von der Mattscheibe, sehen sich jede Soap Opera und alle Sitcoms an, egal ob ein Hund oder ein Trottel der Hauptdarsteller ist. Mal liegen sie dabei auf der Pritsche, mal stellen sie sich hinter die Stäbe, um näher am Bildschirm zu sein. Über das Programm dürfen die Gefangenen jeden Abend abstimmen. Meist gewinnen »Die lustigsten Videos der Welt« vor CNN, »General Hospital« vor »National Geographic«. Am beliebtesten ist Football, am unbeliebtesten Politik.

Es ist geplant, den Todestrakt ab Herbst 1999 fernsehfrei zu machen. Die Folgen wagt sich niemand auszudenken. Schon jetzt steigt die Aggression, wird der Fernseher hin und wieder zur Strafe abgestellt. Streit explodiert aus nichtigem Anlass, Wurfgeschosse landen im Korridor, das Rütteln an den Stahlstäben setzt sich von Flügel zu Flügel fort. Wie bewusst die Droge Fernsehen eingesetzt wird, zeigt, dass in Zeiten sich häufender Exekutionen gern ein Erotikfilm eingespeist wird. Darauf herrscht in den Zellen vollständige Ruhe.

Die Tafel mit den Exekutionsnummern hängt, gut sichtbar für alle, in der Halle des Todestrakts. Man ist bei 789. Roger hat die Nummer 889. Aber an die Zahlen kann man sich nicht halten. Niemand weiß, welcher Logik die Hinrichtungsfolge gehorcht. Manchmal überspringt sie Hunderte von Nummern, dann wieder hält sie sich an die natürliche Reihenfolge. Wurde durch eine Berufung ein Aufschub erreicht, springt der Name, nun mit einem Stern versehen, an den Schluss der Liste und wandert dann, wie in der Hitparade, langsam wieder an die Spitze.

Doch töten darf im Todestrakt nur einer, der Staat. Selbstmord gilt als Widerstand und Protest. Um zu verhindern, dass die zum Tod Verurteilten dem Staat das Letzte nehmen, was ihnen noch gehört, nämlich ihr Leben, pumpt man die Gefährdeten mit Medikamenten voll, bis sie zu bewusstlosen Zombies werden. Sie wissen nicht mehr, wo sie sich befinden, wie alt sie sind, ob draußen Sommer oder Winter ist. Manche dämmern jahrzehntelang ihrem Tod entgegen.

Geisteskranke – sie machen fünf Prozent aller zum Tode Verurteilten aus – werden in den letzten vier Zellen des Stockwerks deponiert. Wer die Nachbarzelle zugewiesen bekommt, den hat es im Todestrakt am schlimmsten getroffen. Manche Kranken benutzen statt der Toilette den Fußboden. Selbst nachts verstummt ihr wütender Rap nicht. Von Wahnvorstellungen gequält, prügeln sie auf die Geister ein, die sie verfolgen. Mitten in der Nacht schlagen sie gegen die schweren Metallplatten, die die draußen Vorübergehenden vor ihren Körperflüssigkeiten schützen sollen. Jeden, der sich ihrer Zelle nähert, brüllen sie mit Verfluchungen nieder. Ruhe herrscht nur, wenn die Krankenschwester, begleitet von einem Wärter, ihre Tagesration an Prosac oder Thorazine verteilt. Dann fallen sie in einen kurzen, todesähnlichen Tiefschlaf, bevor ihr Geräuschterror erneut beginnt.

Die Qual dieser Nachbarschaft ist nicht nur akustischer Art. Da ein Aufseher alle 30 Minuten die Kranken kontrollieren muss, ist die Privatsphäre in den Zellen daneben noch geringer als anderswo. Ständig fühlt sich der Gefangene beobachtet, Tag und Nacht ist er den Blicken des Wachpersonals ausgesetzt.

Ebenso gehasst wie die Kranken sind im Todestrakt die Verräter, die Täter, die sich an einem Kind vergangen haben und ehemalige Polizisten.

»Es gibt«, sagt Ex-Cop Jimmy Vanderbilt, »nur eines, was noch gefährlicher ist, als Polizist zu sein. Das ist, ein Ex-Polizist im Todestrakt zu sein.«

Er kam vor Jahrzehnten wegen Vergewaltigung und Tötung einer 14jährigen nach Huntsville. Bis heute ist es ihm gelungen, ebenso erfolgreich seiner Ermordung durch den Staat, wie der Ermordung durch seine Mitgefangenen zu entgehen.

In den Zweierzellen, ein Privileg für besonders angepasste Gefangene, bilden sich oft feste Paare.

»Ich kann«, sagt Roger McGowen, »mit so was nichts anfangen. Aber viele finden es besser als gar nichts. So lange sie nicht penetriert werden, können sie sich immer noch als Männer fühlen.«

Roger McGowen teilte seine Zelle lange mit *Cellies*, die sehr jung oder krank waren. Man wusste, er übte einen beruhigenden Einfluss auf frisch Eingelieferte aus und flößte den Kranken stets geduldig Essen und Trinken ein. Sein letzter Celly, ein blutjunger Mann aus Houston, verlor in wenigen Wochen die Hälfte seines Gewichtes. Was immer ihm Roger einlöffelte, gab er sogleich wieder von sich.

»Ständig musste ich die Zelle vor und hinter ihm aufwischen.«

Als er sich nicht mehr auf den Beinen halten konnte, fuhr man ihn im Rollstuhl weg. Später erfuhr Roger, dass er an Aids gestorben war. Der Gefängnisarzt, 84 Jahre alt, hatte nicht herausgefunden, was ihm fehlte, obwohl Aids im Todestrakt eine der Haupttodesursachen ist.

Überhaupt dienen die Gefängnisse von Texas als beliebte Refugien für Ärzte, die anderswo untragbar wurden. Manche haben die Pensionsgrenze weit überschritten, manche sind Alkoholiker oder drogensüchtig. Ihre Fehlurteile haben ihre Patienten das Leben gekostet, oder sie haben sich sexuell an ihnen vergangen. Von den amtierenden Gefängnisärzten in Texas hat der Berufsverband fünf wegen schweren Verfehlungen ausgeschlossen; drei weitere wurden verwarnt.

Um sich die Arbeit vom Hals zu halten, lassen sie kranke Gefangene erst aus eigener Tasche drei Dollar bezahlen, bevor sie einen Konsultationstermin bekommen. Da es mindestens zwei Wochen dauert, bis sie aufgeboten werden, verzichten die meisten Gefangenen auf den Versuch. Bis sich ein Arzt ihrer annimmt, sind sie längst wieder gesund.

Noch schlimmer ist der Zahnarzt.

»Sie renken dir«, sagt Roger, »beinah den Kiefer aus, fuhrwerken in dir herum wie auf einem Acker und lassen dich stundenlang mit weit offenem Mund warten.«

Wer über Zahnschmerzen klagt, dem wird, kostensparend, gleich der Zahn gezogen. Roger hat um seinen Zahn gekämpft. Jetzt bereut er es. Denn seit die Füllung drin ist, quälen ihn ständig Kopfschmerzen.

1987, als Roger eingeliefert wurde, holte man im Todestrakt alle sechs Wochen einen Mann zur Exekution ab. Heute leert sich beinah jede Woche eine Zelle. Hinrichtungen sind zur Routine geworden.

»Manchmal vergessen wir sogar eine.«

Auch die Stimmung im Todestrakt hat sich in diesen 13 Jahren verändert.

»Damals war jeder damit beschäftigt, sich irgendwie zu retten. Wir schöpften Hoffnung, wenn wir in Fachbüchern einen Fall fanden, der dem unsrigen haargenau glich. Wir bombardierten unseren Anwalt mit unseren neuen Erkenntnissen, schrieben von morgens bis abends fieberhaft all die Fehler auf, die der Staatsanwalt gemacht hatte, und die Versäumnisse des Richters. Und wir gehörten irgendwie zusammen. Heute ist das anders. Heute gibt es kaum mehr Hoffnung im Todestrakt. Es gibt nur noch den kleinen Sieg, wieder ein Jahr überlebt zu haben. Und die Angst, dem Tod ein Jahr näher gerückt zu sein.«

Der Mord

*Nur gegen Ende des Verhörs
zeigte der Verhaftete Angst*

D er Mann stört. Männer sind in der Lesbenbar »Just Marion and Lynn's« unüblich, vor allem schwarze. Aber es ist nicht nur sein Geschlecht. Seit er gekommen ist, herrscht Unruhe im Lokal. Ständig umkreist er den Billardtisch und lässt die Kugeln gegeneinander krachen.

»Es war«, sagte eine der Zeuginnen später aus, »als wäre es plötzlich finster und kalt geworden.«

Alle Frauen versuchen, den Mann in seinem schlotternden Gewand zu übersehen. Auch Barman Pedro Flores. Eben sucht er in seiner Tasche nach den Medikamenten gegen die Grippe, als er die Türe gehen hört.

Der Barman hebt den Kopf und sieht einen Mann mit einer grauen Skimaske eintreten. Stumm wedelt der Mann mit einer Westernflinte Richtung Kasse. Pedro Flores wirft einen Blick auf seine Chefin Marion Pantzer; sie sitzt an der Bar und entwirft den Dienstplan für die kommende Woche. Kriegt sie auch mit, was da abläuft?

Marion Pantzer schaut auf. Als sie den Mann mit der Flinte sieht, tastet sie nach der Pistole, die sie stets unter dem Hemd trägt. Weil ihr rechter Arm behindert ist, muss sie mit der Linken nachhelfen. Dann fallen zwei Schüsse. Pedro Flores sieht, wie der Mann mit der Skimaske flüchtet und Marion Pantzer vom Barhocker fällt. Sie ist sofort tot. Die Kugel hat erst die beiden Daumen getroffen, mit denen sie die Pistole umklammert hielt, dann ihr Herz durchbohrt. Wer zuerst geschossen hat, konnte Pedro Flores später nicht sagen. Und der Mann am Billardtisch war spurlos verschwunden.

Sechs Wochen später, am 29. April 1986, klingelt Detektiv Maxey an der Wohnung von Roger McGowen. Er zückt einen Haftbefehl, legt Roger McGowen in Handschellen und führt ihn ab. Der Verhaftete leistet keinen Widerstand. Auf dem Polizeiposten dankt er höflich für die angebotene Zigarre und Limonade. Überhaupt ist er, so Detektiv Maxey, äußerst zuvorkommend. Nie versucht er, das Verhör abzubrechen. Eifrig beantwortet er jede Frage, lächelt viel. Nur gegen Ende der Einvernahme, steht im Polizeibericht, »bewies der Verhaftete Angst«.

Angezeigt hatte ihn ein Kind namens Norman Ray Willis. Willis hatte schon als Zehnjähriger versucht, seinen Vater zu erwürgen. Seither lebte er auf der Straße, immer high, immer auf der Flucht vor der Polizei. Mal schlief er hier, mal dort und sehr oft in

Roger McGowens Wohnung. Auf einen Menschen mehr oder weniger kam es dort nicht an. Der 23jährige Hausherr sorgte nicht nur für seine fünf jüngeren Schwestern, Rhonda, Valerie, Deborah, Cheryl und Rose, sondern auch für seine Freundin und ihre beiden Kinder.

»Ich versuche«, erklärte Roger beim Verhör, »die Familie irgendwie zusammenzuhalten und durchzubringen.«

Alle zehrten mehr oder weniger vom Verdienst, den er als stellvertretender Geschäftsführer in einem Restaurant namens »Blue Moon« verdiente. Alle waren drogensüchtig, ständig fehlte es an Geld. Und oft gab es Streit. Besonders, wenn wieder mal Rogers Auto weg war. Cousin Kerwin Kindle benutzte es für seine Drogenkurierfahrten, Rogers älterer Bruder Charles für seine Raubüberfälle.

Dann kam Willis. Niemand mochte ihn. Ein Nachbar bezeichnete ihn als ungutes Kind, das manchmal da war, dann wieder nicht. Rogers Schwester Rhonda verwendet den distanzierenden Ausdruck »unstable person«. Wenn sie nachts aufwachte, sah sie ihn oft mit Waffen spielen. Willis hatte keine Freunde, nur Komplizen, die ihn auf seinen Beutezügen begleiteten.

Nach zwei Jahren erwischte ihn die Polizei. Auch im Jugendgefängnis sorgte er für Unruhe. Er verprügelte und vergewaltigte seine Mithäftlinge, ging mit dem Messer auf sie los und verbrühte sie mit heißem

Wasser. Er selbst fand dies »ganz normal unter Teenagern«. Und überhaupt:

»Wenn man mir mit Gewalt kommt, antworte ich mit Gewalt.«

Auf eine bedingte Entlassung wegen guter Führung war unter solchen Umständen nicht zu hoffen. Willis schaffte die Freiheit auf andere Weise. Wie in Amerika üblich, bot ihm die Polizei einen Deal an, ein Geschäft. Du nennst uns Mittäter, dafür lassen wir dich auf Bewährung frei.

Willis packte seine Chance. Gleich nach seinem Einzug bei den McGowens, klagte er, habe ihm Roger eine Pistole in die Hand gedrückt und befohlen, jemanden auszurauben. Der Kühlschrank sei leer, die Wohnungsmiete überfällig. Und von da an, jammerte Willis, musste er an mindestens vier Tagen in der Woche zwei bis drei Überfälle verüben. Alles in allem, schätzte er, waren es über 1500. In Apotheken hatte er es vor allem auf Robitussin und Valium abgesehen, die *Key Dive Inn* suchte er mindestens zehnmal heim, einmal sogar dreimal am gleichen Tag. In vielen Geschäften erinnerte man sich an ihn. Ein chinesischer Ladenbesitzer wusste noch, wie Willis die Waffe auf ihn gerichtet und gebrüllt hatte:

»Keine Bewegung! Sonst blas ich dir deinen gottverdammten Kopf weg!« Und dass Roger McGowen währenddessen unter der Türe gestanden und gesagt habe:

»Tu, was der Mann will. Gib ihm, was er verlangt.«

Am Mordprozess gegen Roger McGowen war Willis einziger Zeuge, ein mageres Kerlchen mit verrutschtem Gesicht, das allen Blicken auswich. Sonst pflegte er stets in kühner Gangstermanier im Sessel zu lümmeln, die Beine weit von sich gestreckt. Jetzt saß er brav und aufrecht wie ein Chorknabe da. Um seine ungeteilte Aufmerksamkeit zu beweisen, hatte er sogar den Kopfhörer abgenommen und ließ den Bügel um den Hals baumeln.

»Nie durfte ich etwas für mich behalten«, klagte er. »Immer ging alles in die Familienkasse.«

Das sei auch der Grund, erklärte er, warum er sich jetzt an seinem Ausbeuter, diesem Sklavenhalter, rächen wollte.

»Zudem«, fügte er bei, »geht es mir um Gerechtigkeit für die Opfer. Und ich möchte der Gesellschaft beweisen, dass ich mich gebessert habe.«

In wundersamen Worten schwärmte der Staatsanwalt von Willis, dem einzigen Zeugen, den er hatte. Und hämmerte den Geschworenen ein:

»Willis ist glaubwürdig. Ja, er ist glaubwürdig, denn er erzählt Ihnen die Wahrheit. Er macht keinen Heiligen aus sich. Er hat Ihnen gesagt, dass er in alle diese Überfälle verwickelt war. Und er hat Ihnen gesagt, dass der Angeklagte ebenfalls daran beteiligt war. Willis ist ein wichtiger Zeuge, ein glaubwürdiger Zeuge. Willis erzählt die Dinge, wie sie waren.«

Noch überzeugender freilich wirkte auf die Geschworenen Roger McGowens Geständnis. Ein Geständnis gilt in den Augen der Laien nicht nur als der sicherste Schuldbeweis überhaupt. Es bedient auch das Gemüt wesentlich wirkungsvoller als die kalten Indizien. Ein Urteil ohne Geständnis empfindet die Gesellschaft als seltsam unvollständig und unbefriedigend.

Roger gestand schon am Tag seiner Verhaftung. Wie üblich hatten ihn zwei Polizisten verhört. Detektiv Maxey spielte die Rolle des väterlichen Freundes:

»Sobald du uns alles gesagt hast, wird es dir wieder besser gehen. Wir wollen dir doch nur helfen.«

Polizist Kennedy dagegen sprang immer wieder vom Stuhl und drohte:

»Ich prügle dir die Wahrheit mit eigenen Händen aus dem Leib!«

Detektiv Maxey griff beruhigend ein:

»Marion Pantzer war doch eine Lesbe und schon 68. Ihr Tod ist jedermann egal. Also – alles nur halb so schlimm.«

Polizist Kennedy umrundete Rogers Stuhl in immer engeren, bedrohlichen Kreisen:

»Ich schlag dir deine Niggerfresse ein, wenn es nicht bald wird!«

Detektiv Maxey beugte sich besänftigend über den Tisch:

»Marion Pantzer war stockbetrunken, sie hatte vier Promille im Blut. Kein Mensch, der bei Sinnen ist, schießt in dieser Situation. Also ist sie selbst schuld an ihrem Tod.«

Bereits drohte das Verhör ergebnislos zu versanden. Da betrat ein dritter Polizist den Verhörraum, der, wie üblich, die Einvernahme durch einen Einwegspiegel mitverfolgt hatte. Zu dritt verließen sie das Zimmer. Inzwischen schwammen die Neonröhren in Rauchwolken. Benommen blieb Roger auf seinem Stuhl zurück und versuchte, die Dinge zu ordnen: Willis hatte die Polizei auf seine Spur gebracht, und da jetzt nicht nur ein Räuber, sondern ein Raubmörder gesucht wurde, kam er der Polizei gerade recht.

Zudem: Cousin Kerwin hatte vor dem Mord am Billardtisch gespielt, die Westernflinte war in seinem Auto gefunden worden ...

Als die Polizisten sich eine neue Verhörtechnik zurechtgelegt hatten und ins Verhörzimmer zurückkamen, war Roger bereits zum Geständnis entschlossen. Unter den wachsamen Augen von Detektiv Maxey schrieb er:

»Ich weiß nicht mehr, wann die Schießerei war, aber es war vor einigen Monaten. Mein Cousin Kerwin und ich gingen in eine Bar an der Richmond Street. Wir gingen dorthin, um einen Raub zu verüben. Ich trug eine graue Skimaske. Als ich die Bar betrat, sah ich eine ältere weiße Frau an der Theke sitzen. Sie stand auf und begann, auf mich zuzugehen. Plötzlich hatte sie eine Pistole in der Hand. Ich weiß nicht, woher sie sie hatte, und war überrascht. Sobald ich die Waffe sah, wollte ich gehen. Dann schoss sie auf mich. Vermutlich aus Schrecken oder Versehen ging auch meine Waffe los. Ich weiß nicht, ob ich sie getroffen habe, denn ich rannte davon. Ich wollte niemanden verletzen.«

Falsche Geständnisse kommen immer wieder vor. Wurden sie durch Folter oder psychologischen Druck erzwungen, sind sie leicht zu erklären. Ja, gewisse Verhörmethoden bewirken sogar, dass der Angeklagte schließlich selbst an seine Schuld glaubt und sein Geständnis auf Abruf wortwörtlich wiederholt. Es gibt auch Geständnisse aus Aufopferung, aus Lebensmüdigkeit, aus Eitelkeit oder aus Verzweiflung. Oder der Verhaftete wähnt sich in einer derart aussichtslosen Situation, dass er sich damit eine mildere Strafe erhofft. Detektiv Maxey behauptete im Prozess, Roger McGowen habe ohne jeden Druck gestanden. Auch Gefälligkeiten habe er ihm dafür keine versprochen. Nein, der Verhaftete habe keinen Anwalt verlangt. Dass er ihn nicht, wie vorgeschrieben, einem Haftrichter vorgeführt hat, bedauerte Detektiv Maxey als einen Irrtum seinerseits.

»Ich habe geglaubt, das sei freiwillig.«

Roger McGowen konnte sich, wie alle Afro-Amerikaner, außer Millionäre wie O. J. Simpson, keinen Anwalt leisten. So bestimmte der Staat einen Pflichtverteidiger. Er hieß Ronald Mock. Vergeblich hatten Rogers Schwestern versucht, ihn vor dem Prozess zu erreichen. Am Telefon ließ er sich verleugnen, Briefe beantwortete er nicht. Mildernde Umstände wie Rogers Aufopferung für die Familie interessierten ihn ebenso wenig wie Cousin Kerwins Prahlen mit dem Mord an Marion Pantzer und seine verächtliche Aussage:

»Roger ist doch viel zu feige, um zu schießen.«

Schließlich passte Schwester Rose den Verteidiger ihres Bruders vor dem Gerichtsgebäude in Houston ab. Das finstere Steinquaderhaus, in dem die meisten Todesurteile von Texas gefällt werden, liegt im so genannten alten Stadtteil, einem heruntergewirtschafteten Viertel. Die Straßen sind rissig, die Gehsteige abschüssig, die Hausmauern hallen von den rauen Zurufen der Betrunkenen wider. Unendlich weit entfernt scheint hier die nahe gläserne City von Houston, die mit ihren scharf begrenzten Rändern wie ein bedrohlicher Kristall aus der trockenen Erde von Südtexas wächst.

Schwester Rose, im neunten Monat schwanger, wagte sich nicht ins Innere. Sie wartete stundenlang unter den Bäumen vor dem Portal, bis Ronald Mock endlich erschien. Kaum hatte sie sich vorgestellt, wandte er sich schon ab. Und rief ihr über die Schulter zu:

»Ich melde mich, wenn ich Sie brauche!«

Er meldete sich nicht. Erst kurz vor dem Prozess ließ er durch seine Sekretärin ausrichten, man solle Roger einen anständigen Anzug für die Gerichtsverhandlung ins Gefängnis schicken.

Während des Prozesses, erinnerten sich die Schwestern, schnarchte Mr. Mock des Öfteren oder verschwand des Längeren, um seine Parkuhr zu füttern. Auch, so vermuteten sie, machte er dabei etliche Umwege in die Bars der Umgebung. Nach dem Urteil, so wunderte sich eine Geschworene, mischte sich Mr. Mock unter die Jurymitglieder und gratulierte ihnen zu ihrem Todesurteil.

Als Roger McGowen 1987 in den Todestrakt von Huntsville eingeliefert wurde, teilte er dort die Zelle mit dem damals 28-jährigen Anthony Ray Westley. Nie verließ Westley der verwundert-angestrengte Ausdruck eines Menschen, der wissen möchte, was um ihn herum eigentlich vorgeht. Denn Westleys Intelligenzquotient lag bei 70, an der Grenze zur Debilität.

»Westley war ein erwachsenes Kind«, erinnert sich Roger. »Obwohl er der Ältere war, behandelte er mich, als wäre ich sein Vater.«

Auch Westley war von Ronald Mock vor Gericht vertreten worden, und auch in seinem Fall hatte Mock weder für Entlastungszeugen gesorgt noch ein Plädoyer gehalten, das diese Bezeichnung verdiente. Obwohl Westley durchaus weitere Berufungsmöglichkeiten hatte, ließ ihn Mock wissen, er könne nun nichts mehr für ihn tun. Von da an schaute Westley tatenlos zu, wie seine Zeit wegtickte. Wenn ihn Roger drängte, einen neuen Anwalt suchen, sah er ihn nur müde an und erwiderte:

»Ich weiß nicht, Mann, ich weiß nicht ...«

Westleys Geschichte ist die Geschichte eines Menschen, der von Anfang an keine Chance hatte. Denn er war nicht nur schwarz. Er war schwarz, arm, ohne Eltern und – so sagten seine Lehrer – so dumm, dass sie ihn aufgaben. Früh tat er sich deshalb mit zwei Männern zusammen, die klüger waren als er. Wann immer sie einen Dummen brauchten, pfiffen sie Westley herbei. So auch an jenem Apriltag. Bereits nach dem Aufwachen begannen Westley, Dunbar und Henry, die ersten Biere zu kippen. Gegen Mittag waren sie so weit, etwas unternehmen zu wollen. Sie packten ihre Waffen und weitere Bierdosen ein und setzten sich ins Auto.

»Wir gehen nur fischen«, beruhigten sie Dunbars Frau Martha, die alarmiert unter der Türe stand.

Tatsächlich fuhren sie an einen See in der Nähe von Houston. Dort parkten sie vor einem kleinen Fischereigeschäft am Uferende und behielten die Tür im Auge. Als sie sicher waren, dass keine Kunden mehr im Laden waren, stiegen sie aus dem Auto, betraten das Lokal und verlangten Angelzeug zum Mieten. Die Verkäuferin hatte noch nicht nach den genauen Wünschen gefragt, da hielt ihr Westley schon die Pistole an die Schläfe und sagte:

»Das ist ein Überfall.« Dann stieß er sie hinter der Ladentheke zu Boden.

Statt den erwarteten Schuss hörte die Verkäuferin die Kuhglocken über der Ladentüre bimmeln. Es war der Besitzer, der gespürt haben musste, dass etwas nicht stimmte. Mit entsicherter Waffe betrat er sein Geschäft. Und sogleich knallten etliche Schüsse. Dann vibrierte die Stille. Vorsichtig richtete sich die Verkäuferin hinter der Theke auf und sah, wie zwei Männer davonrannten. Der dritte lag bewegungslos am Boden. Ihr Boss wankte zur Türe. Blut tropfte aus seinem Mund. Auf der Schwelle brach er tot zusammen.

Am Prozess behauptete der überlebende Mittäter Henry, Westley habe den Ladenbesitzer erschossen. Westley, der nicht verstand, worum es ging, unterschrieb ein Geständnis. Und fand sich zu seiner Überraschung im Todestrakt wieder. Kurz vor Ablauf der nicht genutzten Berufungsfrist schaltete sich ein neuer Pflichtanwalt, Barry Abrams, ein. Abrams kam rasch zur Überzeugung, dass nicht sein Klient, sondern Henry den Ladenbesitzer getötet hatte. Als die paar Tausend Dollar, die der Staat Abrams für seine Arbeit bezahlte, aufgebraucht waren, arbeitete er weiter, auf eigene Kosten. Denn der Fall war für ihn längst zu einer persönlichen Glaubenssache geworden. So versuchte er, seine Aufregung zu verbergen, als ihn die Frau des getöteten Komplizen anrief und sagte, Henry habe ihr am Telefon den Mord gestanden. Eilends ließ er ein Tonband in Martha Dunbars Telefon einbauen. Vielleicht würde Henry nochmals anrufen, vielleicht sein Geständnis wiederholen ...

Doch Henry rief nicht an. Er schien zu ahnen, dass etwas nicht stimmte. Und die Zeit drängte. Schließlich überstürzten sich die Ereignisse wie in einem Hollywoodfilm mit Happy-End – beinahe. In der Nacht vor Westleys Hinrichtung schickte Martha Dunbar nacheinander ihre drei Töchter ans Telefon, um Henry zur Wiederholung seines Geständnisses zu bringen. Die letzte, Mary, schaffte es endlich.

»Okay«, sagte Henry am Telefon, »so ist es also gewesen.«

»Okay«, wiederholte Mary.

»Der Mann drehte mir den Rücken zu.«

»Welcher Mann, der Ladenbesitzer?«

»Yeah, der Ladenbesitzer. Er hat nicht gemerkt, dass ich hinter ihm stand. Okay? Er schoss auf Dunbar und Westley. Okay? Ich wollte ihn bloß umwerfen. Aber er war, nun ja, er war halt ein dicker Mann, und so stolperte er nur einen Schritt vorwärts statt zu fallen. Dann drehte er sich um und stieß mir seine Kanone in den Bauch. Und da hat er auf mich geschossen, und ich habe auf ihn geschossen.«

Der Staat wollte auf dieses neue Beweismittel nicht mehr eingehen. Das Tonband kam zu spät für die Wahrheit. Nicht einmal die 30 Tage Aufschub mochte Gouverneur Bush Westley gewähren. So stand Anwalt Abrams am 13. Mai 1997 hinter der Scheibe der Todeskammer in Huntsville und hörte zu, wie sein Klient, festgeschnallt auf der Bahre, seine letzten Worte zum Fenster sprach, hinter dem er die Witwe des Ermordeten wusste:

»Ich habe Ihren Mann nicht getötet. Ich hab es wirklich nicht getan. Ich möchte, dass Sie mir glauben, dass ich es nicht getan habe.«

Dann zog der Pfarrer seine Brille ab, zum Zeichen, dass die Exekution beginnen konnte.

Martha Dunbar konnte nicht mitansehen, wie das Gift seine Wirkung tat; sie drehte sich um, polterte an die Tür und rief:

»Ich will hier raus!«

Westleys Schwester starrte auf die halboffenen Augen ihres Bruders und schrie:

»Wach auf! Wach auf!«

Dann fiel sie in Ohnmacht.

Nach der Hinrichtung trat die Witwe des ermordeten Fischerladen-Besitzers in den Abend hinaus. Das graue Kreuz auf dem Hinrichtungsgebäude war vor den Gewitterwolken kaum mehr auszumachen. Wie immer stand vor der Abschrankung das kleine Grüppchen der Todesstrafen-Gegner und wie immer machten sich die Einheimischen einen Jux daraus, mit Autohupen, Hurra-Gebrüll und quietschenden Reifen ihren dünnen Gesang zu stören. Die für die Hinrichtung akkreditierten Journalisten traten auf die Witwe zu:

»Und, zufrieden jetzt?«

Ihre Stimme zitterte, so wütend hatten sie Westleys letzte Worte und seine Uneinsichtigkeit gemacht:

»Jetzt weiß ich mit Sicherheit, dass dieser Mann seinen Tod verdient hat!«

Barry Abrams aber fuhr schweigend nach Houston zurück. Es würgte ihn die bittere Frage, ob sein Kollege Ronald Mock wohl am Golfspielen gewesen war, während sein Klient hingerichtet wurde. Nie mehr, so schwor er sich, würde er nochmals versuchen, die Kraft aufzubringen, einen zum Tode Verurteilten zu verteidigen.

»Meine Lanze ist nicht lang genug für diese Windmühle.«

Am gleichen Abend fasste auch Roger McGowen einen Entschluss: niemals mehr wollte er im Todestrakt eine Freundschaft schließen. Abschiede wie von Westley ertrug er nicht mehr.

Die Medien

Mörder sind böse geboren,
nicht böse geworden

Kommen Medienvertreter aus Europa, schiebt Larry Fitzgerald seinen Stuhl weit hinter seinen Schreibtisch zurück, verschränkt abwehrend die Arme und kreuzt die Beine, an denen riesige Turnschuhe hängen. Er kennt zur Genüge, was ihm nun bevorsteht. Schon unter der Tür durchbohren ihn hasserfüllte Blicke. Dann folgt das Bombardement der Fragen:

»Was fühlen Sie bei einer Hinrichtung? Wie viele Menschen haben Sie schon umgebracht? Wie ist das, sein Geld mit Blut zu verdienen? Können Sie gut schlafen nach einer Hinrichtung?«

Und schließlich sieht er sich in ihren Berichten als Mr. Exekution persönlich karikiert. Das ist kein Wunder. Denn Larry Fitzgerald ist der einzige Vertreter der texanischen Strafvollzugsbehörde, den die Europäer vor ihre Linsen und Mikrophone bekommen. Nicht etwa, weil man sich höheren Orts vor der Kritik aus Europa fürchtete – die Medien aus Übersee sind für die Texaner schlicht zu unwichtig, um sich mit ihnen abzugeben.

Larry Fitzgeralds Büro liegt nur einen Steinwurf von der Hinrichtungsstätte »The Walls« entfernt. Bis 1998 waltete hier David Nunnalee als Pressesprecher, ein Mann, der die meisten Fragen der Journalisten mit gequältem Lächeln beantwortete oder so lange ziellos in Ordnern und Papieren blätterte, bis man lieber zum nächsten Punkt überging. Jetzt hat ihn Larry Fitzgerald abgelöst, ein ehemaliger Radioreporter mit geschulter Stimme und strammem Schnauz.

»Wie soll ich in meinem Job gegen die Todesstrafe sein?«, fragt er. »Aber das heißt noch lange nicht, dass ich sie heftig befürworte. Ich versuche, eine Art Mittelweg zu gehen.«

Dass Unschuldige im Todestrakt sitzen, glaubt er allerdings nicht:

»Dort ist keiner, der nicht etwas Entsetzliches verübt hat.« Obwohl – vor zwei Jahren gab es diesen Mexikaner, den man schließlich freilassen musste.

»Und ein Jahr später wurde er in Mexiko City bei einem Verkehrsunfall getötet.«

Larry Fitzgerald lächelt, als könnte eben nichts den Lauf der Gerechtigkeit aufhalten.

Durchaus bereitwillig kopiert er die Liste der zum Tode Verurteilten, deren Urteil später umgewandelt wurde, heftet die Blätter aneinander und reicht sie über den Schreibtisch. Zählt man die Namen nach, stellt sich heraus, dass seit 1982 in Huntsville nicht nur ein Mexikaner, sondern 12 zum Tod Verurteilte wegen erwiesener Unschuld entlassen und 118 Strafen in Haft umgewandelt wurden.

»Eben«, lächelt Larry Fitzgerald, »beweist doch, dass unser System funktioniert.«

Noch mehr als die europäischen Weltverbesserer beschäftigt ihn seit geraumer Zeit ein anderes Berufsproblem: Wo treibe ich, angesichts der Hinrichtungsschwemme, immer wieder genügend Medienvertreter als Exekutionszeugen auf, wie es das Gesetz verlangt? Mit Sicherheit zählen kann er nur auf den Vertreter der Agentur AP und auf Leigh-Anne Gideon, die Reporterin des Lokalblattes *Huntsville Item,* einer der ältesten und traditionsreichsten Zeitungen der Vereinigten Staaten.

Leigh-Anne Gideon sitzt an ihrem Redaktionsschreibtisch, quirlig wie Pippi Langstrumpf, eine große Brille mitten im sommersprossigen Schulmädchengesicht, die helle Mähne auf die Schulter fallend. Die Zeitung scheint für den Hinrichtungs-Job Blondinen zu bevorzugen; schon Leigh-Annes Vorgängerin, Tracy Duncan, war eine blonde Madonna gewesen. Unweigerlich war der Blick der Männer von ihrem brav gescheitelten Goldhaar zu ihren Strumpfnähten gewandert, die, auch bei 40 Grad Hitze, stets schnurgerade unter ihrem kurzen Rock verschwanden. Tracy fand die Hinrichtungen »schrecklich, ganz schrecklich …« Aber sie waren nun mal ihre Aufgabe.

»Jemand muss es tun. Wenn die Leute nichts davon erfahren, nützen sie auch nichts.«

Es ist kurz vor Redaktionsschluss, und Leigh-Anne, seit einem Jahr beim *Huntsville Item,* steht unter Druck. Ihre erste Hinrichtung?

»Oh, ich hatte richtig Angst.«

Das Telefon klingelt, sie klemmt den Hörer zwischen Kopf und Schulter, muss warten.

»Angst wovor?«, fragt man nach. »Vor dem Anblick des Sterbens?«

»O nein!«, lacht Leigh-Anne, »Angst, dass ich nichts dabei fühle.«

Und, wirklich nichts gefühlt?

»Nichts, absolut nichts!«

Und nie was dabei gefühlt?

»Nomb.«

Wie die andern Medienvertreter verfolgt Leigh-Anne die Hinrichtung am liebsten in der Kabine, in der auch die Angehörigen des Opfers sitzen. Dort ist es meist ruhig.

»In der Kabine, in der die Familie des Täters zuschaut, weiß man nie, was einen erwartet.«

Dort wird häufig nicht nur geweint, sondern angesichts des Unabwendbaren, das, kaum eine Armlänge weit entfernt, abläuft, auch geflucht und gepoltert. Als David Castillo hingerichtet wurde, tobten seine Brüder derart, dass Leigh-Anne um die dünne Trennwand zwischen beiden Abteilen fürchtete. Es ist ihr anzusehen, wie sehr sie solches Beneh-men missbilligt.

Es gibt, hat sie herausgefunden, nur zwei Arten von Verurteilten:

»Entweder sie sind bereit, oder sie sind es nicht.«

Da war beispielsweise dieser junge Schwarze vor zwei Wochen.

»Der hatte Augen wie …«, auf der Suche nach dem richtigen Ausdruck lässt sie ihren Blick über die Kojen des Redaktions-Großraumbüros schweifen, »… Augen wie ein Kaninchen, das ins Scheinwerfer-licht eines Autos geraten ist.«

Manche sterben mit einem »Go to hell!« auf den Lippen, andere mit einem Bibelspruch.

»Kürzlich«, sagt sie, »sang einer mitten im Som-mer *Stille Nacht, Heilige Nacht.* Nach der ersten Stro-phe stoppten sie ihn.«

Stoppten?

»Nun ja«, erklärt sie ungeduldig, »sie begannen mit der Exekution.«

Heute werden einem Mann eben nicht mehr als drei Minuten für seine letzten Worte zugebilligt. Bis Anfang der 70er Jahre, zu Don Reids Zeiten, durfte einer noch reden, so lange er wollte – und dies buch-stäblich um sein Leben. Einer hielt seinen Monolog volle zwei Stunden durch; es war ein Hassgesang auf die Gesellschaft.

Don Reids überlebensgroßes Porträt hängt in der Eingangshalle des *Huntsville Items*. Ganz skeptischer Menschenfreund, eine dicke Zigarre zwischen seinen Fingern, blickt er auf seine Nachfolgerin herunter.

»Ein Buch?«, fragt Leigh-Anne. »Er hat ein Buch geschrieben?«

Davon weiß sie nichts. Davon weiß auch sonst niemand auf der Redaktion etwas. Wozu auch. Es ist schon dreißig Jahre alt und damit sein Inhalt so überholt wie eine Anleitung für Gasbeleuchtung im Zeitalter der Neonröhren.

Das Buch hieß *»Augenzeuge – ich sah 189 Männer auf dem elektrischen Stuhl sterben«*. Den Job als Hinrichtungsreporter in Huntsville hatte Don Reid, 1937 frisch verheiratet, eigentlich nur des Honorars wegen angenommen: Er bekam fünf Dollar pro Hinrichtung. Doch dann packte ihn die Freude an der Arbeit. Das Einzige, was ihn störte, war der Geruch nach verbranntem Fleisch in seinen Kleidern. So pflegte er lange Umwege durch die nächtlichen Straßen von Huntsville zu machen, bevor er nach getaner Arbeit zu seiner eben Angetrauten nach Hause kehrte.

Die Aufgabe selbst war einfach. Alles, was man von ihm wissen wollte, war die genaue Todeszeit und hin und wieder die letzten Worte, sofern sie interessant genug ausfielen. Doch Don Reid baute den Job aus. Mit manchen Todeskandidaten teilte er nicht nur seine Zigarren, sondern auch ihr letztes Mahl.

Und gerne unterhielt er sich mit ihnen. Saßen sie bei seinem Erscheinen versunken ins Bibellesen auf ihrer Pritsche, pflegte er eine dicke Rauchwolke durch die Türstäbe zu paffen. Worauf sie erfreut aufblickten. Denn Don Reid war für viele hier der einzige Mensch, der sich je die Mühe genommen hatte, ihnen zuzuhören und sie ernst zu nehmen.

Nicht nur, was die Rauchsitten betrifft, schien der Todestrakt vor 30 Jahren ein geradezu gemütliches Etablissement gewesen zu sein. Kam Besuch, brachten die Wärter bereitwillig Klappstühle, stellten sie im Halbkreis um die Zelle und servierten Kaffee und Snacks. Andererseits wurde die Dramatik des Bevorstehenden viel eindrücklicher, ja geradezu filmreif inszeniert. In jeder der 12 Zellen – mehr gab es damals nicht – hing ein rot-weißer Kalender mit dem Exekutionsdatum, der dem Bewohner täglich zeigte, wie rasch der Rest seiner Erdentage dahinschmolz. Auch erlebten die Männer jede Hinrichtung hautnah mit. Denn der elektrische Stuhl in »The Walls« war nur durch eine grüne Tür vom Todestrakt getrennt. Sie sahen, wie dem Verurteilten ein kreisrundes Loch ins Haar rasiert wurde. Sie sahen den Verurteilten an ihrer Zelle vorbeigehen. Sie sahen, wie sich sein linkes Hosenbein – der Elektrode wegen bis zum Knie geschlitzt – bei jedem Schritt öffnete und wieder schloss. Sie hörten, wie die grüne Tür geöffnet wurde und der Scharfrichter sagte:

»Wir sind bereit.«

Sie hörten das Schreien des Verurteilten und dann die Generatoren des elektrischen Stuhls, die dreimal aufheulten. Und danach rochen sie das verbrannte Fleisch. Nur noch eine Frage von Wochen, bis sie selbst so weit waren, um »the last mile« zu gehen, wie der kurze, lange Weg genannt wurde.

Don Reid war daran gewöhnt, von Freunden nach besonders makaberen Einzelheiten befragt zu werden. Stets erzählte er bereitwillig. Besonders aufmerksam hörten sie zu, wenn er von Hinrichtungen berichtete, bei denen sich der Verurteilte mit Händen und Füßen gegen den Tod sträubte. Aber auch Humpy Ross war stets ein Erfolg, der schwarze, bucklige, hasserfüllte Zwerg, an dessen bärenstarken Armen riesige Hände baumelten.

»Wie eine Spinne in einem Horrorfilm«, schilderte Don Reid, »lauerte er hinter der Türe seiner Zelle.«

Eines Tages bekam Ross tatsächlich einen Wärter zu fassen. Er würgte ihn so lange durch die Stäbe, bis dieser bewusstlos zu Boden sank.

Don Reid machte Karriere. Wurde nicht nur Chefredakteur des *Huntsville Item,* sondern auch Mitbesitzer der Zeitung. Inzwischen war sein Ruf bis weit in den Norden gedrungen. War wieder eine Exekution fällig, erreichten ihn stets zahlreiche Bitten von andern Blättern:

»Quetschen Sie alles aus ihm raus, und beschreiben Sie ganz genau, wie es ist, wenn sie ihn schmoren.«

Und Don Reid griff in die Tasten und zog alle Register:

»Beim ersten Stromstoß schälten sich seine Lippen schwarz, die Kehle versuchte ein letztes Mal zu schreien, und der Körper bäumte sich gegen die Lederriemen, mit denen der Mann festgebunden war. Beim zweiten Stoß färbte sich das Gesicht blutrot, Dampf und Rauch drangen aus Kopf und Beinen, und der süßliche Geruch von verbranntem Fleisch zog durch den Raum. Beim dritten Stoß traten die Augen aus den Höhlen, und das Blut spritzte aus den Nasenlöchern, obwohl sie zuvor mit Watte verstopft worden waren.«

Don Reid begann, sich immer mehr für die Schicksale zu interessieren, die auf solch gewaltsame Weise endeten. Geduldig und teilnahmsvoll hörte er den Männern zu und lächelte nachsichtig, wenn die Story eine allzu abenteuerliche Wendung nahm. Die Männer fassten Vertrauen, denn Don Reid war nicht nur auf der Suche nach einer guten Geschichte, sondern auch bereit, beim Gnadenausschuss ein gutes Wort für sie einzulegen. Nützte auch das nichts, baten sie ihn, wenigstens bei ihrer Hinrichtung unmittelbar vor dem elektrischen Stuhl am Geländer zu stehen, damit sie seinen festen Blick auf sich spürten.

Es geschah nach seiner 94. Exekution. Ein Freund aus Houston, auf der Durchreise in Huntsville, erkundigte sich bei einem Redaktionsbesuch beiläufig:

»Und die Frauen, Don? Werden sie vor der Exekution ebenfalls kahl geschoren?«

Die Frauen? Er hatte nie die Hinrichtung einer Frau erlebt. Und dies, obwohl Frauen, wie er nachrechnete, ein Viertel aller Morde in Amerika begingen. Don Reid begann nachzudenken. Und kam zum Schluss: Wenn die Todesstrafe nur für die Hälfte der Bevölkerung gilt, dann ist sie ungerecht.

Tatsächlich hatte es während seiner Reporterzeit nur eine einzige Frau bis in den Todestrakt geschafft, die schwarze Emma Oliver. Beinahe einen Meter achtzig groß, hatte sie einst mit leopardenhafter Grazie ihre Reize in den Straßen von San Antonio feilgeboten. Doch mit 36 Jahren war ihre schwarze Schönheit dahin, der Funke in ihren Augen erloschen. Die Aufzählung der Narben, die von den Messern ihrer Freier stammten, füllte im Gerichtsprotokoll etliche Zeilen. Emma Oliver wurde Dienstmädchen im Bordell, dessen Perle sie einst gewesen war.

Dort belästigte eines Tages ein weißer Besucher die Bordellmutter. Emma zog ihr Messer und »säbelte den Mann buchstäblich in Scheiben«, wie es der Staatsanwalt genüsslich formulierte. Emma wurde zum Tode verurteilt und nach Huntsville zur Exekution geschickt. Bei ihrer Ankunft teilte sie den

Wärtern als Erstes mit, dass sie nicht daran denke, »mit all diesen Männern« im Todestrakt zu bleiben.

Doch man hatte bereits vorgesorgt. Emma wurde in ein zur Zelle umgebautes Verhörzimmer in »The Walls« untergebracht, ein geradezu luxuriöses Gemach, verglichen mit den Käfigen der Männer. Nur die Toilette war kaputt. Die Betätigung der Spülung widerhallte im ganzen Gebäude und ließ sämtliche Installationsröhren im Haus erzittern.

»Tout Huntsville weiß, wenn Emma aufs Klo geht«, pflegte man damals in der Stadt zu sagen. Emma starb in den 50er Jahren, bevor sie hingerichtet werden konnte.

Don Reid begann zu lesen. Er las alles, was er zum Thema Todesstrafe kriegen konnte. Besuchte Polizeistationen, sprach mit Psychiatern, Richtern und Geschworenen. Bis – ein paar Jahre später – für ihn feststand: Die Todesstrafe ist ungerecht. Fast immer, stellte er fest, war der Täter schwarz und das Opfer weiß. Und ausschließlich alle, ob weiß oder schwarz, waren arm. Daraus schloss er: Die Todesstrafe ist die Waffe der herrschenden weißen Klasse, die sich ausschließlich gegen schwarze Männer, lateinamerikanische Männer und arme weiße Männer richtet.

Don Reid, ein konservativer Mensch mit konservativen politischen Überzeugungen, irritierte seine Freunde zunehmend. Er hielt Vorträge, in denen er Fragen stellte wie:

Ist es gerecht, dass der Ehrgeiz eines Polizisten, der Gesellschaft ein Geständnis zu liefern, einen Menschen tötet?

Ist es einer Demokratie würdig, dass Angeklagte, die sich einen brillanten Verteidiger leisten können, nicht hingerichtet werden? Dass aber die Armen im Todestrakt landen, weil ihr Pflichtverteidiger während des Plädoyers des Staatsanwaltes auf der Toilette raucht und sich zwei Tage nach der Verhandlung nicht einmal mehr an den Namen seines Klienten erinnert?

Und verdient eine Justiz ihren Namen, wenn das Leben eines Mannes von der Zufälligkeit der Geschworenenzusammensetzung statt von Beweisen abhängt?

Nach seinen Vorträgen pflegten ihn seine Freunde beiseite zu nehmen:

»Nun komm schon, alter Knabe, gib's doch zu: Das glaubst du doch alles selbst nicht …?!«

Don Reid blieb standhaft. Und schließlich schleuderten sie ihm den letzten Trumpf ins Gesicht:

»Aber die Todesstrafe wirkt abschreckend!«

Doch Don Reid hatte sich bei den einzig wirklichen Experten in dieser Frage umgehört: bei den Mördern. Kein Einziger bezeugte Angst vor einem Tod, der in weiter, wolkenverhangener Zukunft lag.

»Der einzige Tod, den wir wirklich fürchten«, schrieb Don Reid, »ist der unmittelbar bevorstehende.«

Eine wissenschaftliche Befragung, die 1997 *The Dallas Morning News* in Auftrag gab, bestätigt Don Reids hemdsärmlig gemachte Umfrage. Neun von zehn der 600 befragten Männer im Todestrakt glauben nicht, dass die Todesstrafe abschreckend wirkt – und dies, obwohl sich die Zahl der Exekutionen 1997 und 1998 auf historischem Hoch bewegte.

»Während du tötest«, antwortete ein Doppelmörder aus Texas, »denkst du nicht daran, welche Folgen das hat. Der Akt des Tötens, die Wut und der Rausch der Tat füllen dich völlig aus.«

Noch ferner ist der Gedanke an Strafe, wenn der Mörder derart mit Drogen vollgedröhnt ist, dass er sich nicht einmal mehr an das Geschehene erinnern kann.

Don Reid hatte stets über das Greuelmärchen gelächelt, wenn ein Mann behauptete, das Geständnis sei auf dem Polizeiposten buchstäblich aus ihm herausgeprügelt worden. Jetzt wusste er: es stimmte. Es stimmt bis heute. Erst Anfang 1999 machte der Chicagoer Polizeileutnant Jon Burge Schlagzeilen. Er hatte mit seinen Helfershelfern 50 Verhaftete systematisch mit Elektroschocks gequält, geprügelt, getreten und an Handschellen aufgehängt, bis sie aussagten, was die Polizisten hören wollten. Einer von ihnen war Aaron Patterson gewesen, obwohl unschuldig, zum Tode verurteilt. Wie sein Verhör ablief, konnte die Nation in der *Chicago Tribune* nachlesen.

Nach ein paar Stunden ergebnisloser Befragung fluchte Jon Burge:

»Jetzt hab ich genug von diesem Scheißdreck!«

Darauf stülpten die Polizisten eine Schreibmaschinenhülle aus Plastik über Aaron Pattersons Kopf und schnitten ihm so lange die Luft ab, bis er beinah das Bewusstsein verlor. Darauf war er bereit, alles zuzugeben, wessen man ihn beschuldigte.

Auch die von Don Reid notierten Lebensläufe unterscheiden sich kaum von den Schicksalen und Motiven der heutigen Todeskandidaten. Da sind die schneidigen Modellgefangenen, hochdekoriert im Krieg – damals im Zweiten Weltkrieg, heute in Vietnam –, die plötzlich Amok laufen. Da sind die gestörten Täter, die durch ihre Zellen toben, auf allen vieren gehen und bellen. Damals wie heute wurden die meisten Morde unter Drogen begangen. Damals war es Alkohol, heute sind es Heroin, LSD, Medikamente oder ein Cocktail aus alledem. Und vor allem Crack. Als die Crackwelle 1985 begann, führten die von Crack erzeugten Paranoia und Aggressionen sofort zu einem steilen Anstieg der Morde.

Und damals wie heute wurde meistens im Affekt getötet. Don Reid hatte geschrieben:

»Wir sind alle potenzielle Mörder und unter genügend Druck fähig, einen Abzug zu betätigen, ein Messer zu zücken oder einen Hammer zu schwingen.«

Den gleichen Gedanken drückte Fred H. Kornahrens, der seine Ex-Frau, deren Vater und den Stiefsohn getötet hatte, vor seiner Hinrichtung 1999 mit den Worten aus:

»Kommen genügend Schmerz, Qual, Stress und Druck zusammen, zerbricht jeder. Nur *wann* dieses Maß erreicht ist, das wechselt von Mensch zu Mensch.«

Auch die weiteren Umfrageergebnisse der *The Dallas Morning News* decken sich mit Don Reids Ergebnissen. Neun von zehn zum Tode Verurteilte sind auch heute arm, sieben von zehn begannen ihre kriminelle Karriere als Jugendliche, vier von zehn kannten Alkohol, Drogen und Sex, bevor sie 13 Jahre alt waren.

Geändert haben sich nur die Schlüsse, die aus solchen Zahlen gezogen werden. Vor 30 Jahren hatte Don Reid nach den Wurzeln des Unglücks geforscht und den zum Tod Verurteilten als menschliches Wesen gezeichnet, der das Pech hatte, zur falschen Zeit am falschen Ort zu sein. Heute sind die Medien nur noch am Wie und Wo der Tat interessiert, nicht am Warum. Die möglichst genaue Schilderung des Geschehenen soll keineswegs Beklemmung auslösen: Was, *dazu* ist der Mensch also auch fähig …? Absicht ist vielmehr, den Täter als Monster, als Bestie zu zeigen, die nie zur menschlichen Gesellschaft gehört hat, geschweige denn zum amerikanischen Volk, und deshalb ausgemerzt werden muss. Auf das Schildern einer katastrophalen Jugend und das ausweglose Zusteuern auf die Tat wird verzichtet. So entsteht der Eindruck: Nicht das Leben hat einen Mörder zum Mörder gemacht. Ein Mörder wird schon als Mörder geboren.

Dabei lässt sich der Kriminelle gleich viermal nutzbringend verwerten: Seine Festnahme sorgt für das warme Gefühl der Befriedigung, sein Prozess für das genussvolle Frösteln des Grauens, seine Hinrichtung für die heiße Wonne der Rache. Und schließlich schweißt die gemeinsame Angst vor der steigenden Flut des Verbrechens die Gesellschaft zusammen. Um dieses Band täglich neu zu stärken, bringen die Zeitungen den Mord des Tages nicht auf einer der letzten Seiten, sondern auf der Frontpage, und die lokale Fernsehstation setzt ihn an die Spitze ihrer Nachrichten. Dies selbst in Zeiten, als die Lewinsky-Affäre ihre schönsten Blüten trieb oder die Bomben in Jugoslawien für derart gigantische Feuersbrünste sorgten, dass selbst die CNN-Reporterin begeistert »Wow!« ins Mikrophon hauchte.

Am meisten Platz wird dem Mord eingeräumt, wenn der Täter schwarz und das Opfer weiß ist – ganz besonders im so genannten Todesgürtel, Louisiana, Missouri, Texas, Florida und Georgia – Staaten, die zwei Drittel aller Hinrichtungen in den Vereinigten Staaten durchführen. Schließlich glaubt mancher

Weiße, schon Glück gehabt zu haben, wenn er morgens ins Auto steigen kann, ohne von einem hinter der Hecke lauernden Schwarzen über den Haufen geschossen zu werden.

Don Reid hatte bis 1971 kaum über mehr als sechs Exekutionen jährlich zu berichten. Heute wandert seine Nachfolgerin im *Huntsville Item* fast wöchentlich ins nahe »The Walls«. Und die Presse kann sich vor lauter anstehenden Hinrichtungen durchaus wählerisch bei den Interviews mit Todeskandidaten geben. Ein gewöhnlicher Raubmord genügt längst nicht mehr, um ein Reporterteam nach Huntsville zu locken und Stative und Kameras auf dem brütend heißen Parkplatz von »Ellis I« abzuladen.

Auch muss der Mann journalistisch etwas hergeben. Der Farmer beispielsweise, der seine Frau und seine beiden Kinder erschossen hat und vor seiner Hinrichtung steht, ist ein Reinfall. Beim Interview im Besuchsraum des Todestrakts von Huntsville bringt er kein Wort hervor. Schon zum zweiten Mal wiederholt die perfekt geschminkte Fernsehreporterin mit vor Ärger heller Stimme:

»Aber Sie werden sich doch an Ihre Frau erinnern!«

Stille jenseits des vergitterten Glases; der Mann mit dem gerade gezogenen, grauen Scheitel hält den Kopf gesenkt und schaut auf seine Hände; nur der Ventilator dröhnt. Die Journalistin wechselt einen raschen Blick mit dem Kameramann, dann gibt sie das Zeichen zum Aufbruch. Nutzlos, hier ihre Zeit zu vertun; der Mann wird als Fußnote in die Geschichte amerikanischer Exekutionen eingehen. Das Licht erlischt, die Stative werden ineinander geschoben, das Fernsehteam zieht grußlos ab, und der Wärter schließt den Käfig auf, um den Farmer wieder in seine Zelle zurückzubringen. Überraschenderweise legt er dabei eine Hand auf dessen Schulter.

Anders Carl Davis, als man ihn am Tag vor seiner Hinrichtung der Presse vorführte. Er saß in einem Käfig, den er fast völlig ausfüllte, und blickte gleichmütig über die Köpfe der Journalisten hinweg. Mit seiner Hornbrille, die Gläser dick wie Flaschenböden, und dem glatt rasierten Kopf wirkte er wie ein 50-jähriger Mittelschullehrer. Dabei war er erst 34.

Damals, nach dem Todesurteil vor 14 Jahren, hatten ihm die Journalisten die Mikrophone ins Gesicht gehalten und die unvermeidliche Frage gestellt:

»Und – wie fühlen Sie sich jetzt?«

Er hatte den Kopf weggedreht und war durch das Gestänge der Mikrophone gepflügt wie durch lästige Zweige. Umso mehr staunte die Presse, dass er jetzt, 24 Stunden vor seiner Hinrichtung, das Bedürfnis verspürte, zu sprechen.

Im Todestrakt hatte er fast ununterbrochen gelesen und seine Zelle freiwillig niemals verlassen. Seine Mithäftlinge schien er ebenso wenig wahrzunehmen wie die »Gutmenschen, die so eifrig für mich herumschuhten«, wie er sich ausdrückte. Offenbar hatte er sich mit der Rolle des bösen Niggers abgefunden, als für ihn feststand, dass ihm Amerika keinen andern Part erlaubte.

Jetzt, bei seinem letzten Auftritt sagte er mit flacher, monotoner Stimme:

»Es ist mir egal, was die Leute von mir denken. Es ist auch unwichtig, ob ich es getan habe oder nicht. Hier geht es allein um Politik.«

Seine Mundwinkel formten sich zum verächtlichen Bogen, und rasch blitzten ihm die Fotografen ins Gesicht. So war er besonders feindbildtauglich.

»Was soll's«, fuhr Davis fort. »Das Ganze ist euer Spiel, und es wird nach euren Regeln gespielt. Ein Witz.«

»Und wie haben Sie geschlafen?«, fragte eine Reporterin.

Davis blickte gleichgültig in ihre Richtung.

»Gut. Nur die Mücken haben mich gestört.«

Eifrig huschten die Kugelschreiber über die Notizblöcke. Kalte und unbelehrbare Kriminelle sind der Presse die liebsten. Sie bestätigen die Angst der Gesellschaft vor Wiederholungstätern und damit den Sinn der Todesstrafe. Und sie lassen den nassen Kuss, den gewisse liberale Nordstaaten-Zeitungen Mördern auf die Wange drücken, umso widerlicher erscheinen.

Leider gibt es für den Geschmack der Presse viel zu wenige vom Kaliber eines Carl Davis oder William Bonin, auch Freeway Killer genannt. Bonin hatte 14 Teenager vergewaltigt, ermordet und verscharrt. Als ihn die Journalisten vor seiner Hinrichtung fragten, ob er etwas bereue, lächelte er:

»Sicher. Ich bin zu früh in die Armee gegangen und hab so eine Karriere als Kegelprofi verpasst. Im Kegeln war ich nämlich wirklich gut.«

›Bitterer Killer wartet auf seine Hinrichtung‹, werden die Journalisten morgen titeln. Und nochmals genau beschreiben, wie Carl Davis die beiden sechs- und vierjährigen Buben zu Tode geprügelt und das 14jährige Mädchen vergewaltigt und erschlagen hatte. Die Einzelheiten sind wichtig. Denn die Leserschaft ist verwöhnt von den Greueln unseres Jahrhunderts und hat die Grenzen ihrer Vorstellungskraft schon weit ins weiße Feld des Unvorstellbaren verschoben.

Dann rasselten die Schlüssel, zwei Wärter schlossen den Käfig auf und Davis erhob sich zu seiner vollen Größe. Es wirkte, als entlasse er sein Publikum. Unter der Käfigtüre drehte er sich nochmals um und sagte:

»Sollte ich als Geist auf die Welt zurückkehren, dann sicher nicht als ›guter Caspar‹.«

Eine erfreute Lachwelle lief durch die Medienvertreter. Gute Pointe, talkshow-reif. Bietet was, der Mann, hat dazugelernt seit seinem Prozess damals.

Die Wärter

Ein Job für beinah jedermann

Dienstagmorgen ist Wäschewechsel im Todestrakt. Die Männer schieben das benutzte Bettzeug durch die Türstäbe und bekommen dafür zwei frische Leintücher und ein frisches Kopfkissen ausgehändigt. Frisch ist allerdings übertrieben. Roger McGowens neues Kopfkissen sieht aus, als wäre ein Traktor darüber gefahren. Das eine Laken hat große, gelbe Flecken, das andere erweist sich nach näherer Besichtigung als ziemlich sauber. Er beschließt, mit der Trefferquote 2:1 zufrieden zu sein. Er hat schon Schlimmeres erlebt.

Kaum ist der Wäschekarren vorbei, erscheinen zwei Offiziere. Zelle um Zelle suchen sie nach gehorteten Tüchern ab. Als stocherten sie in Abfall, wühlen sie mit ihren Stöcken in den Papieren der Gefangenen. Fotografien werden vom Gestell gefegt, die am Boden für den Anwalt ausgelegten Akten mit einem Fußtritt in die Ecke befördert. Als sie wieder gehen, sieht die Zelle wie nach einem Einbruch aus. Weil die Offiziere nichts gefunden haben, konfiszieren sie zwei Spiegel, mit denen die Gefangenen einen Teil der Nachbarzelle übersehen können, und drei Ventilatoren. Die bringen zwar keine Kühlung, rühren aber wenigstens die faulige Luft um. Weil die Männer die Ventilatoren selbst im Gefängnisshop gekauft haben, verlangt einer von ihnen eine Quittung. Als Antwort bekommt er ein Grinsen.

Die Korridore widerhallen von Flüchen, Türen schlagen.

»Zu große Aufregung zu früh am Morgen«, beschließt Roger McGowen und versucht, die Wut seiner Mithäftlinge und das Bellen der Offiziere zu überhören.

Beim Duschen im Morgengrauen ist er, wie oft, allein gewesen. Die meisten Gefangenen lassen nicht nur das Frühstück um drei Uhr nachts ausfallen, sondern auch das Duschen morgens um sechs. Im Sommer sind die Nächte im Trakt so laut, dass die meisten erst lange nach Mitternacht einschlafen können und morgens lieber möglichst lange weiterdösen wollen. Das verkürzt den Tag in der brütend heißen Zelle. Im Winter ist es so kalt im ungeheizten Trakt, dass niemand die mühsam gesammelte Wärme opfern mag, die der zusammengerollte Körper bis zum Morgen endlich in der Pritschenkuhle geschaffen hat. Dazu kommt, dass der Gefangene vor dem Abführen in die Dusche mit ausgebreiteten Armen und gespreizten Beinen in der eisigen Luft dastehen und warten muss, bis die Wärter zur Leibesvisitation bereit sind.

Viele glauben, dass das Duschen absichtlich so früh auf dem Programm steht. Denn Duschen macht Arbeit. Jeder Gefangene muss einzeln abgeholt, mit Handschellen gefesselt und von zwei Wärtern begleitet in die vergitterte Duschkabine geführt werden. Am Wasserhahn dreht er meist vergeblich. Bald stürzt der Strahl eiskalt aus der Decke, dann wieder siedendheiß. Wer sich nicht verbrühen will, rettet sich mit einem Sprung an den Rand des Duschkäfigs, Dabei hat sich schon manch einer verletzt. Beschwerden nützten nichts. Daraus schlossen die Männer, dass die Temperaturschocks eingeplant sind, um das Duschen nicht in Vergnügen ausarten zu lassen.

Wasser bedeutet für Roger mehr als Reinigung. Es ist Befreiung, und die Dusche der Ort im Todestrakt, wo er seinem früheren Leben am nächsten ist. Wenn er unter der Brause die Augen schließt, kann er sich vorstellen, er stehe, wie einst, im Gewitter. Roger hat seit 13 Jahren keinen Regen mehr auf seiner Haut und keine Erde mehr unter seinen Füßen gespürt. Die gepressten Blumen, die ihm eine Brieffreundin schickte, durfte er nur kurz berühren. Dann wurden sie weggeworfen.

Vor einem Monat hatte ein neuer Mann im Trakt die Duschkabine als Pissoir benützt. Das war für Roger, als hätte der Mann in seine Zelle gepinkelt.

»Wir duschen alle hier«, stellte er ihn im Aufenthaltsraum zur Rede. »Was du tust, tust du uns allen an.«

Der Mann, ein mit Hakenkreuzen tätowiertes Mitglied der Aryan-Brothers, eine Neonazi-Gefängnisgang, schaute Roger an, als müsste er sich überwinden, diese schwarze Missgeburt überhaupt ins Auge zu fassen. Dann entschloss er sich zur Antwort:

»Ich tue, was ich will und wann ich will, und niemand wird mich daran hindern.«

Von nun an hat Roger einen Feind.

Roger reinigt seine Zelle dreimal täglich. Es stört ihn, wenn der Holzstaub bei jeder Bewegung auffliegt, bevor er sich wieder von neuem auf Haare, Augen und Boden senkt. Der Staub kommt vom *Piddling,* wie das die Männer nennen, vom »Herumbasteln«. Wenn Roger nicht selbst am Basteln ist, ist es sein Nachbar.

Zum Piddling braucht man viel, was erst in mühsamer, monate-, ja jahrelanger Kleinarbeit beschafft werden muss: Klammern, Leim, Zündhölzer und Schmirgelpapier. Das Wichtigste ist ein kunststoffbeschichtetes Arbeitsbrett, denn es gibt in der Zelle keinen Tisch. Gegessen wird auf dem Pritschenrand, Briefe müssen auf den Knien geschrieben werden.

Seit die Gefängnisleitung vor ein paar Jahren den Kauf solcher Arbeitsbretter verboten hat, werden sie immer knapper und damit teurer. Draußen, in der freien Welt, raufen sich die Erben um Schmuck, Aktien und Häuser. Im Todestrakt ist das Piddlingbrett das Kostbarste, was ein Mann seinen Mitgefangenen vor seiner Hinrichtung schenken kann.

Roger erbte sein Brett von Billy. Dann wurde Billys Hinrichtung in letzter Minute aufgeschoben und Billy wieder in seine alte Zelle zurückgebracht.

»Willst du dein Brett zurück?«, fragte Roger. Sein Freund schüttelte den Kopf.

»Ich hab keine Kraft mehr, nochmals mit dem Leben zu beginnen.«

Bereits stand sein neues Exekutionsdatum auf der Tafel im Korridor.

Piddling ist die einzige legale Möglichkeit, im Todestrakt ein paar Dollars zu verdienen – Texas bezahlt seinen Häftlingen als einziger Bundesstaat Amerikas keinen Lohn. Wer keine Dollars hat, kann im Gefängnisshop weder Briefpapier noch Briefmarken kaufen. Wer keine Dollars hat, kann weder seinen Anwalt noch Amnesty International um Hilfe rufen, geschweige denn eine Brieffreundschaft aufbauen. Seine Stimme ist für die Welt verstummt, er ist lebendig begraben, tot, bevor er hingerichtet wurde. Es gibt viele solcher Männer im Todestrakt. Manche verkaufen für eine Briefmarke ihre Mahlzeit an den ewig hungrigen Zellennachbarn.

Roger setzt die Zündhölzer am liebsten zu Schmuckschatullen zusammen – die finden am leichtesten Abnehmer. Die Arbeit – fast ohne Werkzeug – lässt sich mit dem Weben ohne Webstuhl vergleichen. Es dauert Wochen, bis aus den Hölzchen eine Schatulle wird; selbst die Scharniere sind aus Holz und müssen von Hand geschnitzt werden. Doch allmählich entsteht ein Gegenstand, so schön und fremd unter dem kalten Neonlicht, so warm inmitten von Eisen und Beton, als käme er von einem andern Stern. Und mit vielen versteckten Fächern, die nur die zukünftige Besitzerin kennen und kein Unbefugter durchsuchen kann. Letzteres stellen sich die Gefangenen besonders gern vor.

Die meisten Arbeiten werden als Geschenke an Brieffreunde und -freundinnen nach Europa geschickt.

Es geschieht, dass die Empfänger das Wort »Geschenk« wörtlich nehmen und die Arbeit von Wochen auf reine Dankbarkeit zurückführen. Gerührt stellen sie die Schatulle in die Vitrine, selbst wenn sie nicht recht zum übrigen gediegenen Interieur passen will. So sorgt das Stück bei Einladungen oft für erstaunte Blicke: Airport art – in diesem kultivierten Haus? Umso bereitwilliger klären die Gastgeber das Missverständnis auf und sehen befriedigt zu, wie die Gäste schaudern, das Weinglas in der Hand, und sich die ungelenken Mörderhände im feuchten Verlies vorstellen. Und den elektrischen Stuhl, der auf sie wartet.

An jenem Dienstag, dem Tag des Wäschewechsels, sollte Roger McGowen nicht nur sein Piddling-Brett, sondern seinen gesamten Besitz verlieren.

Kaum war die Aufregung im Korridor abgeflaut, fragte der Mann, der in der Dusche pinkelte, ob Roger seine Briefmarken aufbewahren könne. Roger wird häufig um solche Dienste gebeten. Er gilt als Vertrauensperson im Todestrakt, gehört weder einer Gang noch einer aufgeheizten religiösen Gruppe an und macht keinen Unterschied zwischen Schwarz und Weiß.

Auch hat die Vorsicht des Briefmarkenbesitzers Gründe. Da alle Zellentüren offen bleiben, bis der Gefangene von der Arbeit, vom Sanitätsposten oder aus dem Besuchsraum zurückkommt, wirkt das auf viele Mithäftlinge als unverhüllte Aufforderung zum Plündern.

Die Wärter sehen weg. Sollen die Männer ruhig lernen, dass ihnen jetzt schon nichts mehr gehört auf dieser Welt. Zudem nutzen sie selbst gern die Gelegenheit für ungestörte Durchsuchungen. Als Roger vor zwei Jahren vom Duschen zurückgebracht wurde, fand er die Mechanik seiner Schreibmaschine rettungslos verbogen.

»Ich musste«, schrieb er in die Schweiz, »auf die Knie fallen und beten, um nicht tätlich zu werden. Es gibt im Todestrakt wirklich ein paar bedauernswerte Kreaturen.«

Seine Klage wegen Sachbeschädigung durch Wärter wurde nicht beantwortet. Im Todestrakt hat der Wärter immer Recht.

Roger stutzte nur kurz, dass ein Aryan Brother ausgerechnet ihn, den Schwarzen, zum Vertrauensmann erkoren hatte. Dann legte er die Rolle mit den Briefmarken neben sich auf die Pritsche. Drei Sekunden später stand ein Aufseher in der Zelle:

»Wo ist es?«

Roger schaute auf: »Was suchen Sie?«

Mit sicherem Griff schnappte der Wärter die Briefmarken vom Bett: »Das da.«

Er drehte die Rolle auf, und vor Rogers Augen lag eine Drogenzigarette.

»Hättest du wissen können«, schnauzte der Offizier. »Du kennst ihn doch. Wir kennen ihn doch alle. Hat uns eben selbst den Tipp gegeben.«

Roger begann aus Hilflosigkeit zu lachen.

Verhandlungen und Erklärungen über das Wieso und Warum sind im Todestrakt nicht vorgesehen, sie gehören nicht zum System. Hier zählen nur Tatbestände, und die waren klar genug: In der Zelle waren Drogen gefunden worden und Roger wurde zu drei Monaten Bunker verurteilt.

Im Bunker schläft der Bestrafte auf dem nackten Betonboden und hat nichts bei sich außer seiner Unterhose. In der ersten Woche darf er seine Zelle dreimal zum Duschen verlassen; morgens und abends werden Sandwiches in einer Papiertüte in die Zelle geworfen. Benimmt sich der Bestrafte nach Ansicht des Personals zufrieden stellend, kann er in der zweiten Woche im Gefängnisladen Hygieneartikel wie Zahnpasta und Seife für höchstens zehn Dollar kaufen. Zudem bekommt er einmal pro Woche ein warmes Essen.

Gibt er auch in der zweiten Woche zu keinerlei Klagen Anlass, wird ihm in der dritten Woche an drei Tagen warmes Essen gebracht. Auch darf er kurz in den Aufenthaltsraum und, sofern ihn jemand sehen will, in den Besuchsraum. Findet das Personal sein Benehmen zu wenig zuvorkommend, kann es ihn jederzeit wieder in Stufe 1 zurückversetzen. Manche bleiben monatelang im Bunker.

Das Schlimmste für Roger war nicht die Einsamkeit. Das Schlimmste waren sein Hass auf den Mann, der ihn hereingelegt hatte, sein Ärger über die eigene Naivität und das Wissen, dass er nun alles verlor, was er in 12 Jahren Todestrakt an Schätzen gesammelt hatte: die Schreibmaschine und den Tauchsieder, Bücher und Briefe und vor allem: das Piddling-Werkzeug.

All dies wanderte, wie üblich während der verschärften Haft, zur Aufbewahrung ins Gemeinschaftslager. Im Gemeinschaftslager verstauen auch die »gewöhnlichen«, die nicht zum Tode verurteilten, Gefangenen von »Ellis I« ihren Besitz. Zwar beaufsichtigt eine Wärterin die mit Schnüren umwickelten Kartons und Taschen. Doch pflegt sie gleichgültig zuzusehen, wenn sich die Männer über das Eigentum der andern hermachen.

Nach der Rückkehr in seine angestammte Zelle besaß Roger nichts mehr. Wie Hohn schien ihm die Zusatzstrafe: ein sechsmonatiges Bastelverbot. Aber nicht nur der greifbare Besitz war dahin, auch sein mühsam aufgebautes seelisches Gleichgewicht. Das Gefangensein brannte plötzlich auf seiner Haut. Nachts wachte er auf und fühlte sein Herz »wie eine afrikanische Trommel« schlagen. Tags stand er an der Zellentür und rüttelte, wie die andern, in ohnmächtiger Wut an den Stäben. Die Erleichterung war von kurzer Dauer.

An seine Schweizer Brieffreundin schrieb er:

»Ich will nur noch eines: mich an jenem Mann rächen, der mich hereingelegt hat. Ich bin ihm körperlich überlegen. Ich könnte ihn brechen wie einen Zweig; ich könnte ihn und seine ganze Gruppe auffliegen lassen. Denn er hat mir in einer Minute alles genommen, was ich in 12 Jahren aufgebaut habe: das Vertrauen der Wärter und mein Handwerk, meine Kunst. Die Aryan Brothers wollten mich schon lange weg von G 13 haben, weil ich schwarz bin und ihre Geschäfte störe. Jetzt haben sie es, wenigstens für ein paar Monate, geschafft.«

Die Aryan Brothers haben allein in den letzten Jahren vier Morde an Mitgefangenen und Wärtern verübt. Aber nicht nur sie, auch die übrigen Gangs sorgen für zunehmende Gewalt im Gefängnis. Das macht es immer schwieriger, Leute zu finden, die inmitten Hunderter von hochexplosiven, wütenden, verzweifelten und oft auch geistig gestörten Menschen arbeiten wollen. Hier führt der geringste Funke zur Explosion. Und ebenso leicht wie eine Zeitschrift lässt sich auch eine Rasierklinge von Zelle zu Zelle weiterreichen.

Der Staat hat es längst aufgegeben, bei der Anstellung seines Gefängnispersonals wählerisch zu sein. 1995 fielen noch zehn Prozent aller Anwärter und Anwärterinnen bei der Eignungsprüfung durch, jetzt ist es ein Prozent. Besonders in den sieben Gefängnissen von Huntsville ist der Personalnotstand so groß, dass man auch Hausfrauen, Rentner und Teenager mit Teilzeitstellen lockt.

So kommt es, dass heute in Texas schier jeder Erwachsene für ein Anfangs-Jahresgehalt von 18 000 Dollar Menschen bis zu ihrer Hinrichtung befehligen darf.

Einzige Bedingung: Er muss es bis zum Führerschein geschafft und darf keine Vorstrafen haben. Der Rest wird ihm in einem vierwöchigen Crash-Kurs beigebracht: Tränengas versprühen, den Pfefferspray gebrauchen, Handschellen anlegen und alle Körperöffnungen des Gefangenen auch gegen seinen Willen durchsuchen.

Das macht vielen Spaß, oft unerwarteten. So mancher entdeckt, wie angenehm es ist, Macht über andere zu haben, eine herrliche, steigende und nach immer Mehr schmeckende Macht. Diese ganz neuen Seiten in sich lassen sich auf die verschiedensten Weisen ausleben. Am harmlosesten ist es, die Gefangenen immer zu hetzen.

»Nie sagen sie dir, wann du zum Arzt musst oder wann dein Anwalt kommt«, sagt Roger McGowen. »Plötzlich stehen sie vor der Tür, und du hast nicht einmal mehr Zeit, dich zu kämmen oder ein sauberes Hemd anzuziehen.«

Viele finden bald heraus, dass man Moslems und Schwarze mit der Bezeichnung »Sohn einer Hure« zur Weißglut treiben kann. Oder dass sich zum Islam Bekehrte besonders ärgern, wenn es schon wieder Schweinefleisch zum Essen gibt.

Fortgeschrittene Sadisten stoßen den Mann auf dem Weg zur Dusche oder in den Besuchsraum die Treppe hinunter, ohne dass er, die Hände auf dem Rücken gefesselt, den Sturz mit den Armen auffangen kann und mit dem Kopf auf den Beton aufschlägt. Sollte er sich an oberster Stelle beklagen, werden sie behaupten, er sei gestolpert. Und Zeugen, die ihm helfen, findet er im Todestrakt ohnehin keine.

Natürlich sind auch der eigenen Fantasie keine Grenzen gesetzt. Ein Wärter rächte sich an einem Häftling, indem er sein Frühstück durcheinander quirlte, als wär's bereits der Mageninhalt. Vorschriften wurden damit keine verletzt. Der Gefangene kam ordnungsgemäß zu seinen vorgeschriebenen Vitaminen und Kalorien.

Die Frühschicht beginnt ihre Arbeit im Morgengrauen um halb sechs; sie gilt als die erträglichste, weil erfahrenste. Die Aufseher der ersten Schicht haben gelernt, Unterschiede zwischen den Gefangenen zu machen. Auch neigen sie nicht aus Angst zu Überreaktionen. Anders die Mittagsschicht. Hier arbeiten die Frauen, die Männer hassen und deshalb besonders gern Körperdurchsuchungen veranlassen, bei denen der Gefangene in demütigender Stellung dastehen muss. Hier arbeiten auch die Sadisten, die die Gefangenen im wachen Zustand antreffen möchten, und die Neuen, die eigentlich zur Polizei wollten, aber durch die Prüfungen fielen und dafür jetzt die Häftlinge büßen lassen.

Auch neigen neue Wärter dazu, hart durchzugreifen, um sich Respekt zu verschaffen. Ein neuer Oberaufseher kürzte am Tag seines Amtsantritts Ende 1998 die Toilettenpapier-Ration um die Hälfte. Von nun an bekam jeder Häftling statt eine Rolle pro Woche, eine Rolle alle zwei Wochen. Erst glaubten die Männer an ein Versehen. Sie reklamierten. Keine

Antwort. Sie reklamierten wieder, an höherer Stelle. Ebenso vergeblich. Dann baten sie ihre Familien und Freunde, an alleroberster Stelle zu reklamieren. Nichts geschah.

Verständlich, denn die Maßnahme bringt zweifachen Nutzen. Sie spart nicht nur Geld, sie hilft auch, den Gefangenen ihren letzten Rest von Würde zu nehmen. Das wiederum erleichtert die Aufgabe des Personals. Könnte ja sein, dass es Wärter und Wärterinnen gibt, die noch immer so etwas wie Mitleid für die Männer hinter ihren Gittern empfinden. Dies, obwohl sie im Crash-Kurs gelernt haben, dass im Todestrakt nur ein Gefühl erlaubt ist: Misstrauen. Je mehr man die Gefangenen deshalb zu stinkenden Tieren macht, desto deutlicher wird: Das sind keine Menschen wie wir, das ist eine andere, fremde Spezies, mit der wir nichts zu tun haben.

Viele Wärterinnen und Wärter sind auffällig übergewichtig. Andere haben seelische Probleme. Ein Aufseher verfolgte Roger wochenlang, belauerte ihn auf Schritt und Tritt. Bis er schließlich fündig wurde. Triumphierend stürzte er hinter der Duschwand hervor und schnappte sich Rogers Seife im Flug. Roger hatte sie eben einem frisch eingelieferten Mitgefangenen ausleihen wollen, der noch keine Toilettenartikel im Gefängnisladen kaufen konnte. Roger, in flagranti ertappt, wurde wegen »traffic and trading«, wegen Handel, bestraft.

Der gleiche Wärter pflegte besonders häufig an Rogers Zelle vorbeizuschlendern, interessiert stehen zu bleiben und ihn ausgiebig zu betrachten. Roger versuchte, ihn zu übersehen. Das ärgerte den Wärter offensichtlich. Eines Tages ergriff er plötzlich eines der Bibliotheksbücher, die Roger unter der Tür zum Abholen bereitgelegt hatte, und schleuderte es in die Zelle – so wie ein Kind im Zoo einen Stein auf ein zu ruhiges Tier wirft. Darauf setzte er mit einem Sprung zurück, als erwartete er den Gegenangriff. Roger, der auf der Bettkante saß und einen Brief schrieb, schaute auf: »Warum?« Der Mann begann verzerrt zu lächeln und spazierte weg. Nach ein paar Minuten erschien er wieder, noch immer das irre Lächeln auf dem Gesicht. Er stellte sich vor Rogers Zelle in Positur und verschränkte die Hände auf dem Rücken.

Roger schrieb weiter. Unauffällig blickte er auf die Uhr. In einer Stunde war Schichtwechsel. So lange galt es, Ruhe zu bewahren. Es wurde der längste Brief, den er je geschrieben hatte.

Die Frauen

Mami geht auf eine lange,
lange Reise

Darlie Routier ist das Schickste, was der texanische Frauen-Todestrakt »Mountain View« in Gatesville zu bieten hat.

»Sie könnte durchaus eine unserer Leserinnen sein«, lobte die Redakteurin von Cosmopolitan, einem Hochglanzmagazin, dessen Untertitel lautet: »Für die Frau, die alles haben will«. Tatsächlich fuhr Darlie, bevor ihre beiden fünf- und sechsjährigen Söhne ermordet wurden, einen Jaguar und besaß eine zweistöckige Villa in einem Vorort von Dallas.

Zwar durfte das Magazin bei einer Frau wie Darlie die notwendigen Make-up-Kenntnisse voraussetzen. Doch – waren sie auch auf dem neuesten Stand? Oder hatte sie bereits die leidige Angewohnheit aller weiblichen Gefangenen angenommen und hantierte so aufdringlich mit Lidstrich und Lippenstift, als wartete sie in einer Bar auf Kundschaft? Das Magazin beschloss, zur Sicherheit eine Stylistin mit in den Todestrakt zu nehmen.

Denn Darlie Routier sollte als Engel mit langen, blonden Locken präsentiert werden, die in Kringeln auf ihre Schultern rieselten. Mit großen, porzellanblauen Augen, die fragend und vorwurfsvoll in die Kamera blickten – ein unschuldiges Kind, dessen Puppenstube ein böser Mensch zerstört hat. Dann machte der Gefängnissprecher alle schönen Pläne zunichte.

»Die Frauen im Todestrakt«, ließ er die Crew bei ihrem Auftauchen wissen, »sind so, wie sie sind.« Die Stylistin musste auf dem Parkplatz bleiben.

Dabei war Darlie 1997 noch als Hexe verschrien.

»Wann wird sie gegrillt?«, fragte ein Leser der *The Dallas Morning Post.* »Nichts riecht besser als eine ordentlich durchgebratene Kindsmörderin.«

Er war nicht der Einzige, der sich beim Gedanken daran die Hände rieb. Denn nichts beunruhigt die Gesellschaft mehr als Frauen, die das Leben, das sie geboren haben, wieder auslöschen. Da straft man, auch aus prophylaktischen Gründen, als Warnung für alle andern, die ähnliche Absichten hegten. Und als hommage für die braven Frauen, die klaglos ihre Pflicht tun und die Aufzucht der Gesellschaft leisten.

Um sie auf den Scheiterhaufen zu kriegen, ist den Gerichten oft jedes Mittel recht. Im Falle der Susie Mowbray, 1987 in Texas wegen Mordes an ihrem Mann zum Tode verurteilt, hatte der Staatsanwalt den Blutexperten nicht vorladen lassen, der seiner

Mordtheorie widersprach. Reden durfte der Experte erst 1998, was die sofortige Freilassung von Susie Mowbray bewirkte.

In Darlie Routiers Fall hatte die Gerichtsschreiberin eigenmächtig die Protokolle abgeändert. Zeugen, die Darlie als Mutter beschrieben, der alle andern Mütter in der Nachbarschaft ihre Kinder anvertrauten, durften ebenso wenig aussagen wie Darlies Schwiegermutter, die erzählen wollte, wie Darlie eine Nacht lang eine kleine Ratte aufpäppelte, die die Katze halbtot nach Hause geschleppt hatte:

»Und diese Frau soll fähig sein, ihre beiden Kinder zu töten?«

Dass Darlie das Gesicht des Mörders nicht beschreiben konnte, der nachts durchs Fenster eingedrungen war, nannte die Polizei »selektiven Gedächtnisverlust«. Dass sie auf der Schlafcouch im Wohnzimmer überfallen worden war, bestritt der Kommissar, eigentlich Fachmann für Drogendelikte, entschieden. Er fand zu wenig Blut auf dem Polster. Dafür sah das Küchenlavabo aus wie in einem Schlachthaus. Daraus schloss der Polizist, dass sich Darlie vor dem Ausguss selbst verwundet hatte, um den Mordverdacht von sich abzulenken. Nur eines ließ sich nicht festmachen: das Motiv. Oder doch? Der Staatsanwalt erinnerte an Darlies egozentrisches Wesen. Eine Frau, die nur für ihr Aussehen gelebt hatte, besessen gewesen war von ihrer Figur, besonders nach der Geburt ihres dritten Kindes, das im oberen Stock überlebte. Die Schwangerschaftsstreifen – eine Katastrophe. Die neuste Mode – ihr einziges Interesse. Dann aber – und die Stimme des Staatsanwalts kippte ins Verschwörerische – drohte dem Luxusweibchen und seinem Luxusleben Gefahr. Der Gatte schleppte nicht mehr so viel Geld wie einst nach Hause; sein Computergeschäft lief nicht wie geplant. Und Darlie ließ ihre Enttäuschung und Wut an ihren beiden Buben aus. Wollte sie wegschaffen aus ihrem Leben, um wieder mehr Zeit und Geld für sich selbst zu haben.

»Überhaupt«, beendete er sein rhetorisches Feuerwerk, »um zwei unschuldige Kinder umzubringen, gibt es gar kein Motiv!«

Der Staatsanwalt konnte nicht nur mit seiner eigenen Arbeit zufrieden sein, auch mit seinem Opfer. Denn Darlie machte Fehler über Fehler. Verstrickte sich in Widersprüche, blieb just dort hoffnungslos vage, wo es auf Genauigkeit ankam. Versuchte, die unbezahlten Hypothekenzinsen als Versehen hinzustellen und ihre finanziellen Schwierigkeiten als unbedeutend abzutun. Und bald fanden die Geschworenen, dass Darlie mehr Mitleid mit sich selbst zeigte als mit ihren toten Kindern. Auch besaß sie frivole Unterwäsche.

Müsste man Darlie beschreiben, wäre »töricht« wohl das richtige Wort. Eine Woche nach dem Doppelmord feierte sie an den Gräbern ihrer Kinder den sechsten Geburtstag ihres Ältesten. Es war eine rauschende Party. Spielzeug lag über den Erdhügeln; Ballone stiegen in den Himmel; ein Flugzeug mit den Namen ihrer beiden Söhne kreiste über dem Festplatz.

»Meine Kinder hätten nicht gewollt, dass wir traurig sind«, erklärte sie in eine Kamera. Zudem war die Feier seit Wochen geplant gewesen. Sie jetzt abzusagen, hätte bedeutet, das Geschehene zu akzeptieren, der Wahrheit ins Auge zu sehen.

Das Fernsehen filmte eine strahlende, perfekt zurechtgemachte Darlie. Wer immer sie auf dem Bildschirm betrachtete, kam zur Überzeugung: Das ist keine trauernde junge Mutter. Das ist eine Frau, die den Tod ihrer lästigen Kinder und ihre neue Freiheit feiert. Auch die Krankenschwestern der Intensivstation sahen sie plötzlich in einem andern Licht. Dort hatte man nicht nur Darlies Halskette aus einem tiefen Nackenschnitt herausoperieren, sondern auch zahlreiche andere Wunden nähen müssen. Darlie, fanden die Schwestern nachträglich, hatte eigentlich die ganze Zeit über merkwürdig kalt im Bett gelegen und keinerlei Trauer bewiesen.

Der texanische Todestrakt der Frauen, »Mountain View« in Gatesville, ist ein Luxushotel, verglichen mit dem Todestrakt der Männer in Huntsville. Unzählige Trampelpfade durchziehen das dürre

Gras zwischen einstöckigem Backsteinbau und Stacheldrahtzaun, festgetreten in Hunderten von Stunden ziellosen Herumgehens. Auf dem Betonboden der Zellen liegen Orientteppiche, bunte Kissen zieren die Pritschen, und an den Wänden hängen Familienfotos und Kinderzeichnungen. Tagsüber sitzen die Frauen im blitzsauberen Aufenthaltsraum, bestückt mit Mikrowelle und Kühlschrank, schauen Fernsehen und öffnen dabei ihre Post. Oder spielen Karten. Oder bemalen Puppengesichter, die das Gefängnis für 25 Dollar verkauft. Und anders als im Todestrakt der Männer ist alles ruhig: kein Rütteln an Eisenstäben, kein Brüllen, kein wütendes Klappern mit Blechgeschirr. Nur wenn eine der Frauen wieder ein neues Datum bekommt – eine sollte am Muttertag hingerichtet werden –, wird die Scheingemütlichkeit entlarvt als das, was sie ist: eine tödliche Falle.

Das letzte Mal war die 24-jährige Erica Sheppard dran gewesen, nur wenige Wochen nach Karla Faye Tuckers Tod, hinzurichten am 20. April 1998. Die Öffentlichkeit nahm es kaum zur Kenntnis. Denn Erica ist dunkelhäutig und trägt ihr gekraustes Haar kurzgeschoren wie einen Teppich.

Ihr Verhängnis begann vier Jahre vorher, als sie einen Freund durch die Straßen von Houston begleitete. Er hielt Ausschau nach einem leicht zu klauenden Auto, um einen Kollegen außerhalb der Stadt zu besuchen. So kam die Dame wie gerufen, die eben aus ihrer Limousine stieg, den Wagen abschloss und, beide Arme voller chemisch gereinigter Kleider, ihr Haus betrat. Unter der Tür drängte das Paar rasch nach. Die beiden schoben die Frau ins Wohnzimmer, stülpten ihr einen Plastiksack über den Kopf, schnitten ihr mit einem Küchenmesser die Kehle durch und beendeten ihr Werk, indem sie eine Statue auf ihrem Kopf zerschmetterten. Dann suchten sie in ihrer Tasche den Autoschlüssel und besuchten, wie geplant, im Wagen der Immobilienhändlerin den Freund. Die Mühe, die Wohnung nach Wertgegenständen oder Geld zu durchforschen, machten sie sich nicht. Alles, auf das sie aus waren, war ein Transportmittel.

Die Geschworenen hatten Erica – bei der Tat 19 Jahre alt, nicht vorbestraft und bereits Mutter von drei Kindern – in 60 Minuten zum Tode verurteilt. Erica wollte es rasch hinter sich bringen:

»Let's do it«, sagte sie mit Gary Gilmores berühmten letzten Worten und verzichtete auf alle weiteren Berufungen. Ihren drei Kindern, bei der 88jährigen Großmutter untergebracht, erklärte sie, dass »Mami jetzt auf eine weite, weite Reise« gehe. Doch es kam nicht so weit. Sowohl der amerikanische Politiker und Pfarrer Jesse Jackson wie auch Ex-Jetsetterin und Neu-Menschenrechtlerin Bianca Jagger bestürmten sie, ihr Berufungsrecht zu nutzen. Und Erica, geschmeichelt ob so viel prominenter Aufmerksamkeit, gab nach. Vorläufig wenigstens.

Die sieben Frauen in »Mountain View« haben laut Gerichtsurteil 13 Menschen umgebracht. Fünf der Frauen sind weiß, zwei schwarz. Das entspricht nicht dem Schwarz-Weiß-Verhältnis im Todestrakt der Männer, wo überproportional viele Schwarze sitzen. Es lässt sich trotzdem auf den gleichen Grund zurückführen: Rassismus. Wer einen Weißen umbringt, landet mit größerer Sicherheit in »Death Row«, als wer einen Schwarzen tötet. Und da die Frauen meist in der eigenen Familie, also der eigenen Rasse, morden, werden auch mehr weiße Frauen zum Tode verurteilt als schwarze. Nicht, weil sie weiß sind, sondern weil Weiße in der Mehrzahl und ihre Opfer weiß sind und die amerikanische Gesellschaft den Wert eines weißen Menschenlebens höher einstuft als den eines schwarzen.

Offensichtlich fanden auch die Verantwortlichen, dass das »Mountain View«-Gefängnis zu idyllisch ist. So diente der Fluchtversuch Ende 1998 der sechs Männer aus dem Todestrakt von Huntsville, 180 Meilen entfernt, als willkommener Vorwand für eine härtere Gangart. Jetzt legt man die Frauen, wenn sie ihre Zelle verlassen, wie die Männer in Handschellen. Nachts zwischen zwei und drei Uhr – der Zeit des Ausbruchs – werden sie regelmäßig geweckt und nach ihrer Todesnummer gefragt. Auch klagen sie über bis zu acht Leibesvisitationen am Tag. Dies empfinden besonders diejenigen, die als Kinder sexuell missbraucht wurden – und das sind die meisten –, als besonders demütigend. Wenn sie nach der Arbeit in ihre Zelle zurückkehren, ist diese in der Zwischenzeit durchwühlt und verwüstet worden. Oft fehlen persönliche Gegenstände, häufig leisten sich die Wärterinnen gezielte Bosheiten. So wurde eine Fotoschachtel nach der Durchsuchung absichtlich so unachtsam geschlossen, dass aus dem Gesicht der Tochter ein Loch wurde. Sie lag im Sarg, es war ihr letztes Bild.

Gewaltsame Überfälle auf Fremde, wie in Ericas Fall, sind bei Frauen selten. Kaum eine ringt mit Waffengewalt einem Unbekannten seine Brieftasche auf der Straße ab. Vielmehr lassen sie die Summe gewaltlos auf ihr Konto fließen.

Der Begriff heißt Versicherungsbetrug. Manchmal rotten Frauen dabei ihre ganze Familie aus, um sich den Weg in die Zukunft frei zu machen. Robin Lee Row hatte 1992 ihr Haus samt Mann und zwei Kindern verbrannt; Frances Newton, ebenfalls in »Mountain View«, ihre ganze Familie ausgelöscht. Sie war bei der Tat 21 Jahre alt gewesen und wollte eine zweite Chance haben im Leben. Ein Leben ohne einen saufenden Ehemann und zwei Kinder, die sie sich nie gewünscht hatte.

Auch Betty Lou Beets, 62, kassierte nach dem Tod ihres Mannes 100 000 Dollar. Sie fühlt sich den meisten ihrer Mitgefangenen in »Mountain View« überlegen. Denn Betty hat nie Drogen genommen und nie Sex für Geld verkauft. Betty wohnte immer in anständigen Wohnvierteln und war immer ehrbar verheiratet. Letzteres sogar fünf Mal. Noch immer streitet sie ab, ihren fünften Gatten erschossen zu haben. Man hatte seinen Körper im Garten verscharrt aufgefunden. Und dabei gleich auch die Überreste ihres vierten Mannes entdeckt.

Überhaupt warten im Trakt der Frauen auffallend viele Großmütter auf ihren Tod – dies im Gegensatz zum Trakt der Männer, von denen die meisten ihre Tat mit 18 bis 25 Jahren begangen haben. Danach flaut die kriminelle Energie ab. Der Grund für die »Death-Row-Granny«-Schwemme liegt darin, dass Frauen häufig aus Überforderung töten. Sie bringen die Kraft nicht mehr auf, ihre alten Eltern zu pflegen, für ihre Enkel oder alzheimerkranken Männer zu sorgen. Da es oft lange dauert, bis sich eine Frau eingesteht, am Rande ihrer Kräfte zu sein, sitzen in den Todestrakten viele 50- und 60-jährige.

Auch sprengen die Taten der Frauen auf spektakuläre Weise das bei Männern übliche Raster. In Lexington erstach, erschoss und verbrannte die 33jährige Faye Foster, zusammen mit einer Freundin, an einem einzigen Nachmittag sieben Menschen. Christa Pike, bei der Tat 17, heute mit 21 die jüngste in amerikanischen Todestrakten, steinigte auf einem Universitätscampus aus Eifersucht eine 19-jährige zu Tode und schnitzte danach mit einem Büchsenöffner einen Drudenfuß in ihre Brust. Sie konnte nicht verstehen, dass sie dafür mit dem Tod bestraft werden sollte. Denn, so argumentierte sie:

»Ich hab sie doch extra rasch umgebracht.«

Und in Reno lenkte die 68-jährige Priscilla Ford am Thanksgiving Day ihr Auto absichtlich in eine Warteschlange, tötete sieben Menschen und verletzte 21.

Bevorzugtes Mordmittel der rund 50 Frauen, die derzeit in amerikanischen Todestrakten sitzen, war Gift. Auch Velma Barfield wählte es. Die Krankenschwester wirkte so überzeugend zuverlässig, dass die Angehörigen ihrer Opfer alle Mühe hatten, glaubhaft zu machen, die stämmige, bebrillte 51-jährige habe wirklich vier Menschen vergiftet, darunter ihre eigene Mutter. Vor einem neuen Stellenantritt bestand die Sonntagsschullehrerin jeweils auf freien Mittwochabenden und Sonntagmorgen, »um den Gottesdienst besuchen zu können«. Bei Fotoaufnahmen im Todestrakt pflegte sie zu knien und die Hände zu falten, tief ins Gebet versunken. Aber auch um das Seelenheil ihrer Mitgefangenen bemühte sie sich. Sie konnte sich so vieler Bekehrungen rühmen, dass sie Massenmissionar Billy Graham mit einem

Orden auszeichnete, einer Auszeichnung, die der katholischen Heiligsprechung entspricht.

Velma Barfield war die erste Frau gewesen, die nach der Wiedereinführung der Todesstrafe in den Vereinigten Staaten 1984 in Connecticut exekutiert wurde. Im weit blutrünstigeren Texas wartete man mit dem Hinrichten von Frauen länger. Vielleicht, weil sich die Südstaatler aus einer Art altmodischer Gentlemen-Ritterlichkeit scheuten, Hand an eine Frau zu legen. Nahezu 140 Jahre waren vergangen, seit die Justiz die letzte Frau, Chipita Rodriguez, 1863 an einem Baum aufgeknüpft hatte. Man befand sie für schuldig am Tod eines Pferdehändlers, den man im Fluss hatte treiben sehen. Nachträglich, 1985, schien der einzige Verdachtsmoment – er hatte in ihrem Gasthaus übernachtet – der texanischen Justiz doch allzu dürftig: ihr Name wurde von aller Schuld reingewaschen.

1998 gab es keinen Zweifel an der Schuld von Karla Faye Tucker. Alle liebten sie, genannt das »Sweetheart vom Todestrakt«. Ihre Mitgefangenen schätzten ihre Fröhlichkeit, die Fotografen ihre Art, so direkt in die Kamera zu schauen, die Journalisten ihre Medienfreundlichkeit, wenn sie sie im Besuchszimmer strahlend und mit weit ausgebreiteten Armen empfing. Die grüne Gefängnis-Armeejacke stand ihr ebenso gut wie ein Armani-Shirt, und die hohen Backenknochen machten sie auf Bildern attraktiver, als sie in Wirklichkeit war. Nur wer sie gut kannte, bedauerte, dass sich Karla mit der Zeit ihrer Wirkung allzu bewusst war. Sie legte eine Art Jungmädchenkoketterie an den Tag, die nicht zu ihr passte.

Mit acht Jahren hatte Karla erstmals Marihuana konsumiert, mit zehn, auf dem Rücksitz eines Motorrads, Heroin gespritzt. Mit 13 hatte sie bei einem Popkonzert vor der Bühne getanzt und war danach von der Band ins Hotel mitgenommen worden. Mit 14 führte sie ihre Mutter an einen »Ort mit vielen Männern« und zeigte ihr, wie man auf den Strich geht.

»Wir waren uns wirklich nahe«, lobte Karla ihre Mutter. »Wir teilten alles, Lippenstift wie Drogen.«

Karla konnte schon immer zuschlagen wie ein Mann und war stolz darauf. Karla beherrschte Karate, stürzte sich von hohen Klippen ins Wasser und mochte Männer, die sich auf der Straße durchsetzten, Männer mit Waffen, Drogen, Alkohol, hohen Stiefeln und engen Jeans. Jerry Dean war kein solcher Mann; aus schierem Versehen hatte sie sich mit ihm eingelassen und ärgerte sich bald immer stärker darüber. Einmal schlug sie ihm mit der Faust die Brille ins Auge, dass der Augenarzt die Splitter herausoperieren musste. Als er seine ölleckende Harley Davidson in ihrem Wohnzimmer parkierte, war das Maß ihrer Geduld überschritten. Sie warf ihn endgültig aus dem Haus.

Dann kam jene Nacht im Juni 1983. Die Geburtstagsorgie ihrer Schwester hatte drei Tage gedauert. Karla schluckte, schnupfte, rauchte und spritzte Methadon, Heroin, Dilaudid, Valium, Placidyls, Somas, Wygesics, Percodan, Mandrax, Marijuana, Rum und Tequila. Gegen Mitternacht blieb nur noch der harte Kern übrig: Karla, ihr neuer Freund Danny Garrett und ein weiterer Mann. Niemand dachte ans Schlafen.

»Wir waren derart vollgepumpt mit Drogen, dass man uns damit auf den Mond hätte schießen können«, drückte es einer von ihnen im Gerichtssaal aus.

Wohin mit so viel Energie? Danny Garrett hatte eine Idee. Erteilen wir Jerry Dean eine Lektion! Jagen wir dem Schwächling einen Schrecken ein! Dabei konnte man auch gleich ein paar Ersatzteile seiner Harley Davidson klauen, die ein Schlappschwanz wie er ohnehin nicht verdiente.

Jerry Deans Wohnung war dunkel, doch Karla hatte noch immer einen Schlüssel. »Was ist los?«, hörten sie ihn rufen. Sie gingen der Stimme nach ins Schlafzimmer. Als sie eintraten, stützte sich Dean halb im Bett auf und suchte nach seiner Brille. Karla setzte sich auf die Bettkante und sagte: »Halt's Maul.« Ein Streit begann. Dann tauchte im Dunkeln der Schatten Garretts auf. Er zielte mit einem Hammer auf Deans Nacken und schlug zu.

Dean war nicht tot. Als sich seine Lungen mit Blut füllten, machte er ein entsetzlich gurgelndes Geräusch. Karla zündete das Licht an, betrachtete ihn, »und alles, was ich wollte, war, dass er endlich still war«. Sie blickte um sich, sah eine Axt an der Wand lehnen, ergriff sie und schmetterte sie auf seinen Körper.

Fleisch klaffte, Blut spritzte, Knochen krachten. Dann wurde es still. Plötzlich bewegte sich etwas unter der Bettdecke. Eine zitternde Frau erschien. Es war Deborah Thornton, verheiratet, Mutter zweier Kinder und Bankangestellte; sie hatte Dean erst vor ein paar Stunden an einer Swimmingpool-Party kennen gelernt. Karla holte erneut zum Schlag aus. Der Schlag traf nur die Schulter. Die Frau versuchte, ihr die Axt zu entwinden. Doch dann kriegte Garrett die Waffe zu packen und schlug zu. Später zählte der Gerichtsmediziner 20 Wunden. Bei jedem Schlag, brüstete sich Karla später ihrer Schwester gegenüber, habe sie einen Orgasmus gehabt.

Danny Garrett starb im Gefängnis, bevor er hingerichtet werden konnte. Karla Faye Tucker schrieb in ihrem Bittbrief um Begnadigung an Gouverneur Bush:

»Drei Monate, nachdem ich im Gefängnis war, besuchte mich ein Pfarrer. Am Sonntag darauf nahm ich zum ersten Mal in meinem Leben an einem Gottesdienst teil. An jenem Tag trat Jesus in mein Leben. Erst jetzt traf mich mit voller Wucht, was ich getan hatte. Erst jetzt realisierte ich meine Tat. Zum ersten

Mal seit vielen Jahren begann ich zu weinen, und bis zu meinem heutigen Tag sind Tränen ein Teil meines Lebens. Heute bin ich nicht mehr zu stolz, Gefühle zuzulassen.

Lange habe ich andern die Schuld für mein verpfuschtes Leben zugeschoben, meiner Mutter, der Gesellschaft, den Drogen. Jetzt tue ich das nicht mehr. Ich weiß: Ich hätte mich selbst um Hilfe bemühen müssen.

Mein Leben lang war ich Teil des Problems, das wir in unserer Welt haben. Nun möchte ich Teil der Lösung sein. Ich möchte Leben retten, statt Leben töten.

Ich will in keiner Weise die Brutalität meines Verbrechens beschönigen. Es war tatsächlich sehr, sehr schrecklich, und ich übernehme die volle Verantwortung für das, was in jener Nacht passiert ist. Wenn meine Exekution der einzige Weg ist, um die Gerechtigkeit wieder herzustellen, dann akzeptiere ich das. Aber ich weiß, dass unsere Gesetze auch die Umwandlung der Strafe in lebenslängliche Haft vorsehen. Und so bitte ich Sie darum.«

Karlas Brief war acht Seiten lang, die Antwort des Gouverneurs, an alle verschickt, die um ihr Leben baten, kurz:

»Als ich als Gouverneur von Texas vereidigt wurde, habe ich geschworen, die Gesetze dieses Landes zu achten und zu verteidigen, auch die Todesstrafe. Gemäß texanischer Verfassung kann der Gouverneur nur dann eine Todesstrafe in eine lebenslängliche umwandeln, wenn das der Gnadenausschuss empfiehlt. Da das 18-köpfige Gremium aber anders entschieden hat, liegt in meiner Kompetenz als Gouverneur nur, einen 30-tägigen Aufschub zu gewähren.

Viele Leute haben mich in dieser Angelegenheit kontaktiert. Auch mich berührt der Fall, und ich habe im Gebet um eine Entscheidung gerungen. Ich werde den 30-tägigen Aufschub nicht gewähren. Meine Gebete sind mit Karla Faye Tucker, ihren Opfern und deren Familie.«

Viele waren erstaunt, dass sich der Vorsitzende des Gnadenausschusses, Victor Rodriguez, persönlich ins »Mountain View« Gefängnis bemüht hatte, um Karla ein letztes Mal zu befragen. Das war nicht die Art des ehemaligen Polizeichefs, der im wahrsten Sinn des Wortes stets kurzen Prozess mit Gnadengesuchen machte. Er wolle, so begründete er seine Reise, nochmals aus erster Quelle hören, was sich damals zugetragen hatte. Karla erzählte, und weil sie glaubte, er wolle prüfen, ob sie auch nichts vergessen oder verdrängt habe, ließ sie keine der schockierenden Einzelheiten aus. Doch bald wurde klar, warum Rodriguez die weite Reise gemacht hatte. Der überzeugte Befürworter der Todesstrafe wollte, irritiert durch das internationale Aufsehen und den Medienrummel, neue Nahrung für seinen Abscheu und Munition für sein Nein holen.

Am 3. Februar 1998 bettete Karla Faye Tucker ihre dunklen Locken auf den Plastiküberzug des Hinrichtungsschragens in Huntsville, wo alle texanischen zum Tode Verurteilten – Männer wie Frauen – hingerichtet werden. Sie bat die Angehörigen der Opfer um Vergebung und hoffte, dass das, was sie jetzt gleich sahen, zur Heilung ihrer Wunden beitrüge. Ihre letzten Worte lauteten:

»In Deine Hände begebe ich mich, o Herr.«

Dann begann das Gift zu fließen. Karla starb mit weit offenen Augen, ein Lächeln auf den Lippen. Sie hatte einen kräftigen, gesunden Körper. Erfahrene Augenzeugen bezeichneten das letzte Ausstoßen der Luft aus ihren Lungen als ein ungewöhnlich lautes Geräusch.

Die Profiteure

*Bin für die Todesstrafe,
werde gewählt*

S ein demokratischer Herausforderer Gary Mauro
hatte keine Chance. Das Gesicht in bekümmerte
Falten gelegt, einen massiven Goldring am kleinen
Finger, wirkte er wie ein überarbeiteter Abteilungs-
leiter einer Billig-Warenhauskette. George W. Bush
dagegen, ältester Sohn des Ex-Präsidenten Bush,
schien immer gerade vom Golfspielen zu kommen.
Entspannt und jovial wie alle reichen Sprösslinge, die
es mit der Arbeit nicht allzu ernst nehmen müssen,
lag ihm stets ein Scherz auf den Lippen. Und es
umspielte ihn nicht nur jenes unwiderstehliche Flair
von Geld und gutem Leben – er sprach beim Wahlkampf in El Paso, der Hochburg der Demokraten und
Lateinamerikaner, auch ein beinah akzentfreies
Spanisch.

Bis vierzig hatte er, politisch uninteressiert, kaum
von sich reden gemacht. Mal jobbte er hier, mal dort,
und meist verdankte er die Stellen seinem Vater.
Deutlicher in Erinnerung blieben den Texanern sein
Triumph, in dem er durch die Straßen von Houston

brauste, sowie die Blondinen, die sich auf dem Nebensitz räkelten. Und sein Stehvermögen auch nach einer Flasche Whisky. Nur mit Schrecken denkt eine Gastgeberin daran, wie er, einmal mehr feuchtfröhlich, auf ihrer Party aufgekreuzt war und eine aufwendig zurechtgemachte Dame gefragt hatte:

»So, wie ist das denn, Sex nach 50?«

Bei seiner ersten Kandidatur als Gouverneur von Texas 1994 hatten die Journalisten verächtlich gefragt:

»Was hat der Bush-Bub denn geleistet?«

Bei seiner gloriosen Wiederwahl 1998 behandelte ihn Texas als Retter der Nation. Jetzt, 1999, sieht es ihn als nächsten Präsidenten der Vereinigten Staaten. Nur das *Wallstreet Journal* kommentierte seine Kandidatur süffisant: Bush junior dürfte wohl einer der unbedarftesten Präsidentschafts-Kandidaten aller Zeiten sein. Nicht nur von Außenpolitik hat er keine Ahnung, selbst in andere Bundesstaaten Amerikas setzt er nur widerwillig seinen Fuß. Es ist eben nirgendwo so schön wie in seinem Texas.

Am liebsten aber sieht ihn Texas in der Rolle des bekehrten Sünders. Bereitwillig bereut er öffentlich seine alkoholischen und amourösen Ausschweifungen; bei jeder Gelegenheit beteuert er, »seit 13 Jahren keinen Tropfen mehr getrunken« zu haben. Regelmäßig pflegt er als moralische Instanz vor Schulklassen aufzutreten und die Studenten zu ermahnen, sich von Alkohol und Sex fernzuhalten, »bis ihr den Menschen gefunden habt, den ihr heiraten wollt«.

Natürlich ließ ihn der Lewinsky-Skandal erschauern: Washington – ein demokratischer Sündenpfuhl. Höchste Zeit, dass dort ein Republikaner aus dem sittenstrengen Süden nach dem Rechten schaut.

Seine schulischen Leistungen waren eher mäßig gewesen. Auf der Universität kam er, im Unterschied zu seinem Vater, nur knapp über die Runden. Denn lesen ist nicht seine Sache. In seinem Büro gibt es mehr Baseball-Zubehör als Bücher; Akten sucht man auf dem spiegelnden Schreibtisch vergeblich. Deutet trotzdem ein Dossier auf Arbeit, pflegt sich sein Mitarbeiterstab gegenseitig zu warnen:

»Achtung, der Boss hat schlechte Laune!«

Auch Zuhören macht ihm Mühe. Jeder, der etwas von ihm will, weiß inzwischen: Länger als 20 Sekunden darf man seine Aufmerksamkeit nicht strapazieren. Sonst zeigen sich deutliche Zeichen der Langeweile auf seinem Gesicht.

Seine Feinde sehen ihn weniger pittoresk und harmlos. Seine eng stehenden, tief liegenden Augen erinnern sie an einen Fuchs, der durchs Unterholz schnürt; seine dünnen Lippen scheinen ihnen wie gemacht, um zielsicher auf die Menschenrechte spucken zu können. Denn während Gouverneurskandidat Mauro neue Schulen und höhere Löhne für

Lehrer versprach, die in Texas kaum mehr als Tankwarte verdienen, stellte Bush dem Volk neue Gefängnisse in Aussicht, längere Strafen für Jugendliche und keinerlei Zeichen von Schwäche in Sachen Todesstrafe. Wie ernst er es damit meint, hat er bereits bewiesen.

Noch nie hat die Hinrichtungsmaschinerie in den Vereinigten Staaten effizienter getickt als während seiner ersten Amtszeit. So zügig, wie sich die Zellen im Todestrakt geleert hatten, so zügig wurden sie wieder gefüllt. Jahr für Jahr vermeldete George Bush neue Hinrichtungsrekorde und erntete dafür den Applaus seiner Wähler. Dabei kann er sich voll auf die Unterstützung seines *Texas Board of Pardons and Paroles* verlassen; schließlich hat er die 18 Männer und Frauen des Gnadenausschusses eigenhändig ausgesucht. Wie erwartet, rang sich das Gremium bisher denn auch nur ein einziges Mal zu Gnade durch. Dass der Strahl der Milde allerdings ausgerechnet Henry Lee Lucas traf, erschien Bushs Gegnern als pure Verhöhnung. Denn Lucas zeigte nicht nur keine Reue, er brüstete sich auch mit 600 Morden und kokettierte mit noch unentdeckten Opfern. Ja, sein Name war inzwischen eine Art Synonym für Massenmörder geworden. Die Ohrfeige fiel umso schallender aus, als Bush noch nie Gnade gezeigt hatte für Männer, an deren Schuld tatsächlich »erhebliche Zweifel« bestanden.

Niemand kann prüfen, ob der Gnadenausschuss die eingereichten Akten wirklich liest: Die fürstlich bezahlten Mitglieder pflegen ihre Entscheide untereinander nicht zu diskutieren. Niemand weiß, wo und wie sie zu ihrem Urteil kommen: ob am Schreibtisch, auf dem Golfplatz oder in der Badewanne. Und in keiner Akte kann man die Denkschritte verfolgen, die sie davon abhielten, Gnade zu gewähren. Denn sie müssen ihr Urteil nicht begründen. Ein Telefon oder Fax an Gouverneur Bush genügt, um Leben oder Tod anzuordnen. Meist fällt die Ablehnung des Gesuchs eindeutig aus.

Für die Verteidiger ist der Gnadenausschuss »ein Leerlauf« oder »bestenfalls eine Fiktion.« Der frühere Präsident der amerikanischen Anwaltskammer Talbot D'Alemberte drückte seinen Grimm so aus:

»Wenn du denen etwas zuschickst, hast du das Gefühl, du wirfst deine Papiere in ein finsteres Loch. Niemand teilt dir mit, dass dein Gesuch abgelehnt und dein Klient hingerichtet worden ist.«

Denn wie Boss Bush bezeugt auch sein Ausschuss einen starken Widerwillen gegen Lesen und Schreiben. Die meisten belassen es dabei, die stets meterhohen Akten nach der Beantwortung der beiden Fragen durchzublättern: Hat der Verurteilte seinen Prozess gehabt? Und ist er schuldig? Lautet die Antwort zweimal ja, ist das Schicksal des Verurteilten besiegelt. Dass zu einer menschlichen Strafjustiz auch Gnade trotz Schuld gehört, dieser philosophische Gedanke liegt allen fern. Weil sich Gouverneur Bush voll auf seinen Ausschuss verlässt, darf er guten Gewissens behaupten:

»In meiner Amtszeit ist in Texas noch kein Unschuldiger hingerichtet worden.«

Kritische Stimmen werden ebenso wenig ernst genommen wie das Miauen einer Katze. »Texas wäre nicht Texas, hörte es auf andere«, lächelte telegen die Fernsehmoderatorin, als sich sogar Madeleine Albright in den Fall Stan Faulder einmischte. Die Staatssekretärin hatte Gouverneur Bush ein 12-seitiges Bittschreiben für den kanadischen Staatsbürger geschickt, weil sie diplomatische Schwierigkeiten mit dem Nachbarstaat fürchtete. War doch ein halbes Jahrhundert vergangen, seit Amerika den letzten Kanadier hingerichtet hatte.

Der Automechaniker aus Jasper war 1975 nach einem Streit mit seiner Frau ausgerastet und Richtung Süden gestürmt. Auf dem wilden Trip durch Amerika hatte er von Raubüberfällen gelebt und dabei, laut Gerichtsurteil, in Dallas auch einen Menschen getötet. Zu seinem Pech war dies Inez Philipps gewesen, die 75-jährige Stammesmutter eines mächtigen Öl-Clans.

Wie später die deutschen Brüder Karl und Walter LaGrand, landete auch Stan Faulder im Todestrakt, ohne dass, entgegen internationalem Recht, seine Botschaft informiert wurde und ohne dass man ihn auf sein Recht hingewiesen hätte, seine Botschaft anzurufen. Als Kanada auf Umwegen von seinem Aufenthaltsort erfuhr und protestierte, ließ Gouverneur Bush in patziger Wildwestmanier ausrichten:

»Ganz einfach: Wenn Sie Kanadier sind und nach Texas kommen, bringen Sie niemanden um.«

Und doppelte, ebenso griffig, nach:

»Bei uns gilt: Bad consequences for bad behaviour – böses Benehmen hat böse Folgen.«

Es bereitete ihm keine Mühe zuzugeben, dass im Falle Faulder internationale Abkommen verletzt worden waren.

»Das ändert aber nichts an der Tatsache, dass Faulders Prozesse fair gewesen sind.«

Mag sein, gemessen an texanischen Maßstäben. Die Kanadier allerdings wunderten sich doch sehr, dass es in Amerika offenbar möglich war, auf eigene Kosten einen privaten Staatsanwalt anzuheuern, wie das der Sohn der ermordeten Lady getan hatte. Und dass man mit 10 000 Dollar cash eine Augenzeugin nach Maß schaffen konnte – er bezeichnete es als »Reisespesen«. Beide Maßnahmen waren nötig geworden, nachdem der erste Prozess nicht nach dem Wunsch des Sohnes ausgegangen war. Erst im zweiten Verfahren gelangte er ans Ziel: Faulder landete tatsächlich im Todestrakt.

Noch erstaunter freilich waren die kanadischen Psychiater über die Arbeitsweise ihres Kollegen aus Dallas. Dr. James Grigson hatte, ohne Faulders Akten zu studieren und nach nur 15 Minuten Gespräch entschieden, dass Faulder »ein unverbesserlicher Psychopath der schlimmsten Sorte« sei, der »garantiert« wieder morden wird. Damit war sein Todesurteil besiegelt.

Grigsons Gutachten, fanden die Kanadier, »war schlimmer als ein Horoskop und willkürlicher als eine aufgeworfene Münze.« Es hatte nichts mit Wissenschaft zu tun, dafür umso mehr mit rechtsradikalen persönlichen Ansichten, verpackt als unabhängiges Urteil. Grigson, so stellte sich heraus, pflegte durch die Lande zu reisen und, gegen entsprechendes Entgelt, den Gerichten seine Dienste anzubieten. Man nahm sie gerne an, denn auf seine Expertisen war Verlass. Stets pflegte er auf die entscheidende Frage:

»Können Sie uns sagen, ob dieser Mann Ihrer Ansicht nach in Zukunft wieder töten wird?«, im Brustton der Überzeugung zu antworten:

»Absolut. Und zwar gleichgültig, ob er sich in einem Gefängnis oder in Freiheit befindet.« Erst machte sich Grigson noch die Mühe, mit den ihm anvertrauten Angeklagten zu sprechen. Später verfasste er seine Gutachten, ohne den Patienten gesehen zu haben. Die Beschreibung seiner Tat genügte ihm.

Inzwischen wurde Dr. Grigson wegen unethischer Praktiken aus der *American Psychiatric Association* ausgeschlossen. Das bietet Faulders Familie wenig Trost – ebenso wenig wie den Familien der übrigen 115 Männer, für deren Tod Grigson mit seinen Gutachten gesorgt hatte.

Früher war ein Mann begnadigt worden, hatte der Scharfrichter seinen Kopf dreimal verfehlt; die ausgestandene Todesangst schien Strafe genug. Heute denkt man offensichtlich anders. Stan Faulder saß 22 Jahre im Todestrakt von Huntsville und ertrug neun Hinrichtungsdaten. Einmal stoppte der Oberste Gerichtshof seine Exekution, als er nur fünf Meter vor der Hinrichtungskammer stand.

Die zehnte Begegnung mit seinem gesichtslosen Henker überlebte Stan Faulder nicht. Am 17. Juni 1999 schaute der Sohn der ermordeten Inez Phillips hinter Plexiglas zu, wie sein auf die Bahre geschnalltes Opfer zweimal hustete, zweimal ausatmete und sich dann nicht mehr rührte. Stan Faulder sorgte mit seinem Tod gleich für zwei Rekorde: Mit seinen 61 Jahren war er der älteste Mann, der je in Huntsville hingerichtet wurde. Und der hundertste Mann, dessen Hinrichtung Bush befohlen hatte.

Keiner der elf 1997 und 1998 in Amerika exekutierten Ausländer war auf sein Recht hingewiesen worden, sich an seine Botschaft wenden zu dürfen. Dieser Verstoß gegen internationale Abkommen mag belanglos scheinen; er ist es aber nicht. So unterschrieb der 1997 in Huntsville hingerichtete Mexikaner Irineo Tristan Montoya, bei der Tat 18 Jahre alt, ein vierseitiges, englisches Geständnis, ohne ein Wort Englisch zu verstehen. Washington schickte ein formelles Entschuldigungsschreiben an die mexikanische Botschaft – einen Tag, nachdem Irineo hingerichtet worden war. Und der Staatsanwalt, der seine Hinrichtung durchgesetzt hatte, lächelte:

»Soll uns Mexiko doch den Krieg erklären!«

Ernsthafte Schwierigkeiten für solche Rambo-Manieren muss Amerika nicht befürchten. Fast alle Hingerichteten stammten aus armen Drittweltländern, deren Proteste lau und halbherzig bleiben. Welche Regierung mag schon, eines armen Schluckers wegen, die Supermacht im Norden verärgern?

Nicht nur in Texas, auch in den andern südlichen Teilstaaten wie Florida, Kalifornien, Arizona, New Mexico oder Tennessee gewinnt den Wahlkampf nur, wer für häufigere und schnellere Hinrichtungen sorgt. Ja, das glühende Bekenntnis zur Todesstrafe gilt geradezu als Eignungstest für den Gouverneursposten. Umsichtig besuchte der Republikaner Bob Dole während seiner Wahlkampagne den Todestrakt von Kalifornien. Danach entrüstete er sich vor den laufenden Fernsehkameras und dem in seinem Kielwasser schwimmenden Journalistentross:

»Ist es richtig, dass mehr Todeskandidaten an Altersbeschwerden sterben als durch die tödliche Injektion? Gibt es denn noch so etwas wie Gerechtigkeit?«

Auch Präsident Clinton mochte auf diese todsichere Wahlhilfe nicht verzichten. Einst ein Gegner der Todesstrafe, flog er im Wahlkampf 1992 eigens in seinen Heimatstaat Arkansas zurück, um die Hinrichtung eines Mannes zu überwachen, der nur noch dahinvegetierte, nachdem er sich bei einem Selbstmordversuch das halbe Gehirn weggeschossen hatte. Das *Death Penalty Information Center* in Washington nennt dies: für Wählerstimmen töten.

Aber die Todesstrafe garantiert nicht nur die Wiederwahl, sie kurbelt auch die Wirtschaft an. Noch nie in der Geschichte der so genannten freien Welt entstanden in einem Land so eilig so viele neue Gefängnisse wie im letzten Jahrzehnt in Texas. Sie waren dem Land zwei Milliarden Dollar wert. Als sich der Baustaub gelegt hatte, zeigte sich, dass man in der Eile etliche Strafanstalten zu viel erstellt hatte. Halb so schlimm. Zwar stehen sie noch leer, doch die neuen Gesetze und längeren Strafen, vor allem gegen Jugendliche gerichtet, werden sie bald zum Überquellen bringen. Vor 15 Jahren saßen in Amerika 800 000 Menschen hinter Gittern, zurzeit sind es beinah zwei Millionen. Gut möglich, dass sich die Zahl in ein paar Jahren noch einmal verdoppelt –

oder, wie in Texas, wo ohnehin alles größer ist – sogar verdreifacht.

Der Hilfeschrei aus Texas nach mehr Gefängnissen blieb auch anderswo nicht ungehört, und der verlockende Geruch des Geldes weitete die Nasenflügel vieler Geschäftsleute. Alles rissen ihnen die Texaner aus der Hand: Schmutzschleusen und Handschellen, Mausefallen und Überwachungskameras, Blechgeschirr und Schlösser. Zehntausende von Toiletten und Notliegen wurden sofort benötigt. Und vor allem viel Stacheldraht – »lieferbar innert 90 Tagen!«, wie der damals für Huntsville zuständige Direktor Collins flehte. Besonders gute Geschäfte machte *VitaPro*. Die Herstellerin des Fleischersatzes aus Sojabohnen schloss einen 34-Millionen-Dollar-Kontrakt mit dem texanischen Staat ab. Seither wird in allen Gefängnissen das Fleisch weitgehend mit dem vegetarischen Produkt ersetzt oder gestreckt. Dass ein hoher Beamter des *Texas Department of Criminal Justice* daran mitverdiente, sorgte nur kurz für Befremden.

Einziger Nachteil der Gefängnis-Hysterie: sie kommt den Staat teuer zu stehen. Pro Tag und Gefangener ist mit rund 40 Dollar zu rechnen. Glücklicherweise entdeckten findige Köpfe bald eine Marktnische: Privatgefängnisse. Heute balgen sich bereits 15 Firmen um Amerikas Gefangene. Texas, mit seinen 140 000 Menschen hinter Schloss und Riegel, ist bei weitem ihr bester Kunde.

Das Geschäft macht allen Freude. Kleine, abgelegene Orte kommen plötzlich zu einer Strafanstalt und damit zu neuen Arbeitsplätzen. Der Staat kann seine Häftlinge 15 bis 20 Prozent billiger aufbewahren lassen; ja, manche Betriebe schaffen es sogar, mit 15 Dollar pro Mann und Tag zu wirtschaften. Und die Gefängnisfirmen feiern Traumzuwachsraten. 30 Prozent jährlich sind in diesem Business gang und gäbe; bald darf sogar mit einer Verdopplung der jetzigen Aufnahmekapazität auf 160 000 Insassen in Privatgefängnissen gerechnet werden. Diese Aussichten lassen die Aktien der beiden Pioniere, *Correction Corporation of America* und *Wackenhut* an der Wallstreet boomen. Offenbar finden es die Amerikaner angenehm, ein Stück Strafanstalt zu besitzen. Und sie bewundern die Idee, dass jemand selbst aus dem Abschaum der Gesellschaft noch Profit schlägt.

Und die Privaten zeigen Fantasie. Warum nicht von den Gefangenen, wie im Hotel, Zuschlaggebühren für Telefonate kassieren? Das Essen so knapp bemessen, dass die Insassen im Gefängnisladen zusätzlich Konserven kaufen müssen? Auch bei den Kosten spart man ein. Ein Gefängnis, das mitten in der Wüste steht, braucht weniger hohe Mauern – hier endet jede Flucht ohnehin mit dem sicheren Tod. Modernste Technik ersetzt das teure Personal. Jetzt genügt ein einziger Mann, um alle Türen und Schlösser von einem zentralen Kommandopult aus zu öffnen und zu schließen. Das erhöht zwar die Gewalt unter den Insassen. Doch sie bringen ja nur ihresgleichen um.

Angesichts so vieler Vorteile verhallen warnende Stimmen ungehört. Was passiert, fragte der Rechtsprofessor Ira Robbins, wenn die Wärter streiken? Wenn die Betriebsgesellschaft Bankrott macht? Oder wenn die Privatgefängnisse, wie bereits geschehen, in Washington für neue Gesetze lobbyieren und sich für möglichst lange Strafen für möglichst viele Menschen einsetzen, weil das ihrem Geschäft nützt?

»Wie lange dauert es«, fragte Ira Robbins, »bis wir selbst unsere Gerichte privatisieren?«

Weiteren Gewinn lässt sich aus der Arbeit der Gefangenen ziehen – vor allem, wenn die Gefangenen dafür kein Peculium, keinen Lohn, bekommen wie in Texas. Das ist legal, denn die amerikanische Verfassung stellt fest:

»In den Vereinigten Staaten soll es weder Sklaverei noch erzwungene Dienste geben, außer als Strafe für Verbrechen, für die der Betreffende rechtmäßig verurteilt worden ist.«

Politisch motivierte Schwarze empfinden deshalb Amerikas Gefängnisse als neue Kolonien der herrschenden weißen Klasse. Tatsächlich ging für viele Afro-Amerikaner die Sklaverei nahezu nahtlos in die Gefängnisarbeit über. Auf den 100-jährigen Fotografien, die überall in Huntsville hängen, sieht man die

Häftlinge, ausgemietet an private Plantagen, in langen Reihen über Erde und Steine gebeugt, beim Zuckerrohrschneiden und Schienenverlegen. Auf vielen der alten Bilder erkennt man nur die weiße Uniform; die schwarzen Gesichter und Arme verschwimmen mit dem dunklen Hintergrund.

In Huntsville dürfen Todeskandidaten, die sich wohl verhalten, seit 1986 Kleider, vor allem Uniformen für ihre Bewacher, nähen. Die Neuerung missfiel erst sowohl Wärtern wie Politikern. Die Wärter scheuten die Umtriebe; die Politiker fanden, das Warten auf den Tod werde zu abwechslungsreich. Inzwischen sind die Klagen verstummt. Denn die Schneiderei des Todestrakts macht jährlich eineinhalb Million Dollar Umsatz – ohne Lohnkosten. Es soll den Gefangenen Lohn genug sein, während vier Stunden die Zellen verlassen und mit ihren Mitgefangenen reden zu dürfen.

Viele weigern sich, gratis für den Staat zu arbeiten, der sie töten will. Andere tun es, weil sie hoffen, damit einen guten Eindruck auf das Berufungsgericht und den Gnadenausschuss zu machen: Wenn ich mich hier täglich zur Arbeit aufraffe, beweise ich, dass ich es auch draußen schaffe. Und wieder andere entschließen sich zum Nähen, damit der Tag nicht so lang wird, eine gewisse Struktur und Normalität bekommt. Sie sind froh darüber, wie früher täglich aufstehen zu müssen, sich zu waschen und zu rasieren und auf den Arbeitsweg zu machen – auch wenn der nur eine Treppe weit in den unteren Stock führt.

Weil im Todestrakt niemand legal Geld verdienen kann, blüht der illegale Handel. Fast alles lässt sich kaufen, zu überhöhten Preisen freilich, wie auf jedem Schwarzmarkt. Ein Paket Zigaretten kostet 60 Dollar, eine Flasche Whisky 300 Dollar. Ins Gefängnis geschmuggelt wird die Ware von den so genannten *mules*, den Maultieren, Wärter und Wärterinnen, die auf diese Weise ihren Hungerlohn aufbessern. Manchmal fliegt der Handel auf, dann werden sie entlassen. Eine Aufseherin hatte den Todeskandidaten in nur einem Jahr 30 000 Dollar abgenommen. Andere kassieren lieber von Betreuungspersonen. So zweigt eine Gefängnisangestellte jeweils ein Drittel der Summe für sich ab, die ihr eine Schweizerin für ihren Brieffreund in die Hand drückt. Er hat das Geld lieber cash als auf dem Gefangenenkonto.

Seltsam genug, ernähren Gefangene, die nichts mehr außer ihrem nackten Leben besitzen, Heerscharen von Bewachern, Geschäftsleuten, Beamten und Juristen. Und sie befördern nicht nur die Laufbahn von Politikern, sondern katapultieren auch Staatsanwälte und Richter die Karrierestufen nach oben. Denn auch letztere müssen sich in Texas dem Volk zur Wahl stellen. Das liefert sie nicht nur dem Geschmack der Wähler aus. Das macht sie auch zu Opfern politischer Druckversuche der Geldgeber, die ihre Wahlkampagne finanzieren. Beide, Volk und Geldgeber, sind sich in Sachen Todesstrafe meist einig. Damit sieht sich der Richter, der nicht zügig zum Tod verurteilt, öffentlich attackiert als Mann, der der Gerechtigkeit im Wege steht. Und das Prädikat »Hat ein weiches Herz für Kriminelle« bedeutet den politischen Tod.

Das gleiche gilt für Staatsanwälte. Sie kommen nur weiter, wenn sie möglichst viele Männer zur Strecke bringen. Folglich sehen sie in jedem Mordprozess eine Art persönlichen Zweikampf und im Angeklagten einen Gegner: er oder ich. Sie wollen um jeden Preis gewinnen – auch um den Preis, entlastendes Material dem Gericht und der Verteidigung vorzuenthalten oder ganz offen zu lügen.

Besteht keine Chance auf Sieg, lässt sich der Staatsanwalt seine Blamage teuer bezahlen. So geschehen im Prozess gegen Muneer Deeb. Sieben Jahre lang saß der jordanische Student wegen dreifachen Mordes unschuldig verurteilt im Todestrakt von Huntsville. Dann hatte er selbst, auf 15 000 Seiten, so viele erdrückende Beweise für seine Unschuld gesammelt, dass kein einziger Staatsanwalt gewillt war, gegen ihn anzutreten und damit seinen Ruf zu ruinieren.

Schließlich sah sich der Staat gezwungen, einen Juristen auf freier Wildbahn anzuheuern, der bereit war, gegen ein Schmerzensgeld von 1000 Dollar am Tag den Part des Anklägers zu spielen. Es gelang dem Juristen, den an und für sich einfachen Prozess auf drei Monate auszudehnen und sich seine Niederlage mit 520 000 Dollar vom Staat versüßen zu lassen.

Die Angehörigen

Was haben wir bloß falsch gemacht?

Hey!«, sagt das blonde Mädchen und lehnt den Kopf an die Schulter seiner Mutter, »I am going to see my daddy!«

Die Mutter fährt ihm mit der Hand über das Haar und rückt zugleich mit resoluter Geste sein Hemd zurecht. Die anderen Erwachsenen lächeln. Und sehen zu, wie sich das Kind ungeduldig losmacht, in den Wald hüpft und sich dabei in Vorfreude selbst umschlungen hält.

Niemand weiß, warum die Familien, die Samstag abends ihre Männer im Todestrakt besuchen, nicht die breite Zufahrt benützen dürfen, sondern sich seitlich durch ein Gebüsch schlagen müssen. »Eine ihrer Vorschriften«, meint die Mutter des Mädchens schulterzuckend. Darüber denkt man gar nicht nach. Wie bei einem Picknicktreffen rollen die Autos langsam durch das lichte Wäldchen, bis sie schließlich, Stoßstange an Stoßstange, zum Stillstand kommen. Türen öffnen sich, Menschen steigen aus, treten auf den Waldboden, als trauten sie dem Grund nicht. Die

Männer schauen, die Hände in den Hosentaschen, aneinander vorbei oder hinaus in die Dämmerung der Bäume. Die Frauen treten zögernd aufeinander zu, Grüppchen entstehen. Viele kommen jeden Monat, man kennt sich, gibt einander die Hand, umarmt sich wie an einer Beerdigung. Andere sehen sich zum ersten Mal:

»Oh, Sie sind Billys Mutter – mein Mann hat mir so viel von Ihrem Sohn erzählt!«

Die Männer sehen aus, als wären schon ihre Väter arm gewesen; die Frauen sind robust. Es sind Frauen, die sich morgens das erstbeste Hemd überwerfen und im Treppenhaus mit den Fingern durch ihr zündholzkurzes Haar fahren. Sie wissen, wie man Kredit im Supermarkt bekommt, auch wenn sie dort schon hoch verschuldet sind. Und sie haben gelernt, sich gegen die Nachbarn, die Lehrerin, die Familie, den Anwalt, den Vermieter und das Sozialamt zu wehren. Oder aber zu schweigen und zu schlucken.

Besorgte Blicke auf die Uhr. Noch eine Stunde bis zu Beginn der Besuchszeit, und bereits ist die Autokolonne über 100 Meter lang. Manche kommen zwei Stunden zu früh, um sicher zu sein, eingelassen zu werden. Wer sich später einreiht, riskiert, wieder nach Hause geschickt zu werden und die lange Reise vergeblich gemacht zu haben. Kann sein, dass der Besuchssaal schon voll ist. Oder dass die zusätzlichen

Käfige, in denen die Männer sitzen müssen, die nicht arbeiten wollen, bereits vergeben sind – es sind nur sechs. Manchmal wedelt man die Familienangehörigen auch nur stumm weg.

»Wenn sie nicht mögen, mögen sie nicht«, sagt die Mutter des Mädchens. »Oder sie behaupten, er habe diesen Monat schon Besuch gehabt. Ob's stimmt, können wir ja nicht kontrollieren.«

Mehr als ein Besuch pro Monat wird einem Gefangenen nicht bewilligt.

Und plötzlich eilen alle, als wäre ein Startschuss gefallen, im Laufschritt zum Auto zurück, Türen fallen ins Schloss, Scheinwerfer tasten durchs Geäst. Im Schritttempo fährt die Kolonne durch das Wäldchen, über eine Sandstraße mit tiefen Schlaglöchern, an einer Schweinemästerei vorbei, die stinkt, dass sich der Magen hebt. Davor hält ein blutjunger Schwarzer Wache. Als ihn der Lichtkegel des Autos streift, schaut er erschrocken. Dann wird die Straße breiter; am Wegrand wartet ein Uniformiertentrupp, alle sind weiß. Wie an der Grenze klappen die Offiziere die Kofferräume, Motorhauben und Handschuhfächer auf, überprüfen Ausweispapiere und vergleichen sie mit ihren Besucherlisten.

Der lange schmale Besuchsraum ist trüb beleuchtet; dicht gedrängt wie an einer hufeisenförmigen Bar sitzen sich die Männer und ihre Familien gegenüber, getrennt von einem verglasten Gitter. Im Winter stehen hier die Atemwolken in der Luft, im Sommer rinnt der Schweiß vom Körper. Einen Ventilator gibt's nur auf der Besucherseite.

Wäre die Trennwand nicht, man könnte sich in einer Autobahnraststätte wähnen. Die Familien vor dem Gitter unterscheiden sich nicht von den Familien, die samstags im Supermarkt einkaufen. Die Männer hinter dem Gitter sehen aus wie Verkäufer, Polizisten, Angestellte oder Studenten im blütenweißen Freizeitdress. Ihre Gesichter schwimmen in der Dämmerung des Käfigs. Es sind blasse, verletzliche und ausgelöschte Gesichter. Da ist keiner, der im Film den Bösewicht spielen könnte. Bei keinem würde man auf der Straße den Schritt beschleunigen. Nur Spannung ist ihnen anzusehen und das Bemühen, sich jede Einzelheit, jeden Tonfall, jedes Wort zu merken. Festgeschraubt wie Schachspieler sitzen sie auf ihren Metallstühlen.

Manche blinzeln heftig, wenn sie ihre Angehörigen sehen. Andere begrüßen sich, indem sie die flache Hand ans Glas halten und warten, bis sie sich einbilden, die Scheibe werde warm. Vor ein paar Wochen hatte eine Frau versucht, einen Nylonfaden durch das dicke Maschengitter am Fuß der Trennwand zu stoßen. Wenn sie daran zog, spürte ihr Mann am andern Ende die Bewegung. Zog er daran, übertrug sich der Zug auf ihr Fadenstück. Das Spiel war rasch zu Ende. Die Frau wurde aus dem Saal ge-

worfen, der Mann mit einem halben Jahr Besuchs-
verbot bestraft.

»Hätte ich gewusst«, sagt ein Gefangener bitter,
»dass das absichtliche Streifen meiner Schwester im
Gerichtssaal meine letzte menschliche Berührung
war – ich hätte sie bewusster empfunden.«

Gespräche sind schwierig. Der Ventilator dröhnt,
und der Lärmpegel steigt von Minute zu Minute. Die
Mitglieder einer mexikanischen Familie reden alle
gleichzeitig auf den jungen Mann ein, der schweigend zusammengesackt ist. Von irgendwoher steigt
Lachsalve um Lachsalve. Unter den Angehörigen hält
sich hartnäckig das Gerücht, dass die Wärter jede
Exekution mit einem Gelage feiern.

Kein einziger Afro-Amerikaner ist im *Visitors Room.*
Auch Rogers Schwester besuchte ihren Bruder kein
einziges Mal im Todestrakt, und seine Mutter ist längst
gestorben, der Vater verschwunden. Die Schwarzen
besuchen ihre Angehörigen seltener als die Weißen
oder Latinos. Vielleicht, weil eine Mitfahrtgelegenheit
ins abgelegene Huntsville fehlte oder sie zu beschäftigt mit dem eigenen Überleben sind. Vielleicht, weil
man nur ein gewisses Maß an Unglück ertragen kann
und dieses längst überschritten ist. Oder vielleicht,
weil es sich leichter vergessen lässt, als die Qual aus-
zuhalten, ohnehin nichts tun zu können.

Aber auch die Familienbeziehungen der Weißen
werden mit jedem Jahr Todestrakt brüchiger. Bis

schließlich beide Seiten weitere Besuche als sinnlos empfinden. Die Familie erkennt im apathischen Bündel hinter der Scheibe kaum mehr den Sohn oder Vater von einst. Der Gefangene hat nichts mehr mit diesen Leuten zu tun, die vor dem Gitter gestikulieren und von Nachbarn erzählen, die er nie gesehen hat. Sie sind ihm fremder geworden als seine Wärter.

Hin und wieder geschieht es, dass auch die Angehörigen des Opfers den Mann kennen lernen wollen, der so viel Unglück in ihr Leben gebracht hat. Meist sind sie Mitglieder der *Murder Victims Families for Reconciliation,* Menschen, die für die Versöhnung mit den Tätern und die Abschaffung der Todesstrafe kämpfen. In ihrem Mitteilungsblatt *The Voice* schreiben sie, warum sie Hass und Rache für einen zwar verständlichen Reflex halten, der aber überwunden werden muss. Ein Vater, dessen Tochter zu den Opfern von McVeighs Bombenattentat in Oklahoma gehörte, rang sich zu den Worten durch:

»Das Verbrechen entstand aus Hass. McVeigh zu töten, mehrt diesen Hass auf der Welt. Sein Tod wird nichts ändern. Er bringt mir meine Tochter nicht zurück. Er bringt keinerlei Frieden für niemanden. Aug um Aug macht die ganze Welt blind.«

Joshua Whites Eltern beschreiben, wie ihr 23-jähriger Sohn, der in einem Heim für behinderte Kinder gearbeitet hatte, auf der Straße kaltblütig erschossen wurde. Seine letzten Worte hatten gelautet:

»Friede, Bruder, Liebe.«

Der Täter entkam, ist wohl, vermuten sie, irgendwo im Ausland. Doch das ist keineswegs ihre Hauptsorge.

»Nicht *wer* tötete Jo-Jo?«, schrieben sie in *The Voice*, »ist wichtig, sondern: *Was* tötete Jo-Jo?«

Und sie liefern die Antwort:

»Es ist das gleiche soziale System, das er zu verändern suchte, das ihn tötete. Es ist das System, das die Mahlzeiten in den Schulen unserer Großstädte kappt, damit reiche Manager noch reicher werden. Es ist das System, das Fabriken in unsern Städten schließt, damit die Aktienbesitzer größeren Profit aus malaysischen Kindern ziehen können. Das gleiche System, das Blinden, Armen und Kindern die Unterstützung entzieht, um die Parasiten im Pentagon zu füttern. Es ist das System, das mehr Gewalt und Ungerechtigkeit in die Welt bringt – unter anderem in Form der Todesstrafe. Das System, das Weiße gegen Schwarze aufhetzt und Schwarze gegen südamerikanische illegale Einwanderer, Alte gegen Junge, Männer gegen Frauen und sogar Eltern gegen ihre eigenen Kinder.

Der Mann, der unsern Sohn tötete, ist ebenso ein Produkt dieses Systems wie die Raketen, mit denen wir fremde Länder bombardieren. Hätten wir eine gerechte Gesellschaft, eine, die die Menschen in all ihrer Vielfalt respektiert, eine, die allen Menschen die gleichen Chancen einräumt, würde unser Sohn

Jo-Jo noch immer sein großzügiges, fröhliches Leben führen können. Und der junge Mann, der ihn tötete und jetzt auf der Flucht ist, ebenfalls.«

Einer der aktivsten Mitglieder der Vereinigung ist Ron Carlson. An seiner Tür in Houston hängt ein Schild: »Day sleeper – Schlafe tagsüber. Bitte weder klopfen noch läuten«. Erst gegen Abend erscheint er am Fenster des Bungalows, ein sanfter Mensch mit Bart und Sandalen, wie Jesus in der Kinderbibel. Er hat Nachtschicht in einer Fabrik und hält den Becher mit dem ersten Kaffee des Tages in der Hand.

Das Wohnzimmers bleibt verdunkelt, die Vorhänge lässt er zugezogen. Denn Ron Carlson hat Ärger mit der Nachbarschaft. Häufig bekommt er anonyme Telefone. »Bist du verrückt?« ist das Harmloseste, was er an seinem Arbeitsplatz zu hören bekommt, wenn er wieder einmal im Fernsehen für die Abschaffung der Todesstrafe plädierte. Niemand in Texas kann seine Haltung verstehen. Hier stellt man ihn in eine Reihe mit den übrigen Spinnern, die Amerika seiner Freiheit berauben wollen, weil sie für ein Waffenverbot oder eine mildere Form von Kapitalismus sind. Das Einzige, was Ron Carlson vor heftigeren, ja selbst tätlichen Angriffen schützt, ist sein Status als Bruder einer Frau, die ermordet worden ist. Es ist Deborah Thornton, die Frau, die Karla Faye Tucker und ihr Komplize mit 20 Axthieben erschlagen haben.

Sein Weg hin zur Vergebung kannte verschiedene Stufen. Wie bei den meisten Angehörigen von Opfern dauern Schock und Betäubung vier bis sechs Monate. Dann kommen die Wut, der Hass und das Bedürfnis nach Rache:

»Ich führte«, sagt Ron Carlson mit milder Stimme und wandert mit seinem Kaffeebecher im dunklen Wohnzimmer auf und ab, »ein ausschweifendes Leben voller Sex, Drogen und Alkohol.«

Es klingt, als hätte er die Geschichte schon bei vielen Bekehrungsgottesdiensten erzählt. Als der Pfarrer versuchte, ihm Vergebung zu verordnen, machte ihn das nur noch wütender. Wenn seine Freunde fanden, es wäre an der Zeit, über seinen Kummer hinwegzukommen, fühlte er dumpfen Groll. Bis ihm schließlich alle aus dem Weg gingen. Selbst seine Ehe drohte zu scheitern, wie viele Ehen von Opferangehörigen. Der eine Partner erträgt es plötzlich nicht mehr, dass ein Geschehen so viel Platz im Leben des andern einnimmt. Der wiederum findet es verwerflich, wie leicht sein Ehepartner den Mord zu nehmen scheint.

Erst der Gerichtsprozess gegen Karla Faye Tucker brachte die Wende. Ron Carlson nahm so oft wie möglich an den Verhandlungen teil. Und begann zu begreifen: Auch die Mörderin war ein Opfer. Nach dem Urteil besuchte er sie im Todestrakt in Gatesville. Dort sagte er ihr:

»Ich vergebe dir.«

Sie antwortete:

»Danke.«

Von da an war ihm, als sei ihm eine ungeheure Last von seinen Schultern genommen worden.

»Die Familien der Täter leiden noch mehr als die Familien der Opfer«, sagt Pfarrer Bob Norris mit mildem Vorwurf. »Und, anders als bei den Opfern, teilt niemand ihr Leid.«

Er weiß, wovon er spricht, denn er führt in Huntsville das Hospitality Heim. Dort können die Angehörigen kostenlos wohnen, wenn sie ihre Männer im Todestrakt besuchen. In der großen Eingangshalle ist es bedrückend still. Nur der Deckenpropeller rauscht. Bedrückt schieben Mütter und Kinder Würfel auf Brettspielen herum, alle scheinen in Gedanken weit weg. An der Wand stehen zwei amerikanische Flaggen, so imposant wie diejenigen im Office des amerikanischen Präsidenten. Das wirkt, als fordere der Staat eine Achtungstellung.

Am Wochenende sind alle 48 Betten belegt. Bevor die Frauen wieder nach Hause reisen, dürfen sie sich in der Vorratskammer mit Babynahrung und weiteren Büchsen bedienen. Die meisten sind bitter arm, die Sozialhilfe reicht kaum für eine Woche im Monat. Das bringt Pfarrer Norris auf – nicht gegen den Staat, gegen die Männer im Todestrakt.

»Die haben ein Dach über dem Kopf, ein Bett, Kleidung und Essen – ihre Familien haben gar nichts.«

Dazu kommt die seelische Qual. Die Mütter leiden unter Gewissensbissen: Was habe ich falsch gemacht? Die Ehefrauen martern sich: Was hätte ich verhindern können? Und ihre größte Sorge: Sind sie schuld am Tod ihres Mannes, wenn sie jetzt das Geld für seine Berufung nicht aufbringen? Bereits haben sie die Armreife, den Ehering, die Kamera und die Fischereiausrüstung versetzt, das Haus oder den Wohnwagen verkauft. Sie haben alle Freunde und Verwandte angepumpt und sich bei der Bank und dem Arbeitgeber hoch verschuldet. Woher jetzt noch die 50 000 Dollar nehmen, die der Privatverteidiger verlangt, um das Todesurteil – vielleicht – abwenden zu können?

Im Besucherraum des Todestraktes ist es neun Uhr abends geworden. Alle Besucher sind heftig am Kauen – Chips, Schokoladeriegel, Bonbons. Als ließe sich die Ohnmacht, das lähmende Gefühl, nichts für den Mann hinter der Scheibe tun zu können, dadurch lindern. Der Lärm ist inzwischen ohrenbetäubend.

Jeder brüllt, um verstanden zu werden. Kinder, denen das Stillsitzen verleidet ist, turnen auf den Stühlen herum und rütteln an den Getränke- und Popcorn-Automaten. Das Mädchen, das sich auf seinen Daddy freute, steckt zwei Vierteldollar in den Blechkasten, lässt eine Büchse Diet-Coke auf den Boden poltern und bringt sie dem Wärter, der an der Durchreiche sitzt. Es ist erlaubt, für die Gefangenen Softdrinks zu kaufen.

Dann hüpft das Mädchen an seinen Platz zurück und wartet, was passiert. Doch es passiert nichts. Erst nach langer Zeit steht der Wärter wie zufällig auf, schlendert, die Büchse in der Hand, am Rücken ihres Vaters vorbei. Überhört sein halblautes Rufen. Schlendert wieder zurück und übersieht sein Winken. Heftig wendet sich das Mädchen an seine Mutter:

»Die Coke gehört Daddy!«

»Psst«, flüstert die Frau, »sei bloß still. Sonst nehmen sie uns Daddy wieder weg.«

Hier, im Wartezimmer des Todes, weiß jeder: Besucher sind nur geduldet, Besucher sind unerwünscht. Denn sie stören das gleichmäßige Ticken der Verwaltungsmaschinerie. Um hysterische Ausbrüche zu verhindern, mahnt ein handgemaltes Schild an der Wand:

»Denk daran, niemand verlässt diese Welt lebend.«

Noch schlimmer: Besucher wecken im Gefangenen auch Erinnerungen daran, wie es einst war, ein Mensch zu sein. Die zaghaften Regungen eines keimenden Selbstwerts werden den Männern allerdings schon auf dem Rückweg in die Zelle wieder ausgetrieben. Püffe und Knüffe sind häufig, Beschimpfungen die Regel, demütigende Körperuntersuchungen obligatorisch. Und oft finden die Gefangenen ihre Zelle bei der Rückkehr in verwüstetem Zustand vor.

Dies alles bringt viele Männer so weit, dass sie in Zukunft lieber auf Besuche verzichten.

Die Schwarzen

Tötet ein Nigger einen Nigger,
ist das ein Nigger weniger

Erst der dritte schwarze Taxichauffeur ist gewillt, die Evella Street in Houston anzupeilen. Und ärgert sich sogleich über die eigene Gutmütigkeit.

»Hier klebt«, sagt er düster, »an jedem Haus Blut.« Er deutet nach links: »Da!« – Die Holzhütte ist halb abgebrannt. Er fuchtelt nach rechts: »Dort!« – Die Fenster sind mit Latten zugenagelt. Wildes Gras, hohe Halme umwuchern die Baracken, im Vorgarten steht ein aufgebocktes, verrostetes halbes Auto. Kein Mensch, nirgendwo. Verlassen liegen die schnurgeraden Straßen in der Mittagssonne. Es ist die Verlassenheit nach einer Katastrophe. Oder das Warten darauf.

Der Fahrer hat sich verirrt. Vor einer Ampel kurbelt er das Fenster hinunter: »Hey-mein-Bruder-im-Auto ...«

Der Bruder im Auto blickt kurz ins Taxi und fährt weiter. Nächster Versuch:

»Gott segne dich – wo ...«

Die drei jungen Schwarzen gehen weiter, ohne den Kopf zu wenden. Der Fahrer schlägt mit beiden Händen aufs Steuerrad:

»Und klar, keine Polizei ringsum!«

Das Häuschen der Mary Norris ist anders. Hier zieht sich ein schützender Zaun um den Vorgarten, das Tor wird mit einem Hufeisen geschlossen. Und vor dem Häuschen sitzt Mary Norris auf der einzigen Gartenbank weit und breit und lächelt, als sei das Getto reinste Wohnidylle. Unter dem losen Gewand fließt ihr Körper in vielen Stufen zu den Knien hinunter; nur ihre nackten Füße sind schlank und schön wie die eines jungen Mädchens.

Die Tür ins Haus ist sperrholzdünn, mit bloßen Schultern einzudrücken. Mary Norris hat keine Angst.

»Der Herr passt auf mich auf.«

Sie ist Mitglied der Baptistenkirche und betet jeden Tag dafür, »dass Michael noch unter uns ist«.

Im Wohnzimmer deuten die Möbel eine Art grob geschnitzten Louis XV. an, im Büchergestell steht eine umfangreiche Enzyklopädie mit Lederrücken, überall wuchern künstliche Blumen – ein Bollwerk gegen die Trostlosigkeit des Gettos. Und an der Wand hängen Fotografien von Michael: Michael als Zehnjähriger mit Anzug und Krawatte, die Augen fest und leuchtend auf den Betrachter gerichtet. Michael beim Schulabschluss mit schwarzem Beret und pompösem Talar, zuversichtlich in die Kamera lächelnd.

Auch Michael selbst wollte gleich von Anfang an festgestellt haben, dass seine Jugend schön und behütet war.

»Mein Vater war Chauffeur für Kentucky Fried Chicken. Wir hatten genügend zu essen. Niemand hat mich geschlagen, niemand hat mich misshandelt.«

Das einzige Unrecht, an das er sich erinnern kann, hat ihm eine weiße Englischlehrerin angetan, die sich nur um die Football-Spieler in der Klasse kümmerte und abends die besten Jungen für andere Spiele mit nach Hause nahm. Michael dagegen hasste Football. Hasst es noch heute. Wenn die andern Männer im Todestrakt Sport am Fernsehen schauen, johlen und brüllen, legt er sich auf die Pritsche, stülpt den Walkman über die Ohren und hört Musik.

Mit 17 fand Michael eine Stelle in einem Großbetrieb, der Röhren für die Ölindustrie herstellte. Damals, zu Beginn der 80er Jahre, betrug der Mindestlohn in Texas 3.25 $ pro Stunde. Michael verdiente mehr als das Doppelte, 7.50 $. Das gefiel seinen Arbeitskollegen nicht. Derart gut bezahlte Jobs sollten den Weißen vorbehalten bleiben.

»Laufend verklagten sie mich beim Aufseher. Behaupteten, ich mache Fehler oder sei 30 Minuten zu spät aus der Mittagspause zurückgekehrt.«

Die Kündigung blieb trotzdem aus. Im Gegenteil: Michael stieg zum Lastwagenfahrer auf. Kehrte er abends in die Fabrik zurück, fand er den Lack seines eigenen Autos stets von neuem zerkratzt. Nein, niemand hatte etwas gesehen. Bis er den Täter in flagranti erwischte. Michael rächte sich. Zertrümmerte mit einer Brechstange erst die Frontscheibe von dessen Auto, dann die Seitengläser und schließlich das Heckfenster.

Vier Jahre später, mit 21, heiratete Michael zum ersten Mal.

»Meine Frau war, was wir Schwarze eine ›high yellow‹ nennen. Das heißt, ihre Haut war so hell, dass man sie leicht für eine Weiße hätte halten können. Oder für eine Mexikanerin.«

Kurz nach der Hochzeit fuhr das junge Ehepaar über den Highway nach Hause. Plötzlich blendeten die voll aufgedrehten Scheinwerfer eines Autos ins Innere. Es war so dicht aufgefahren, dass sein Stoßfänger beinahe Michaels Kofferraum berührte. Michael wechselte die Spur, der Wagen hinter ihm tat das Gleiche. Michael fuhr auf die Mittelspur zurück, der Wagen folgte. Das Spiel wiederholte sich. Dann lenkte Michael an den Straßenrand und stoppte. Das Auto hinter ihm stoppte ebenfalls. Michael blieb sitzen, wartete darauf, dass der Mann ausstieg. Er tat es nicht. Michael fuhr weiter, der Mann folgte ihm. Nach fünf Meilen fuhr Michael erneut auf den Pannenstreifen, und diesmal rammte ihn sein Verfolger mit voller Wucht. Michael stieg aus und besichtigte den Schaden. Der Mann, ein Weißer, trat ebenfalls auf die Straße.

»Warum verfolgen Sie mich seit zehn Meilen?«

»Ich verfolge Sie nicht.«

»Sie verfolgen mich, und Sie blenden mich. Und ich weiß, warum Sie es tun. Sie glauben, ich hätte eine weiße Frau im Auto, aber meine Frau ist eine hellhäutige Schwarze.«

Er wandte sich an seine Frau: »Steig aus, damit er sieht, dass es stimmt.«

Die Frau stieg aus, der Mann musterte sie eingehend. Dann stieg sie wieder ein.

»Alles, was ich will«, sagte Michael, »ist, dass Sie mir den Schaden am Auto bezahlen.«

»Und alles, was Sie von mir bekommen«, antwortete der Mann, »ist ein ›Sorry‹.«

Während des Wortwechsels behielt der Mann seine Hand in der Tasche und machte keine Anstalten, in sein Auto zu steigen. Michael wurde unruhig. Ein Mann, der ihn auf bloßen Verdacht hin meilenweit verfolgte, war zu allem fähig. Vielleicht steckte eine Waffe in seiner Tasche. Vielleicht wartete er auf die erstbeste Gelegenheit, um zuerst schießen zu können. Auch Michael tastete unauffällig nach seiner Pistole. Der Mann rührte sich nicht. Und schließlich verlor Michael die Nerven und schoss, »bevor der andere seine Hand aus der Tasche ziehen konnte.«

Sieben Monate lang blieb die Tat unaufgeklärt. Bis Michaels Frau nach einem Ehestreit auf den nächsten Polizeiposten fuhr und ihren Mann denunzierte. Bei der Gerichtsverhandlung stellte sich heraus, dass der Getötete Besitzer einer Tankstelle und als Schwarzenhasser bekannt gewesen war. In seiner Tasche hatte ein Messer gesteckt.

Michael wurde zu acht Jahren Gefängnis verurteilt und vorzeitig entlassen. Seine Freiheit dauerte nur sechs Monate. Noch im gleichen Jahr beging er die Morde, die ihn in den Todestrakt brachten.

Es hatte mit Liebe auf den ersten Blick begonnen. Georgia lebte getrennt von ihrem Mann, war zehn Jahre älter als Michael und hatte drei Kinder. Sie war schön, fröhlich, gescheit und Pfarrhelferin in der Baptistengemeinde; alle mochten sie, ein Lichtstrahl im Getto. Dass sie nicht treu war, damit hätte sich Michael abgefunden. Schließlich ging schon seine erste Frau auf den Strich. Dass sie ihn aber nach wenigen Monaten wieder verlassen wollte, um zu ihrem ersten Mann zurückzukehren, verkraftete er nicht.

Sie weigerte sich, nochmals mit ihm darüber zu reden. Es war schon alles gesagt. Michael wollte das Gespräch erzwingen, besuchte am Sonntag den Gottesdienst, um sie zu stellen. Doch Georgia verließ die Kirche mit einem andern Mann, betont eifrig in eine Diskussion vertieft.

Michael ging nach Hause, leerte eine Flasche Whisky und schluckte eine Hand voll Valium. Nur schlafen jetzt, möglichst für immer. Am Sonntag Abend wachte er auf, gerädert und mit schwerem Kopf. Er versuchte, auf die Beine zu kommen. Nach mehreren Anläufen gelang es ihm. Dann schwankte er zum Telefon und wählte Georgias Nummer. Es meldete sich ihr Sohn. Der 24-jährige hatte den beinah gleichaltrigen Michael noch nie gemocht. Michael hörte ihn rufen:

»Mom, da ist einer deiner Boyfriends.«

Michael schmetterte den Hörer auf die Gabel, griff nach seiner Waffe und stürmte auf die Straße.

Georgias Haus war verschlossen. Michael hämmerte an die Haustüre. Vergeblich. Dann schlug er ein Fenster ein. Georgia trat ihm entgegen, ihre zweijährige Tochter auf den Armen und sagte:

»Bemüh dich nicht. Es hat keinen Sinn.«

Vor Michaels Augen tanzten schwarze und rote Blitze. Er rief: »Wenn ich dich nicht haben kann, soll dich auch kein anderer haben.«

Und schoss. Seine Kugel traf nicht nur Georgia, sondern auch deren Tochter. Wer ein Kind unter fünf Jahren umbringt, wird ebenso automatisch mit dem Tod bestraft, wie der, der einen Polizisten oder einen Gefängniswärter tötet.

Michaels Pflichtverteidiger war Charles Freeman, ein schwarzer Moslem mit Bart und Käppi, der seine Klienten mit erhobener Faust zu grüßen und sie bei seinen Besuchen im Todestrakt mit revolutionären Ideen aufzupumpen pflegt. Sehen lässt er sich dort allerdings vor allem bei Männern, die das Geld haben, um ihn zusätzlich zu bezahlen. Michael hatte dieses Geld nicht. Die Gerichtsverhandlung dauerte nur eine halbe Stunde. Charles Freeman sagte kein einziges Wort zu seiner Verteidigung und sah stumm zu, wie sein Klient zum Tode verurteilt wurde. Seine Berufungsschrift – die meisten umfassen an die 100 Seiten – bestand aus 18 Blättern und war gefüllt mit vorgestanzten Floskeln. Jetzt sind alle juristischen Möglichkeiten ausgeschöpft. Für Michael Norris lässt sich nichts mehr tun.

Seine Mutter Mary lagert, die Beine weit von sich gestreckt, in ihrem Polsterstuhl; in der Ecke flimmert unbeachtet der Fernseher. Michael hat sich, sagt sie, im Gefängnis sehr verändert:

»Früher war er fröhlich und hilfsbereit. Jetzt ist er misstrauisch.«

Sie besucht ihn nicht mehr.

»Die Qual ist zu groß.«

Dann greift sie nach einer der Illustrierten auf dem Tisch, blättert darin, ohne etwas zu sehen und legt die Zeitung wieder zurück auf den Stapel.

Michael ist nicht Mary Norris' einziger Sohn. Doch auch die andern sind meist arbeitslos:

»Ein schwarzer Mann findet in Texas keine Stelle. Einmal sagen sie, er sei überqualifiziert, dann sagen sie, er sei unterqualifiziert. Jede Ausrede ist ihnen gut genug.«

In der Straße, wo Mary wohnt, arbeiten nur die Frauen.

»Die stellt man eher ein. Vor denen haben sie weniger Angst.«

Sie blickt auf und ihre Augen schimmern silbern und hellwach wie schwarze Kiesel unter Wasser:

»Unsere jungen Männer sind alle weg – entweder haben sie uns im Leichenwagen oder im Polizeiauto verlassen.«

Da in schwarzen Gemeinden die Bereitschaft zur Gewalt tatsächlich groß ist, glauben viele Amerikaner, dies sei Teil ihres kulturellen Erbes, mitgebracht aus dem dunklen Kontinent. Eine Studie zeigt das Gegenteil: Die Mordrate Schwarzafrikas ist genau so hoch wie in Westeuropa. Oder, anders ausgedrückt: zehnmal niedriger als in Amerika. Was den Verfasser der Vergleichsstudie, Charles E. Silberman, folgern ließ: »Wer die Erfahrungen der Schwarzen mit dem amerikanischen Traum untersucht, wundert sich, dass die Schwarzen in unsern innerstädtischen Armenvierteln nicht noch gewalttätiger geworden sind.«

Auf Mary Norris' Zeitungsstapel liegen auch die gelben Seiten des *The Caged Panther,* des gefangenen

Panthers. Der Panther ist das Vereinsblatt von *Pure,* die Abkürzung für *Panthers United for Revolutionary Education.* Pure entstand, wie die andere Schwarzen-Bewegung *Moorish Americans* im J 21-Flügel, einem der gefürchtetsten und politisch aktivsten Teile des Todestrakts von Huntsville. Regelmäßig wehren sich hier die Häftlinge mit Überschwemmungen und Lärm gegen Schikanen. Und wandern dafür reihenweise in den Bunker. Im J 21-Flügel tragen die Wärter Schutzschilder aus Plastik, wenn sie durch den Korridor marschieren, um sich gegen Geschosse aus Urin und Kot zu schützen, und sie halten das Tränengas-Spray griffbereit in der Hand. Schon mancher Gefangene hier konnte sich nur vor dem Ersticken retten, indem er den Kopf in die Toilette seiner Zelle steckte – der einzigen Frischluftquelle im chronisch gasverseuchten Flügel.

Die Panther wie die Moorish Americans gehören zu den ersten Versuchen der Schwarzen, sich im Gefängnis zu organisieren. Denn, anders als die Gangs der Weißen und Lateinamerikaner, die straff geführte Organisationen mit festgelegten Gesetzen kennen, bleibt der Widerstand der Schwarzen eher zufällig. Darin sehen viele eine bittere Parallele zum Leben draußen.

Die Seiten des *The Caged Panther* sind gespickt mit marxistischen Belehrungen. Dazu kommt eine Art *Readers Digest:* die schlagendsten Sprüche aus der

Welt der Todesstrafe. Die bitteren Worte eines Straf-
verteidigers, »Die Todesstrafe heißt kapitale Strafe
(capital punishment), weil sie nur Menschen ohne
Kapital trifft«, sind ebenso zu finden wie die
berühmt gewordenen Sätze eines texanischen Polizisten:

»Wenn ein Nigger einen Weißen tötet, ist das
Mord. Tötet ein Weißer einen Nigger, ist das erklärba-
rer Totschlag. Und tötet ein Nigger einen Nigger, ist
das ein Nigger weniger.«

Der *The Caged Panther* wird redigiert von der Journalistin Joanne Gavin. Sie ist weiß, 67, Marxistin und
so fragil, dass die revolutionären Slogans auf ihrem
T-Shirt sie schier zu erdrücken scheinen.

Sie gehört zu den energischen Frauen vom Büro
der *Texas Coalition for Abolution of Death Penalty,*
des texanischen Büros für die Abschaffung der Todesstrafe. Sie agieren von einem Schuppen am Rand
von Houston aus, der halb Postamt, halb Heilsar-
meelager ist. Hier werden in einer Art wütender Ohnmacht Zeitungsartikel kopiert, die das Unrecht der
Todesstrafe besonders krass dokumentieren; hier
werden Flugblätter gedruckt, Papierschiffchen im
reißenden Strom der Ungerechtigkeit. Und hier werden aufmerksam neue Schocknachrichten aus dem
Todestrakt gesammelt, um die eigene Empörungs-
kraft am Lodern zu halten: Arbeitsprogramm nach
dem Ausbruch von sechs Häftlingen sistiert! Drohen-

der Umzug für alle aus »Ellis I« in einen Hochsicherheitstrakt wie »Estelle«! Zunehmende Schikanen der Wärter! Neues Verbot von Pfarrer- und Journalistenbesuchen!

Die Frauen im Schuppen gehören nicht nur zum harten Kern der Exekutions-Mahnwachen in Huntsville, sie gratulieren auch stets allen Männern im Todestrakt zum Geburtstag. Die weiße Lehrerin Gloria hält zweifelnd eine Glückwunschkarte mit Mickeymäusen in die Luft, die sie eben gekauft hat:

»Was meint ihr dazu? Ob das den Boys wohl gefällt?«

Die andern zucken die Schultern: Warum nicht? Gloria ist voller Sports- und Kameradschaftsgeist und bekannt dafür, während der Hinrichtungen so laut »Hitler!« ins Megaphon brüllen zu können, dass es auch im Innern von »The Walls« gehört wird.

Aus der Tiefe des Raumes in Mary Norris' Wohnzimmer kommen Schritte. Das Tappen eines unförmigen Körpers lässt die Möbel erzittern. Es ist Mary Norris' jüngster Sohn. Schweigend dreht er an den Knöpfen des Radios. Als er Musik findet, dreht er sie so laut auf wie in der Disco. Seine Mutter senkt die Augen, rollt die Zeitungsseite ein und wieder aus. Schließlich sagt sie ruhig:

»Tu das nicht.«

Der Sohn rührt sich nicht. Die Alkoholwolke, die er mit sich bringt, verteilt sich im Raum. Dann verharrt sein Blick auf dem stumm flimmernden Fernsehbild-schirm. Man sieht, wie George W. Bush vor einem blauen Vorhang steht und sein schiefes Lächeln grinst. Der Sohn stellt das Radio ab, lässt sich in einen Sessel fallen und macht den Fernseher lauter.

»Ich bin«, stellt sich Bush eben vor und eröffnet damit seinen Wahlkampf, »Gouverneur eines groß-artigen Staates, ich habe eine berühmte Mutter und ich liebe meine Frau.«

Mary Norris schaut, über den Berg ihres Leibes hinweg, den Mann auf dem Bildschirm an, von dem das Leben ihres Sohnes abhängt. Er ist der Einzige, der ihm noch 30 Lebenstage schenken könnte, wenn er wollte. Sie weiß jetzt schon, dass er es nicht tun wird. Mary Norris wird deshalb Gouverneur Bush auch kein Gnadengesuch für ihren Sohn schreiben. Sie weiß, wie die andern Afroamerikaner, aus lan-ger Erfahrung: Gegen den Staat verlieren Schwarze ohnehin. Folglich wehren sie sich viel weniger gegen ihr Todesurteil als die Weißen, die alle Berufungs-möglichkeiten ausschöpfen.

Das schlägt sich in Zahlen nieder. Neun von zehn Männern, die wegen Vergewaltigung getötet werden, sind schwarz. Von den 500 Menschen, die zwischen 1977 und 1998 in Amerika hingerichtet wurden, haben über 80 Prozent einen Weißen umgebracht, obwohl sich die schwarzen und weißen Opfer fast die Waage halten.

Die Wurzeln solcher Traditionen reichen weit zurück. Von seiner Gründung bis 1900 richtete Amerika an die 18 000 Menschen hin. Nur 30 von ihnen hatten einen schwarzen Menschen umgebracht. In 20 Fällen war der Status des Ermordeten höher als der des Täters gewesen und zehn Getötete waren Sklaven. Das heißt, der Mord wurde vor allem deswegen gesühnt, weil er als Eigentumsdelikt am weißen Besitzer galt.

Auch in Anekdoten lassen sich die Unterschiede fassen. Als in einer texanischen Schule ein 16-jähriges weißes Mädchen vergewaltigt und ermordet wurde, verhaftete die Polizei zwei Verdächtige, einen Schwarzen in weißem T-Shirt und schäbigen Jeans und einen Weißen mit dicken Brillengläsern und dickem Bauch. Bei der Einvernahme sah der Polizist von einem zum andern und schwor:

»Einer von euch beiden wird dafür hängen.«

Dann wandte er sich an den schwarzen Clarence Brandley:

»Und weil du der Nigger bist, trifft es dich.«

Erst vier Jahre später, 1990, konnte Brandley seine Unschuld beweisen und aus dem Todestrakt befreit werden.

Draußen wird es dunkel, und noch immer hat Michael nicht angerufen. Nach 15 Uhr, haben sie Mary gesagt. Alle sechs Monate hat ein Mann im Todestrakt das Recht auf ein Telefongespräch – natürlich nur, sofern der Angerufene dafür bezahlt. Mary Norris will in der Nähe des Apparats bleiben, um gleich abheben zu können, wenn es klingelt. Denn manchmal lassen sie es nur dreimal läuten, und wenn man sich nicht sogleich meldet, ist der Anruf verwirkt. Dann muss Michael weitere sechs Monate warten, bis er wieder mit seiner Mutter sprechen darf. Sofern er dann noch am Leben ist.

Die Anwälte

Der Wettlauf mit dem Tod

Aus den Briefen des Roger McGowen an seine Schweizer Brieffreundin

Huntsville, 11. April 1993
»Schon so oft und seit so vielen Jahren habe ich das *Texas Resource Center* (Anm.: eine juristische, inzwischen aus Geldmangel geschlossene Gefangenenhilfsorganisation) um Hilfe gebeten und noch nie eine Antwort bekommen. Vielleicht wäre das anders, wenn du ihnen mal schreiben würdest?«

2. Juni 1993
»Tatsächlich. Gestern hat mich ein Vertreter der Organisation besucht. Ich bin sicher, dass er ein guter Jurist und ein guter Mann ist. Aber wenn er dir versicherte, dass noch keiner, der unter ihrem Schutz stand, je hingerichtet worden sei, dann irrt er sich sehr. Ich habe mit eigenen Augen gesehen, wie viele Menschen ihr Leben verloren, weil das TRC behauptete, alles unter Kontrolle zu haben. Sie vertrauten so

sehr auf ihre Hilfe, dass sie selbst nichts mehr zu ihrer Rettung unternahmen. Und weil sie sich so sicher fühlten, so viel Hoffnung auf das Center setzten, verkrafteten sie es nicht mehr, als sie ihr Exekutionsdatum bekamen. Manche kastrierten sich selbst, andere schnitten sich die Kehle durch oder hängten sich in ihrer Zelle auf. Wenn schon sterben, dann wenigstens von eigener Hand und mit der Würde des selbst gewählten Zeitpunkts.

Damit will ich den TRC-Leuten keinen Vorwurf machen. Aber ihre Büros sind krass unterbesetzt, und sie haben auch nicht genügend Geld, um gegen eine Macht wie den Staat von Texas anzutreten, von dessen Zuschüssen sie zudem finanziell abhängig sind. Ich weiß, dass sie ihr Bestes geben, aber das ist nicht gut genug für Menschen, die wie wir im Todestrakt sitzen, keinen Anwalt haben und hilflos zusehen müssen, wie unser Todesdatum näher rückt.«

30. Januar 1994

»Am 19. Dezember haben sie mich ins Gericht nach Houston gebracht, wo mir die Richterin mein Exekutionsdatum mitteilte. Es ist der 17. März. Der Mann vom TCR war ebenfalls anwesend. Aber er durfte nichts für mich tun, weil mich offiziell immer noch mein erster Pflichtanwalt, Mr. Mock, vertritt. Dabei war es doch dessen unzulängliche Verteidigung, die der Hauptgrund für meine Berufung ist!

Der Mann vom TCR versprach zwar, mir einen andern, bessern Pflichtverteidiger zu besorgen. Das macht mich allerdings nicht sonderlich glücklich. Dieser neue Pflichtverteidiger wird schließlich vom gleichen Staat bezahlt, der mich umbringen will. Das ist, wie zwischen Löwen picknicken.«

12. Februar 1994
»Zu meiner Überraschung fand ich heraus, dass der vom TCR gefundene Anwalt O. hier im Todestrakt einen recht guten Namen hat. Offenbar bewirkte er schon etliche Urteilsumwandlungen, und das gibt mir ein gutes Gefühl. Nur: Alle, denen er geholfen hat, haben ihn zusätzlich dafür bezahlt. Und das kann ich nicht.«

26. Februar 1994
»Bis jetzt habe ich noch nichts von meinem neuen Anwalt O. gehört. Dabei soll ich in einem Monat hingerichtet werden!«

16. März 1994
»Letzten Mittwoch erschienen sie zu dritt in meiner Zelle, packten meine ganze Habe zusammen, ließen mich die Inventarliste unterschreiben und brachten mich auf ›Death watch‹. Das ist die Zelle, in der wir, 24 Stunden überwacht, die letzten Tage vor unserer Hinrichtung verbringen. Ich versuchte zu erklären,

dass meine Exekution verschoben wurde, weil noch nicht alle Berufungsmittel ausgeschöpft sind. Davon wüssten sie nichts, lautete die Antwort. Ich war wütend, vor allem auf mich selbst. Warum nur habe ich mich auf fremde Hilfe verlassen und dabei meine ganze Vorsicht vergessen!

Zwei Tage später brachten sie mich wieder in meine alte Zelle zurück. Anwalt O. schrieb mir eine kurze Notiz, die Richterin sei ortsabwesend gewesen und hätte den Aufschub meiner Exekution nicht rechtzeitig weitergeleitet.«

28. März 1994

»Ich war sehr überrascht und auch sehr erfreut, dass du mit Anwalt O. Kontakt aufgenommen hast. Es macht eben einen großen Unterschied, ob man alleine kämpft oder ob sich jemand von außen um einen kümmert. Ich selbst habe noch nie mit ihm gesprochen. Er ließ mir aber ausrichten, dass ihn mein Fall interessiere, und offenbar will er mir auch helfen. Hoffentlich täusche ich mich nicht.

Wenn ich frei bin, möchte ich ein Geschäft eröffnen und meine Holzschachteln und Holzuhren verkaufen.«

24. April 1994

»Anwalt O. hat mich gebeten, alles genau aufzuschreiben, was am Tag meiner Verhaftung passiert ist. Auch solle ich mich an alle Menschen erinnern, die etwas dazu aussagen könnten. Erst glaubte ich, das nicht zu schaffen. Alles, was damals geschehen ist, habe ich verdrängt. Es schmerzte einfach zu sehr. Lange hat es gedauert, bis ich endlich so weit war; ich habe dafür die Kraft vieler Jahre gebraucht. Und jetzt – alles wieder von neuem aufrühren? Mich wieder an jede Einzelheit erinnern? Nachts liege ich lange wach.«

14. Mai 1995

»Von Anwalt O. habe ich nun schon fast ein Jahr lang nichts mehr gehört. Hoffe aber, dass es stimmt, was man sagt: Keine Nachrichten sind gute Nachrichten.

Die letzten Wochen waren hektisch, weil der Gefängnisladen keine Tabakprodukte mehr verkauft. Die Gefängnisse von Texas sind zur rauchfreien Zone erklärt worden. Die Leute wanken wie Zombies durch die Korridore und toben in den Zellen. Bis heute konnte ich mir nicht vorstellen, welchen Einfluss eine Zigarette auf die Psyche eines Menschen hat.

Erst dachte man an einen Streik, weil das gesamte Gefängnissystem auf unserer Arbeit beruht. Wir kochen, waschen, putzen und nähen. Ich selbst hab allerdings von Anfang an klar gemacht, dass ich bei einem Streik nicht mitmache. Erstens mag ich nicht befolgen, was mir ein Anführer befiehlt; zweitens finde ich es lächerlich, einer Zigarette wegen zu streiken, wo es hier doch viel gewichtigere Gründe für die Arbeitsverweigerung gäbe.«

25. September 1996

»Immer noch nichts von Anwalt O., obwohl er nun seit drei Jahren mein Verteidiger ist. Ich glaube, er hat mich aufgegeben. Nie hat er auf meine Briefe geantwortet. Nie in all den Jahre hat er mich besucht, nie hat er mir eine Frage gestellt. Ob das wohl anders wäre, wenn ich das Geld hätte, um ihn zu bezahlen? Ich weiß, es wäre anders.

Manchmal erfasst mich große Traurigkeit. Ich habe hier für andere so viele Briefe an Anwälte geschrieben, geholfen, so viele Brieffreundschaften aufzubauen, und nie daran gedacht, dass all diese Männer mich eines Tages überleben werden. Einer hat mit meiner Hilfe eine Freundin gefunden, die 50 000 Dollar für seine Verteidigung aufgetrieben hat. Und jetzt vertritt ihn einer der besten Anwälte von Texas.«

20. März 1997

»Noch immer kein Lebenszeichen von O. Ohne Anwalt bin ich jetzt in ernsthaften Schwierigkeiten. Meine Zeit wird knapp. Denn sie haben das Berufungsverfahren abgekürzt, um die Hinrichtungen zu beschleunigen, und so muss ich bis zum 24. April

meinen Habeas Corpus (Anm: die letzte Berufungsschrift) eingereicht haben. Wenn Anwalt O. nichts mit
meinem Fall zu tun haben will, soll er es mir wenigstens sagen.«

22. April 1997

»Endlich ist es mir gelungen, O. zu erreichen und
einige Minuten mit ihm am Telefon zu sprechen. Was
er mir mitteilte, klingt äußerst beunruhigend: Er sei
ein guter Freund des Polizisten Maxwell, der mich
damals verhört hatte, weshalb ein Interessenskon-
flikt bestehe und er meinen Fall abgeben wolle. Das
hätte er mir vor vier Jahren sagen sollen, als er meine
Verteidigung übernommen hat!

Jetzt geht es um Leben oder Tod. Ich muss unbedingt einen privaten Verteidiger finden. Einen, der
an mich glaubt, der meine Unschuld beweist und der
die nötigen Nachforschungen betreibt.«

17. Juni 1997

»Niemand hat mir gesagt, dass mir seit Januar (seit
sechs Monaten!) ein neuer Pflichtanwalt, Herr T., zu-
geteilt ist! Heute tauchte er überraschend hier auf,
und seither haben mich jede Zuversicht und aller
Mut verlassen. Als Erstes fragte er mich nach meinem
Namen. Dann forderte er forsch: »Und nun erzähl
mir mal, wie du es geschafft hast, mit einer einzigen
Kugel beide Daumen und das Herz von Marion Pant-

zer zu treffen. Mann, das ist ja wirklich toll!« Ich konnte es kaum fassen. Ich fühlte mich so elend. Es ist ganz offensichtlich, dass er an meine Schuld glaubt. Und: Er hat 17 weitere Fälle hier im Todestrakt!«

13. August 1997

»Ist es wirklich wahr? Willst du wirklich einen Privatverteidiger für mich suchen? Wenn das stimmt, weiß ich nicht mehr, was tun vor lauter Glück. Aber wenn wir schon so viel Geld ausgeben, dann müssen wir einfach den Besten finden. Anwalt S., den du erwähnst, hat hier einen schlechten Ruf. Er ist bekannt dafür, einen Mann während des Verfahrens fallen zu lassen, wenn er nicht laufend mehr Geld bekommt. Auch Mr. R. und Mr. C. sind nur an Dollars interessiert, da gehe ich mit dir einig. Nur – sind das nicht alle?

Zuerst aber müssen wir unbedingt Mr. T. stoppen. Denn hat er einmal meinen Habeas Corpus eingereicht, habe ich keine weitere Berufungsschance mehr. Bitte ruf ihn an und erklär ihm die Lage – es ist mein letzter Strohhalm.«

In die stille Wohnung der Brieffreundin platzten diese Briefe wie Bomben. Bislang hatte sie ganz im Dienst um den literarischen Nachlass ihres verstorbenen Mannes gestanden und einen eher beschaulichen Briefwechsel mit Roger McGowen gepflegt. Jetzt sah sie sich plötzlich für das Leben eines jungen Menschen verantwortlich, den sie seiner Briefe wegen zwar schätzte, aber noch nie gesehen hatte.

Sie rief andere Frauen und Männer an, die ebenfalls an Gefangene im Todestrakt schrieben. Alle suchten, wie sie, verzweifelt nach einem Anwalt für ihren Schützling. Aufgescheucht hatten sie die neuen Verordnungen der Justizbehörden von 1996. Die kürzten nicht nur die Berufungsmöglichkeiten der 3500 Männer und Frauen, die in Amerika auf ihre Hinrichtung warten, sondern auch die Eingabefristen und Honorare der Pflichtverteidiger. Dies in der Hoffnung: Je weniger Zeit wir den Verteidigern lassen, je kümmerlicher wir sie bezahlen, desto dürftiger wird ihre Arbeit ausfallen, desto rascher erfolgt die Hinrichtung. Das erhöht die Durchlaufgeschwindigkeit in den Todestrakten, schafft Platz für Neuzugänge und spart Steuergelder.

Die Rechnung ging auf. Der Hinrichtungsrhythmus beschleunigte sich auf eindrückliche Weise. Kam Amerika anfangs der neunziger Jahre noch auf zwanzig Hinrichtungen jährlich, steigerte es sich 1997 auf 74 Exekutionen, 1998 waren es 68 Exekutionen. Weitaus die meisten wurden in Huntsville vollstreckt.

»Endlich gehen sie so schnell raus, wie sie rein kommen«, freute sich im texanischen Fernsehen ein Justizbeamter.

Die Lebendhaltung eines Menschen bis zu seiner Hinrichtung ist tatsächlich teuer. Die durchschnittlich acht Jahre im Todestrakt kosten pro Mann oder Frau rund drei Millionen Dollar – fast fünf Mal so viel wie eine lebenslängliche Strafe. Kostspielig sind nicht Kost und Logis. Kostspielig sind vor allem die Berufungen. Die erste Berufung erfolgt automatisch und dient ausschließlich der Suche nach Verfahrensfehlern. Diese werden sozusagen nie gefunden. Die zweite Berufung, den Habeas Corpus, muss der Verurteilte selbst anstrengen. Hier geht es um die Fragen: Haben sich die Ermittlungsbehörden korrekt benommen? Hat der Verteidiger im Strafprozess wirklich seine Pflicht erfüllt? Sind inzwischen neue Beweismittel zum Vorschein gekommen?

Für die gewissenhafte Abklärung rechnet ein Anwalt mit 150 bis 450 Arbeitsstunden. Dafür bekommt er von Texas zwischen 7500 und 15 000 Dollar Honorar. Das ist viel, verglichen mit Kentucky, wo sich ein Pflichtverteidiger mit 2500 Dollar für das gesamte Verfahren begnügen muss. Ganz zu schweigen von Louisiana und Mississippi. Dort stehen Rechtsanwälten, die mittellose Täter im Prozess vertreten, nur 1000 Dollar für die Ermittlung, Vorbereitung und Verhandlung zur Verfügung. So höhnte David L. Botsford, einer der renommiertesten Strafverteidiger, in einem amerikanischen Juristenblatt:

»Warnung! Der Habeas Corpus kann Ihre Gesundheit gefährden! Und Ihren persönlichen Bankrott bedeuten!«

Nicht unbedingt. Ein Verteidiger kann auch mit dem neu festgesetzten Honorar durchaus auf seine Kosten kommen. Sofern er darauf verzichtet, weitere Nachforschungen zu betreiben, die Briefe seines Klienten zu beantworten oder ihn gar persönlich kennenzulernen. Und sofern er die Berufung in ein paar Stunden aufs Papier schmiert. Außerdem bringt's die Masse. Wer ein Dutzend und mehr Klienten im Todestrakt hat, kann seine Dossiers gewissermaßen im Multipack abliefern.

So beschränkte der Texaner John Wood sein Plädoyer für Jesus Ramero auf vier Sätze. Sie lauteten:

»Sie sind ausgesprochen intelligente Geschworene. Das Leben dieses Mannes liegt nun in Ihren Händen. Sie können es ihm nehmen oder nicht. Mehr habe ich dazu nicht zu sagen.«

Das Berufungsgericht weigerte sich, das Plädoyer für unzulänglich zu erklären.

Den Fall aufgerollt hatte das Fachblatt *National Law Journal,* das 150 Richter, Anwälte, Staatsanwälte und Experten im so genannten amerikanischen »Todesgürtel«, den Südstaaten Amerikas, wo zwei Drittel aller Todesstrafen vollstreckt werden, über ihre Erfahrungen befragte. Stockbetrunkene Verteidiger wurden ebenso häufig genannt wie Verteidiger, die ihren Klienten vor dem Prozess höchstens einmal besuchten. Es gab Anwälte, die ihre Klienten »little nigger boys« nannten oder nicht einen einzigen Gesetzesparagraphen beherrschten.

Ein Zeuge sagte unter Eid aus, beobachtet zu haben, wie der Verteidiger Emmet Moran während der Verhandlungspausen Kokain geschnupft und danach Speed, Alkohol, Quaalud, Morphium und Marihuana zu sich genommen habe. Der Richter fand daran nichts auszusetzen. Er bezeichnete den Verteidiger während des Prozesses als »durchaus zugänglich« und den Prozessverlauf als korrekt. Weitere fünf Richter des Berufungsgerichts bestätigten diesen Entscheid. Seither wartet Morans Klient, Jerry White, in der Todeszelle von Florida auf seine Hinrichtung.

Am häufigsten jedoch wurden im Gerichtssaal schlafende Verteidiger beanstandet. Das Phänomen ist so verbreitet, dass es sogar einen Namen bekam: »The Sleeping Lawyer Syndrome«. Frank McFarlands Anwalt John Benn verpennte sozusagen den ganzen Prozess.

»Es ist so langweilig«, erklärte der 72-jährige Gerichtsveteran einem Reporter der *Houston Chronicle*.

Zudem pflege er nachmittags immer ein Nickerchen zu machen. Der Reporter beobachtete gebannt, wie John Benns Mund im Tiefschlaf weit offen klaffte, wie sein Kopf immer wieder auf die eine oder andere Schulter rollte, wie er sich immer kurz vor dem Fall wieder gerade hinsetzte, während der Staatsanwalt eine rhetorische Rakete nach der andern zündete, um die Geschworenen von der Schuld McFarlands zu überzeugen. Das Einzige, was der Richter am Verteidiger zu bemängeln hatte, war, »dass seine Zähne vielleicht etwas lang geworden sind«. Im Übrigen, so ließ er die Presse wissen, »sieht die Verfassung vor, dass sich jeder vom Anwalt seiner Wahl vertreten lassen kann. Die Verfassung verlangt nicht, dass der Anwalt auch wach sein muss.« Ebenso wenig auszusetzen am schlafenden Verteidiger hatte das Berufungsgericht. Frank McFarland, an dessen Schuld erhebliche Zweifel bestehen, wurde im Herbst 1998 in Huntsville hingerichtet.

Zwar sind alle Männer, die im Todestrakt sitzen, arm. Trotzdem dürfen die Anwälte mit dem Sippengeist besonders der lateinamerikanischen Familien rechnen. Um die 100 000 Dollar für die private Verteidigung zusammenzukratzen, nehmen sie oft hohe Darlehen zu Wucherzinsen auf. Oder sie bieten ihm Haus und Hof an. Und immer häufiger können die Anwälte auch darauf zählen, dass das Geld aus dem fernen, reichen Europa auf ihr Konto fließt.

»Für 100 000 Dollar hole ich jeden raus!«, hörte Rogers Brieffreundin eine sonore Stimme aus Houston versichern. Eilends warf sie den Hörer auf die Gabel, aus lauter Angst, bereits diesen Anruf bezahlen zu müssen.

Nicht nur in Zürich, auch in Berlin, Mailand, Paris, Kopenhagen, Dublin und Amsterdam wurden plötzlich Anwaltsnamen im fernen Texas gehandelt wie Geheimtipps an der Börse oder beim Pferderennen. Anwalt N. hat zwar kürzlich einen Mann aus dem Todestrakt geholt – aber seither steigen seine Honorare ins Unermessliche. Anwalt C. hat zwei Umwandlungen in eine lebenslängliche Gefängnisstrafe geschafft – doch jetzt wird er von Aufträgen überhäuft und schiebt alles an einen unerfahrenen Assistenten weiter. Ja, Anwalt S. nimmt's wirklich locker; dafür hat er gute Beziehungen zu den Richtern, was, wie jedermann weiß, im amerikanischen Rechtssystem ausschlaggebender ist als Schuld und Unschuld. Nein, Anwalt J. ist gewiss ein ausgezeichneter Jurist, aber Demokrat, und der Gnadenausschuss besteht fast durchwegs aus Republikanern. Und vor allem: Hände weg von den Anwälten A., B., C., D., E., F!! Sie alle wollen nur Geld. Fordern als Anzahlung erst bescheidene 50 000 Dollar, und nach ein paar Monaten weitere 50 000. Um ein halbes Jahr später einen Fax zu senden:

»Überweisen Sie bitte binnen 30 Tagen 30 000 Dollar. Andernfalls sehe ich mich gezwungen, den Fall niederzulegen.«

Kontrollieren, was für das Geld geleistet wurde, lässt sich nicht – vor allem nicht von jenseits des Atlantik. Und wieder andere Anwälte beginnen erst gar nicht mit der Arbeit, bevor sie nicht die ganze Summe, und das kann bis zu einer halben Million Dollar sein, im Voraus auf ihrem Konto haben.

Nur ein rundes Dutzend der 7200 Anwälte von Texas haben ihr Leben ganz der nervenaufreibenden Aufgabe verschrieben, Menschen aus dem Todestrakt zu holen. Oft sind sie politisch motiviert. Bei den Black Muslims hat sich Charles Garry einen Namen gemacht, ehrfürchtig »Lenin der Gerichtssäle« genannt. Aber auch Eden Harrington genießt ihren Respekt.

»Sie macht nicht nur ihre Hausaufgaben, bevor sie den Gerichtssaal betritt«, wird sie gelobt, »sondern sie ist auch zweckmäßig gekleidet. Sie trägt Schuhe mit niederen Absätzen, Hosen, in denen es sich bequem bewegen, sitzen und die Beine kreuzen lässt, und einen Kragen, der so weit ist, dass sie mühelos ein- und ausatmen und so laut sprechen kann, dass sie die Geschworenen auch verstehen.«

Über solch detaillierte Garderobebeschreibung wundert sich nicht, wer die goldblitzenden Anwältinnen im Gerichtsgebäude von Houston gesehen hat. Den sorgfältig getrimmten Körper straff in bestes Tuch gewickelt, balancieren sie auf hohen Absätzen durch den Gerichtssaal, als bewürben sie sich auf einem Laufsteg um den Titel einer Miss Anwältin.

Andere Verteidiger stehen Amnesty International oder ähnlichen Menschenrechtsorganisationen nahe.

Längst setzen sie nicht mehr Wahrheit mit Gerechtigkeit gleich. Längst kämpfen sie nicht mehr gegen die Todesstrafe selbst. Zu aussichtslos. Ihr Ziel ist weit bescheidener: Sie versuchen, einzelnen Menschen die Hinrichtung zu ersparen, gleichgültig, ob sie schuldig oder unschuldig sind. Ihr Credo: Es darf nicht sein, dass der Angeklagte für die Fehler seines Anwalts mit dem Tod bestraft wird. Und es darf nicht sein, dass es eine Frage des Geldes ist, wer lebt und wer stirbt. Denn nicht die schrecklichsten, gemeinsten und kaltblütigsten Mörder der 20 bis 25 000 Menschen, die in Amerika jährlich umgebracht werden, richtet der Staat hin, sondern die ärmsten. Wie aussichtslos ihr Tun ist, versuchen die Anwälte zu verdrängen.

»Es ist schwierig, angesichts des fast sicheren Misserfolgs überhaupt etwas zu machen«, sagt Raoul Schoenemann, einer der engagiertesten Verteidiger. »Aber wenn wir nichts tun, tut niemand etwas.«

Anwälte wie Raoul Schoenemann haben nichts mit den Juristen gemein, die in der gläsernen Innenstadt von Houston sitzen, die Hemden scharf gebügelt, die Brillen randlos, die Haut trocken vom Aktenlesen und im Vorzimmer zwei attraktive Sekretärinnen. Anwälte wie Raoul Schoenemann teilen sich mit Kollegen und Kolleginnen ein spartanisches Büro in einem abbruchreifen Haus von Austin, das als Kulisse für einen film noir dienen könnte. Oder sie wohnen und arbeiten, wie Helen Beardsley, in einer Art Gartenhäuschen, dessen Büro man nur nach einem großen Schritt durch die nasse Dusche erreichen kann. Wer hier einen Ordner aus einem Stapel zieht, bringt ganze Aktentürme ins Wanken. Wer hier sitzen will, muss sich selbst einen Stuhl besorgen. Unentwegt speien Drucker, Fax und Kopiermaschine neues Papier aus, um, wie Sandsäcke gegen das Hochwasser, Dämme gegen das Unrecht zu bilden. Und mitten im Chaos balanciert Helen Beardsley, dünn und fragil wie eine flackernde Flamme, auf einem aufblasbaren Plastik-Ball.

Das Foto ihres Klienten, für den sie seit Monaten gratis arbeitet, hängt – neben vielen Bildern ihres Hundes – an der Wand: ein fröhlicher, junger schwarzer Mann mit Baseball-Mütze. Das war, bevor Nanon William bei einem Drogenhandel in eine Schießerei verwickelt wurde und seither wegen Mord und Raub im Todestrakt von Huntsville sitzt.

Nanons Familie hatte alles, was sie besaß, versilbert, um die 70 000 Dollar Honorar zu bezahlen, die der Privatverteidiger im ersten Prozess forderte. Für die Berufung war kein Geld mehr da. So wurde Helen seine Pflichtanwältin, vom Staat abgefunden mit 10 000 Dollar Honorar sowie 1500 Dollar Spesen für neue Untersuchungen. Das Geld ist längst aufgebraucht, Helen arbeitet auf eigene Kosten weiter. Denn so viel Schlampigkeit bei der Prozessführung war für sie schlicht unfassbar:

»Der Anwalt hat sozusagen nichts für sein Geld getan, und die Polizei hat nicht einmal die Waffen nach Spuren untersucht.«

Aus gutem Grund: Denn der tödliche Schuss kam keineswegs aus Nanons Pistole, sondern aus der Pistole des Kronzeugen, der zum Dank für seine Aussagen kurz nach dem Prozess entlassen wurde. Zudem ließ Helen die Tatszene auf einem Golfplatz bei Houston nachstellen. Sie bewies, dass der Kronzeuge nachts unmöglich vom Jeep aus gesehen haben konnte, wie sich Nanon nach dem Schuss über den Ermordeten beugte und seine Taschen durchwühlte – die für die Verhängung der Todesstrafe ausschlaggebende Bewegung.

Doch damit ist noch nichts gewonnen. Helen möchte deshalb nicht, dass die Presse über Nanons Fall schreibt. Vielleicht fühlt sich der Richter dadurch in die Enge getrieben und schmettert ihre Berufung aus Trotz ab. Sie darf auch nicht geradeheraus behaupten: »Nanon William ist unschuldig.« Vielmehr muss sie in ihrer Eingabe darauf achten, auf vorhandene Empfindlichkeiten Rücksicht zu nehmen. Das macht es dem Gericht vielleicht leichter, seinen Fehler zuzugeben. So kleidet sie ihre schlagenden Untersuchungsergebnisse in die vorsichtige Formulierung:

»Ich weiß von keinem andern Verurteilten, der jetzt in den Vereinigten Staaten vor einer Exekution steht, dessen Schuld fragwürdiger ist.«

Denn anders als in Europa gilt der amerikanische Richter als über jeden Zweifel erhaben. Seine Macht ist schier unbeschränkt, der Glaube an ihn so stark wie bei uns einst der Glaube der ländlichen Bevölkerung an die Allwissenheit und Kompetenz des Pfarrers, des Lehrers und des Arztes – Respektpersonen, die immer Recht haben. Europa dagegen wurde inzwischen misstrauischer gegenüber seinen Gerichten. Es weiß aus bitterer Erfahrung, wie opportunistisch sich die Justiz verhält, wie bereitwillig sie Handlangerin eines Unrechtsstaats wird und sich dem Geschmack der Zeit anpasst.

»Unsere Chance ist deshalb ungefähr so groß«, sagt Helen und lässt zwischen Daumen und Zeigfinger ein kleines Spältchen erscheinen.

Ein paar Kilometer weiter nördlich von Helen Beardsleys Gartenhäuschen tritt Gary Taylor in seine Anwaltspraxis und zerrt noch unter der Türe seine Krawatte herunter: »Ahh …!«

Während er im Gericht war, hat jeder, der zufällig am Empfangsschreibtisch vorbeigekommen ist, das Telefon abgenommen. Eine Sekretärin kann er sich ebenso wenig leisten wie eine Putzfrau.

Gary Taylor wirkt, die breiten Hosenträger über die breite Brust gespannt, die langen Beine mit den Cowboystiefeln auf seinen Schreibtisch gelegt, unerschütterlich. Er vertritt neun Männer im Todestrakt, seit ein paar Monaten gehört auch Roger McGowen dazu. Er war einer der von Amnesty International empfohlenen Anwälte. Seinen Ruf an Ort und Stelle überprüft hatte die Schweizerin Catherine Haenni, die in Austin Jus studiert.

Gary Taylor arbeitet nicht gratis, aber er hat im Todestrakt einen soliden Namen. Er ist keiner von denen, die rasch zugreifen, wenn ihnen ein verzweifelter Klient sein Haus anbietet, sofern nur sein Sohn gerettet wird. Und keiner, der mit dem Staatsanwalt zu leichtfertig einen Handel abschließt, nur um sich weitere Arbeit zu ersparen. Für Roger McGowens letzte Berufungsschrift, den Habeas Corpus, verlangte er 10 000 Dollar Honorar und 15 000 Dollar für die weiteren Nachforschungen seiner beiden Privatdetektive.

Ein Artikel über Roger McGowen in der Zeitung *Die Weltwoche* brachte ein paar tausend Franken für seine Verteidigung, ein Weihnachtsstand am Tag der Menschenrechte in Zofingen ergab 150 Franken. Großherzige Spenden rundeten die Summe auf. Inzwischen ist in Zofingen eine Art Roger-Hauptquartier entstanden, wo Margot Cerri Geldspenden für seine Verteidigung sammelt.

»40 Stunden«, erklärte Gary Taylor den Schweizerinnen, »brauche ich allein für das Durchlesen der Akten.« Und versprechen kann er gar nichts.

Keinerlei Hoffnungen zu erwecken, ist das sicherste Zeichen für die Seriosität eines Anwalts. Zu groß, so weiß jeder, sind die Unwägbarkeiten im amerikanischen Rechtssystem, und ganz besonders im texanischen. So ist nicht gesagt, ob der Richter das Berufungsschreiben, an dem ein gewissenhafter Verteidiger monatelang arbeitet, auch wirklich liest – die meisten lassen es, falls überhaupt, beim Überfliegen der Zusammenfassung bewenden. Und selbst wenn berechtigte Zweifel an der Schuld des Angeklagten auftauchen, steht seiner Hinrichtung trotzdem nichts im Wege – so vom Obersten Gerichtshof im berühmten Fall Herrera vs. Collins entschieden.

Leonel Herrera hatte sämtliche Berufungsmöglichkeiten bereits hinter sich, als der Beweis auftauchte, dass sein Bruder Raoul den ihm angelasteten Mord begangen hatte. Herreras Dilemma ließ den Obersten Gerichtshof kalt. Der Beweis sicherer Unschuld, so befand es, reicht noch nicht aus, um ein neues Verfahren anzustrengen.

»Historisches Mittel, um einen Justizirrtum zu korrigieren, wenn alle juristischen Mittel ausgeschöpft sind«, so der Vorsitzende Rehnquist, »ist der Gnadenerlass.«

Vor Herreras Hinrichtung gelangte eine Gruppe von bekannten Juristen mit der Bitte an die damalige Gouverneurin von Texas, Ann Richards, den Gnadenausschuss in diesem Sinne zu beeinflussen. Sie ließ ausrichten, den Fall »studieren« zu wollen. Die Folge solchen Studierens war, dass der Gnadenausschuss sowohl die Gnade wie ein neues Verfahren verweigerte. Drei Monate nach dem Entscheid des Obersten Gerichtshofes wurde Herrera hingerichtet. Seine letzten Worte lauteten:

»Ich bin unschuldig, unschuldig, unschuldig. Heute Abend geschieht hier etwas Schreckliches.«

»Alles ist gegen uns«, sagt Gary Taylor.

Vor allem die Zeit und der Ort. Denn das Recht ist ein veränderlicher Begriff. Oder, wie der französische Philosoph Blaise Pascal schrieb:

»Die Breitengrade näher zum Pol stellen die ganze Rechtswissenschaft auf den Kopf, ein Längengrad entscheidet über Wahrheit, nach wenigen Jahren der Gültigkeit ändern sich grundlegende Gesetze; das Recht hat seine Epochen, der Eintritt des Saturn in den Löwen kennzeichnet die Entstehung dieses oder jenes Verbrechens. Spaßhafte Gerechtigkeit, die ein Fluss begrenzt! Diesseits der Pyrenäen Wahrheit, jenseits Irrtum.«

Voltaire fasste die Wandelbarkeit des Rechts in ähnliche Worte:

»Der gleiche Fall wird in der Provinz anders beurteilt als in der Hauptstadt. Der gleiche Mann hat in der Bretagne Recht und im Languedoc unrecht. Und im gleichen Parlament urteilt man in dieser Kammer anders als in der Kammer daneben.«

Auf die heutige Welt übertragen: Im Iran wird Ehebruch mit dem Tod bestraft, tausend Kilometer weiter weg als Emanzipation gefeiert. In Nepal endet ein Angriff auf die königliche Familie mit dem Tod, in England steigert er die Auflagen der Zeitungen. In Israel kann das unerlaubte Tragen von Waffen zur Hinrichtung führen; Amerika hat dafür ein verständnisvolles Augenzwinkern. In Libyen überlebt ein Alkoholschmuggler seine Tat nicht, an Schweizer Grenzen gilt der Schmuggel als Kavaliersdelikt.

Auch in Amerika entscheidet ein Schritt über die Grenze eines Bundeslandes, ob der Mörder eine lebenslängliche Strafe bekommt oder hingerichtet wird. An der Jahrtausendwende gilt in den Vereinigten Staaten gerade: Ein Mann darf aus Rache fünf Menschen umbringen, ohne die Todesstrafe befürchten zu müssen. Löst sich aber aus Versehen ein Schuss, während der Täter seinem Opfer drei Dollar aus der Tasche klaubt, führt das zu seiner Hinrichtung. Denn jedem, so will es das amerikanische Gesetz, der einen Menschen tötet und gleichzeitig ein weiteres Delikt begeht, droht die Todesstrafe.

Ein Mann wie Gary Taylor fährt keine Limousine, er fährt einen Lastwagen. Und weil die Ladefläche gar so leer ist, wirft er vor dem Start mit Schwung eine leere Colabüchse hinein. Manchmal verweigert ihm der Staat die 200 Dollar Fahrtspesen, die er braucht, um seine Klienten im Todestrakt von Huntsville zu besuchen, manchmal auch nicht.

»Sie tun alles, um unsere Aufgabe zu erschweren. Dazu gehört, einen nie wissen zu lassen, woran man ist.«

Dazu gehört auch, dass die Anwälte ihre Kunden nur im Chaos des allgemeinen Besuchsraums sprechen können und dass die Aufseher die Gefangenen dort absichtlich in Gruppen sitzen lassen, damit alle alles mithören.

Drei Stunden später betritt Gary Taylor den Todestrakt in Huntsville und wirkt wie ein Cowboy, der eben vom Pferd gestiegen ist. Er bringt die frische Luft der Prärie mit in den stickigen Besuchssaal und etwas von den guten alten Qualitäten, die Amerika einst groß gemacht haben: Zuverlässigkeit und Kameradschaft.

Roger McGowen sagt von seinem neuen Verteidiger:

»Das ist der erste Anwalt, der nicht an mich heran spricht, der nicht über mich hinweg spricht, sondern der zu mir spricht.«

Die guten Seelen

Ich schließe diesen Brief,
nicht aber mein Herz

Manchmal besteht eine Dame schon nach dem ersten Brief auf Umtausch. Schließlich hatte sie ausdrücklich einen kultivierten Partner angefordert. Und nun stellt sich heraus, dass der Mann im Todestrakt sozusagen Analphabet ist und seine Briefe rundum mit kleinen Autos bemalt.

»Ich habe nichts von ihm«, rügte die Dame bei der Zusammenkunft der Briefkontakt-Organisation *Lifespark* in Zürich. »Er ist so primitiv.«

Vergeblich versuchte man ihr zu erklären, dass die Korrespondenz mit zum Tode verurteilten Männern nicht der gehobenen Konversation zu dienen hat. Vielmehr sollte sie – wie der Name der Organisation besagt – einen Lebensfunken in den Todestrakt tragen, für einen Lufthauch sorgen in der stickigen Zelle, wo sich der Beton mit jedem Tag enger um den Bewohner zu schließen scheint.

»Theo beispielsweise«, sagt Rosie Leupp von *Lifespark,* siebzig und ganz in rosa Angorawolle gehüllt, »schreibt mir seit fünf Jahren den gleichen Brief.«

Theo kann, vermutete sie schon lange, gar nicht richtig schreiben: Theo lässt schreiben.

»Stimmt«, wurde ihr aus dem Todestrakt bestätigt. »Theo hat Mühe, das, was er denkt, in Schrift umzusetzen. Ebenso schwierig ist es für ihn, ohne fremde Hilfe zu verstehen, was er liest.«

Dann verstummte Theo ganz. Rosie Leupp erfuhr, dass Theo von seinem Ghostwriter enttäuscht und verbittert war: Dieser hatte ihm fast alle seine Brieffreundinnen weggeschnappt. Das war einfach zu bewerkstelligen.

»Theo hat keine Zeit mehr zum Schreiben«, ließ sein Helfer die Freundinnen in Europa wissen. »Umso glücklicher wäre ich, wenn ich für ihn einspringen dürfte …«

Rosie Leupp schreibt seit zehn Jahren nach Huntsville. Damals rochen die Briefe, selbst nach dem langen Weg über den Atlantik, noch nach Rauch, wenn sie in der Schweiz ankamen; heute ist der Todestrakt nikotinfrei. Sie ist keine der Frauen, die, wie sie sagt, »vor Mitleid zerfließen und die Männer wie Schwerkranke behandeln«. Im Gegenteil, sie findet recht harsche Worte, wenn sie glaubt, »ein Schlitzohr« wolle sie hereinlegen oder nutze ihre Großzügigkeit zu sehr aus. Wird einer ihrer acht Briefpartner hingerichtet, füllt sie die Lücke mit dem Nächsten.

»1998 haben sie mir den Pedro Muniz umgebracht«, klagt sie, »und 1999 den John Moody.«

Auf seinen letzten Brief klebte John sein gesamtes Vermögen: alle Briefmarken, die ihm noch geblieben waren. Und ließ ihr eine rote Rose schicken.

Die meisten Schweizerinnen dagegen – es sind an die 300 – wenden sich nur an einen einzigen Mann. Sie schreiben aus den verschiedensten Gründen. Die Abteilungsleiterin aus Basel schätzt die Dramatik, die plötzlich in ihr abgefedertes, voraussehbares Leben kommt; die Hausfrau aus Schaffhausen ist gebannt vom düsteren Glanz, der sich plötzlich über ihren Alltag legt. Wie angenehm verblassen doch die eigenen Sorgen neben so viel Schicksal. Und wie aufregend, wenn zwischen Telefonrechnungen, Supermarkt-Sonderangeboten und Friseurquittungen ein Umschlag aus Huntsville liegt. Besonders, wenn der Absender, sich der Gruselwirkung wohl bewusst, »Death Row«, Todestrakt, auf den Umschlag schreibt.

Natürlich brillieren die Briefe aus dem Todestrakt nicht mit linguistischen Experimenten. Wäre auch ein Wunder. Schließlich haben die meisten Verfasser mit Mühe die Grundschule beendet. Stattdessen beginnen sie mit einem beschwörenden Fragebündel:

»Wie geht es dir? Wie geht es deinen Kindern? Wie geht es deinem Mann? Was macht deine Arbeit? Hast du schöne Ferien gehabt? Wie ist das Wetter bei euch?«

Auch der Schluss liest sich überall mehr oder weniger gleich:

»Jetzt will ich dich nicht länger aufhalten. Sicher hast du viel zu tun. Ich hoffe und bete, dass Gott dir alle deine Wünsche erfüllt. Ich schließe jetzt zwar diesen Brief, aber niemals mein Herz.«

Die weißen Briefschreiber kommen zügiger zum Punkt, die schwarzen Briefschreiber ›sprechen‹ ihre Briefe in immer neuen Arabesken im Rap-Rhythmus:

»Ich erlaube mir, einige Gedanken mit dir zu teilen, die du, so bin ich sicher, vielleicht schon kennst, aber falls du sie nicht kennst, so teile ich sie jetzt mit dir.«

Fast alle Männer verschweigen anfangs die Tat, die sie in den Todestrakt brachte. Zu groß die Angst, die Briefpartnerin könnte erschrecken und gleich wieder abspringen. Rosie Leupp ist es egal, was ihre Freunde getan oder nicht getan haben. »Nur ehrlich müssen sie sein.« Das fällt vielen schwer. Denn die Stunden sind lang in der Zelle, und viele nutzen sie, um eine Vergangenheit zu basteln, die besser zum Bild passt, das sie von sich selbst haben. Auch findet, wer behauptet, unschuldig zu sein, eher eine mitfühlende Seele.

Aber nicht immer schwindeln sie aus Kalkül. Oft ist es pure Notwendigkeit, um seelisch zu überleben. Zu unerträglich, unter der eigenen Haut ein Wesen zu wissen, das fähig war, eine Frau in der Badewanne zu ertränken oder ein Kind zu vergewaltigen. Zu qualvoll, mit diesen Bildern eingesperrt, in einer zwei auf drei Meter großen Zelle jahrelang auf seine Hinrichtung zu warten. Dann kann es geschehen, dass einer regelrecht um seine Hinrichtung bettelt, sich darauf freut wie ein Kind auf Weihnachten:

»Damit ich dieses Tier in mir endlich abwürgen und dann in den Abfall werfen kann«, schrieb Harry Moore, der seine Halbschwester und ihren Mann erschossen hatte.

Das Verdrängen fällt vielen umso leichter, als die meisten zur Tatzeit sehr jung und mit Drogen vollgepumpt, also buchstäblich außer sich waren. Manche schaffen es tatsächlich, an die eigene Unschuld zu glauben. John Moody, dessen Gedichte seine Brieffreundinnen wie kostbare Reliquien aufbewahren, konnte sich glaubhaft nicht daran erinnern, im Crackrausch seine 77-jährige Arbeitgeberin erst vergewaltigt, dann mit einem Scheuerhaken geschlagen und mit einer Telefonschnur erdrosselt zu haben:

»Wir waren doch befreundet! Ich ging doch jahrelang bei ihr ein und aus und habe ihren Rasen gemäht!«

Für einen andern war die tödliche Vergewaltigung nicht mit seiner Ehre als Mann vereinbar. Noch am Morgen seiner Hinrichtung versicherte er der Pfarrerin Betty Matthews ernsthaft:

»Ich weiß, dass ich unschuldig bin. Denn ich habe es nicht nötig, eine Frau zu Sex zu zwingen! Ich hab noch jede aus freien Stücken gekriegt.«

Die Briefkontakt-Organisation *Lifespark* rät den Frauen, die Gefangenen an ihrem Alltag teilhaben zu lassen, ihnen einen Ort zu bieten, an dem sie in Gedanken verweilen und dem Gefängnisalltag entfliehen können. Das fällt den meisten Europäerinnen nicht schwer. Und so plätschern denn die Briefwechsel geruhsam dahin, gleichen den unaufgeregten Gesprächen alter Ehepaare, die sich schon alles gesagt haben. Hauptsache: Der andere gibt noch ein Lebenszeichen von sich.

Angenehm überrascht werden die Briefpartnerinnen nur durch die heftigen Reaktionen, die ihr zwangloses Geplauder zuweilen auf der andern Seite auslöst. Die Erkältung der sechsjährigen Tochter in Weinfelden bewirkt in Texas eine Besorgnis, die einer lebensgefährlichen Lungenentzündung gelten könnte. Und »der kleine Ärger im Geschäft«, über den die Graphikerin aus Luzern seufzte, geistert im Brief aus Huntsville noch sechs Monate später durch die Zeilen. Trost wird angeboten, Hilfe, Gebete.

Denn Anteilnahme und Zeit sind die einzigen Güter, über die ein Gefangener im Todestrakt im Überfluss verfügt. Das führt zu seltsamen Umkehrungen. Plötzlich ist es der Insasse im kalten Todestrakt, der mit seinen Briefen ein unruhiges Leben draußen wärmt, ja sogar über seinen Tod hinwegtröstet. Kein Wunder, schwärmt so manche Europäerin, deren Gespräche noch nie über den Austausch von Familien-

und Firmenklatsch hinausgegangen sind, von der philosophischen Tiefe und Seelengröße ihres eingekerkerten Freundes.

Ist die Anlauf- und Aufwärmphase des Briefwechsels vorbei, kommt der Mann im Todestrakt oft auf ein anderes Thema zu sprechen. Manche beginnen mit dem vorsichtigen Seufzer:

»Ich würde ja gerne öfter schreiben, leider fehlt mir das Geld für Briefmarken und Briefpapier.«

Ist die Adressatin hellhörig, lässt sie 50 Dollar auf sein Konto überweisen. Und dies immer wieder, in regelmäßigen Abständen.

Manchmal freilich bitten die Männer um weit höhere Summen. Das können sowohl 50 000 Dollar für einen Privatverteidiger wie 120 000 Franken für eine Erbgutanalyse sein, das einzige unfehlbare Mittel, um – blieb Blut oder Samenflüssigkeit am Tatort zurück – seine Unschuld zu beweisen. Und plötzlich nimmt die so interessante Brieffreundschaft eine dramatische Wende. Die Frau ist verwirrt, verzweifelt, verstört. Bislang trug sie höchstens für einen Hund Verantwortung. Nun fleht ein Mann aus Texas, den sie noch nie gesehen hat:

»Ohne Deine Hilfe bin ich nächstes Jahr tot.«

Bislang lautete ihre wichtigste Entscheidung: Ferien in Tunesien oder Marokko? Nun steht sie vor der Frage: Sind 100 000 Dollar zu viel, um das Leben eines Menschen zu retten? Und wie mache ich nach

180

seinem Tod weiter, wenn ich weiß, dass er dank mir –
vielleicht? ganz gewiss? – noch am Leben wäre?

Es gibt Frauen, die erst ihre Ferienwohnung, dann
ihr Haus verkaufen, um helfen zu können. Andere
verschulden sich hoch. Und zusehends schrumpft
der Freundeskreis, weil jeder und jede immer wieder
angepumpt wird. Inzwischen fragt sich Ursula Corbin, eine der Gründerinnen von *Lifespark* und Inha-
berin eines Reisebüros in Zürich, ob ihre Idee wirklich gut gewesen war.

Alles hatte damit begonnen, dass sie, als Amnesty International-Mitglied, 1985 einen Briefwechsel
mit einem Gefangenen in Huntsville anfing. Das
war damals derart exotisch gewesen, dass eine Ra-
diostation in Texas wissen wollte, warum sie ein so
seltsames Hobby betrieb. Das Gespräch wurde
auch im Todestrakt gehört und Ursula Corbin darauf mit Briefwünschen überschüttet. Und schließlich gründete sie mit zwei Baslerinnen zusammen
Lifespark.

Ebenso wenig vorhersehbar wie die finanziellen
Auswirkungen einer solchen Brieffreundschaft sind
die seelischen Folgen. Meist beginnt die Liebesbeziehung mit der Bitte um ein Bild. Es wird gerne geschickt. Die Briefe aus Huntsville werden inniger,
wärmer, drängender.

»Er errät alle meine Gedanken«, schwärmen
Frauen, deren im Lebenskampf stehende Ehegatten

abends nicht mehr die Gedanken ihrer Frauen erraten, sondern nur noch fernsehen mögen.

»Noch nie in 50 Jahren hat mich jemand so verstanden«, beteuern andere.

»Er will einfach alle meine Empfindungen teilen.«

Und schließlich enden die Schreiben aus Huntsville mit einem »I love you!« Das kann bloße Floskel sein, aber auch der schönste Satz überhaupt.

Auch die Zürcher Englischlehrerin Gabriela Enderli bekam ihn zu hören. Doch sie besitzt nicht nur ein Flugpatent, sondern steht auch mit beiden Beinen auf der Erde und hat ihre Gefühle im Griff. Zwar mag sie ihren Brieffreund Michael Norris »wirklich gern«, doch eher so wie einen schwierigen, liebenswerten Schüler. Das bedeutet: selbst wenn er ihre verstärkte Aufmerksamkeit benötigt, darf er sich deswegen noch keine besonderen Mätzchen erlauben. Sie denkt auch nicht daran, seinetwegen ihr Konto zu plündern. Vielmehr schickt sie ihm alle zehn Wochen 200 Dollar aus dem Hilfsfonds, den sie für ihn gegründet hat, damit er im Gefängnisladen Chicken Soup, Zeichnungsbücher, Briefmarken und Seife kaufen kann. Mit dieser Summe hat er auszukommen.

Bevor sie Michael Norris das erste Mal in Huntsville besuchte, verstärkte er sein emotionales Trommelfeuer. Schließlich schickte er täglich zwei bis drei Briefe, bat um ein Nacktfoto, nannte sie gar »meine Frau«. Gabriela Enderli ist kein Wesen, das ihre Kraft mit Versteckspielen vergeudet und etwas vor ihrem Lebenspartner verheimlicht. So ließ sie die Briefe aus Huntsville absichtlich in der Wohnung herumliegen. Als ihr Mann die Herzchen am Schluss des Briefes entdeckte, »rastete er«, sagt Gabriela Enderli, »aus«.

Gewohnt, klare Verhältnisse zu schaffen, setzte sie sich sogleich an den Computer. Energisch forderte sie Michael auf, in Zukunft alles zu unterlassen, was sie ihrem Mann nicht zeigen dürfe. Die Antwort kam postwendend. Natürlich, schrieb Michael zurück, verstehe er, dass Gabriela neben ihm, den sie wirklich liebe, einen weiteren Mann für ihr Alltagsleben brauche. Und daran, so versicherte er großzügig, nehme er durchaus keinen Anstoß.

Ursula Corbin dagegen, eine südlich-sanfte Schönheit, schlitterte fast unmerklich in ihre Liebesbeziehung mit Clifford Philips hinein.

»Man schreibt dem Mann im Todestrakt mehr, als man seinen Nächsten sagt. Vielleicht, weil es so gefahrlos ist. Und weil die Begrenztheit seines Lebens alles so intensiv macht.«

Eines Tages entdeckte sie, dass ihr kein anderer Mensch so nahe stand wie er. Und ein paar Briefe weiter fragte sie sich:

»Was ist das eigentlich, was ich jetzt empfinde?«

Um die Antwort zu finden, flog sie nach Huntsville. Wie alle Europäerinnen, die zum ersten Mal ihren Brieffreund besuchen, reiste sie mit Herzklopfen. Schriftlich lief alles so mühelos. Doch jetzt, von Angesicht zu Angesicht, durfte es kein harmloses Geplauder mehr sein. Jetzt waren Sätze von gestanztem Ewigkeitswert gefordert. Und was tun, wenn die Diskussion steif und zur Qual wird? Was, wenn beide enttäuscht voneinander sind? Wenn alles in der ersten Sekunde platzt wie eine Seifenblase?

Ursula Corbin findet ihre Liebe bestätigt. Und lebt hinfort nur noch für die Rettung seines Lebens. Sie sammelt 30 000 Unterschriften und schreibt Artikel über sein Schicksal. Clifford Philips, Nachtwächter in einem Theater von Dallas, schließt sich nach einer Vorstellung selbst aus dem Saal und fährt deshalb zur Theaterbesitzerin, einem ehemaligen Hollywood-Star, um einen Ersatzschlüssel zu holen. Wütend über die späte Störung wirft sie ihn aus dem Haus. Wochenlang wartet er auf ihren Anruf, um wieder an seinen Arbeitsplatz zurückkehren zu können. Schließlich, als er kein Geld mehr hat, sucht er sie erneut auf. Ein Wort ergibt das andere. Dann nennt sie ihn einen dreckigen Niggerbastard. Besinnungslos vor Wut und Enttäuschung stürzt er sich auf die 50-jährige und würgt sie so lange, bis sie leblos zu Boden sinkt. Als ihm dämmert, was geschehen ist, wirft er sich hinter das Steuer ihres Autos und fährt durch halb Amerika bis Kalifornien. Weil damit zum Mord auch das Zweitdelikt Auto-Diebstahl kommt, wird er zum Tode verurteilt.

Das Letzte, was Ursula Corbin für ihre Liebe tun konnte, war, seine Todesanzeige im Zürcher *Tages Anzeiger* aufzugeben. Danach schwor sie sich: »Nie wieder!« Nie wieder wollte sie es so weit kommen lassen; nie wieder wollte sie sich verlieben und ähnliche Qualen durchmachen. Zum Eigenschutz schreibt sie seither fünf Männern gleichzeitig, und klärt jeden über ihre übrigen vier Beziehungen auf. Denn inzwischen weiß sie um die hochexplosive Gefühlswelt im Todestrakt. Dort führt Eifersucht nicht nur zu den meisten Schlägereien, sondern sogar zu Mord und Totschlag.

Verständlich. Wer nichts mehr hat auf dieser Welt, will das Bild der einzigen Frau, die ihn noch wahrnimmt, nicht auch in der Nachbarzelle wissen. Will ihre vertraute Handschrift nicht in den Händen eines andern sehen, dessen Hautfarbe ihm womöglich verhasst ist. Dieses Denken verstärkt sich noch bei Afro-Amerikanern und Latinos. Denn in ihrem Leben voller Demütigungen und Erniedrigungen ist die Frau oft der einzige Besitz, über den sie selbst so etwas wie unbeschränkte Macht ausüben können.

Von Ursula Corbins fünf Brieffreunden stehen vier unmittelbar vor der Hinrichtung. Für John Alba, der seine untreue Frau unter der Tür eines Nachbarhauses erschoss, hat sie ebenso wenig Hoffnung wie für Steven Moody. Der brave Familienvater hatte mit 35 Jahren begonnen, aus lauter Langeweile in der

Crack-Szene mitzumischen und dabei einen Drogendealer erschossen. Das hätte mit einem Lebenslänglich abgehen können. Doch der vermeintliche Dealer war ein V-Mann der Polizei gewesen, was zwangsläufig zur Todesstrafe führt. Steven Moody wehrt sich nicht gegen seinen Tod. Sterben, schrieb der stille Außenseiter, wird weit weniger schlimm sein als der Alltag im Gefängnis.

Auch Ramon Mata, inzwischen 44, hängt nicht mehr am Leben. Schon zweimal bat er um seine Hinrichtung. Seit 21 Jahren sitzt der Kandidat mit der Todesnummer 817 in Huntsville. Ramon Mata ist der Sohn einer Prostituierten, die ihn als Neunjährigen erstmals auf dem Sexmarkt anbot. Ein paar Jahre später landete er wegen Totschlags im Gefängnis. Zehn Tage vor seiner Entlassung brachte er aus Eifersucht eine Wärterin um. Er hatte entdeckt, dass sie nicht nur mit ihm, sondern auch mit einem andern Gefangenen ein Verhältnis hatte. Da er als Wärterinnenmörder als besonders gefährlich gilt, muss er im Todestrakt selbst seinen täglichen Hofgang allein absolvieren – in der Single-Man-Recreation – einer Art Raubtier-Laufstall.

Bei Ursula Corbins letztem Besuch im Todestrakt sprach er acht Stunden lang davon, wie er sich seine Exekution vorstellte und was mit seiner Asche zu geschehen hatte: Sie sollte sie erst in die Schweiz und später in ihr eigenes Grab nehmen. Im Besuchssaal litt sie unter Erstickungsanfällen, durfte aber nicht ins Freie; abends erbrach sie sich im Hotel.

Am meisten Chancen hat Hank Skinner. Denn Hank Skinner schreibt unterhaltsame, farbige Briefe und hat ein Beziehungsnetz aufgebaut, das eines Politikers würdig ist. Hunderte von Brieffreunden sammelten Geld für einen der besten Verteidiger: Steven Losch. Losch hat einen einzigen Fehler: Er gehört nicht zum »good ol' boys system«. Das ließ man ihn in Austin fühlen, als er 1999 seine Bitte um Verlängerung der Eingabefrist an das falsche Gericht schickte. Er wurde erst auf seinen Irrtum aufmerksam gemacht, als die Frist bereits abgelaufen war. Inzwischen brachten Skinners Brieffreunde bereits wieder die nötige Summe für einen der besten nordamerikanischen Strafverteidiger auf.

Ein Wunder, wie es nur gute Briefschreiber aus dem Todestrakt bewirken können. Wer sich dagegen schriftlich nicht auszudrücken vermag, darf nicht auf Mitgefühl hoffen. Wer nicht zu unterhalten weiß, verliert seine Zuhörer in der Welt draußen. Oder, wie es Paris Curriger ausdrückte:

»Wer auf dem Horn nur einen Ton spielt, wird verdammt rasch langweilig.«

Er weiß, wovon er spricht. Paris Curriger wandte sich aus dem Todestrakt an 2600 Menschen, die er sorgfältig in innere und äußere Kreise einteilte. Es war der innerste Kreis gewesen, der letztes Jahr genügend Geld gesammelt hatte, um vor Gericht seine Unschuld zu beweisen. Jetzt ist er ein freier Mann.

Da schöne Briefe tatsächlich über Leben und Tod entscheiden können, fühlen viele Männer schmerzlich ihr Unvermögen, schriftlich Emotionen zu wecken. Um das Manko auszugleichen, werben sie in den Briefvermittlungsprospekten mit nackten, muskulösen Oberkörpern oder füllen den Rest des linierten Gefängnis-Papiers mit Zeichnungen. Rote Rosen sind besonders beliebt, aber auch traurige Clowns. Ebenfalls erfreulich viel Platz beansprucht eine schwungvolle Unterschrift. Fantasievolle Schnörkel werden umso intensiver geübt, als sie der letzte Ausdruck einer Identität sind, die dem Gefangenen im Todestrakt noch geblieben ist. Denn der Staat erkennt ihn vom Tag seines Eintritts an nicht mehr an seinem Namen, sondern nur noch an seiner Todesnummer.

Andere verlegen sich aufs Dichten; gereimten Worten trauen sie mehr Kraft und Wirkung zu. Sie täuschen sich nicht. Einem Mann, der Poesie verfasst, glaubt man seine Unschuld eher. Hapert es mit der eigenen Kunst, kopieren sie Werke, von deren Wirkung sie sich viel erhoffen. Versehen mit der Widmung »Für Dich« vermutet die Empfängerin vielleicht sogar, der Zwanzigzeiler sei tatsächlich für sie erdacht worden. Bis sie sich schließlich zum Besuch in Huntsville entscheidet.

Viele Europäerinnen steigen im Baptistenheim von Pfarrer Bob Norris ab. Die meisten Frauen, sagt der Pfarrer, sind zwischen 40 und 60 Jahre alt.

»Viele Lehrerinnen sind darunter und viele Frauen mit gebrochenen Flügeln.«

Manche besuchen ihren Brieffreund zwei- bis dreimal im Jahr.

»Warum«, fragt Pfarrer Bob mit müdem Spott, »habt ihr Europäerinnen so ein großes Herz?«

Antwort erwartet er nicht, die Antwort kennt er selbst. Und die hat nichts mit großem Herzen zu tun. Vielmehr ist sie ein Gegengeschäft:

»Die Frauen befriedigen hier ihre emotionalen Triebe, die Männer haben eine Stütze für ihr Ego.«

Auch kann der Mann nicht abhauen, wie es der andere Mann im Leben vielleicht getan hat. Oder ihnen körperlich nahe treten.

»Er bildet physisch keine Gefahr.«

Das hilft, Illusionen zu bewahren und lässt die Liebe umso heller und reiner lodern.

Früher hat er versucht, die Frauen zu warnen. Hat sich bemüht, ihnen die Wurzeln der für Männer so außergewöhnlichen Einfühlsamkeit aufzuzeigen: Wer so viel Zeit wie die Menschen im Todestrakt hat, entwickelt ein sicheres Gespür für andere Wesen. Der weiß nach zwei, drei Briefen, was er schreiben muss und was besser nicht. Pfarrer Norris kennt manche Ehe, die in die Brüche gegangen ist, weil die Liebe zum Mann im Todestrakt stärker wurde als zum Mann, der abends nur über seinen Chef schimpft. Pfarrer Norris hat erlebt, wie Männer »einen ganzen Harem« um sich versammelten und jede Frau glauben ließen, sie sei die Einzige, die sein Herz und sein Konto füllte. Ja, hin und wieder zieht eine Europäerin sogar nach Texas, um erst in der leibhaftigen Nähe ihrer Liebe und nachher in der Nähe seines Grabes zu sein. Oder fliegt, die Urne mit seiner Asche im Arm, nach Hause zurück.

Doch, winkt Pfarrer Norris ab, was soll's. Seine Aufklärungsarbeit brachte ihm nur Undank und böse Worte ein. Am unverständlichsten freilich bleibt ihm, dass selbst seine Kollegin, Betty Matthews, »in die Falle tappte«.

Betty ist Gefängnispfarrerin, sitzt in ihrem klapprigen Oldtimer und schaut über den Parkplatz zum Eingang des Todestrakts.

»Nie«, lächelt sie, »hätte ich gedacht, dass dieses Tor mich einst so glücklich macht.«

Dann beugt sich Betty zum dritten Mal zum Rückspiegel und fährt mit dem roten Stift so heftig über ihre Lippen, als wollte sie sie für immer imprägnieren. Noch fehlen zehn Minuten bis zum Beginn der Besuchszeit.

Wäre Marilyn Monroe 50 geworden, sie sähe aus wie Betty. Das Blondhaar, vom vielen Färben strohig geworden, hat sie achtlos im Nacken gebündelt. Die weichen Konturen ihres Gesichts und Körpers laufen leicht auseinander, nicht nur vor Hitze, sondern auch, weil ihr mitunter alles so aussichtslos scheint, was sie tut.

Betty macht keinen Schritt, ohne den lieben Gott zu fragen, ob es ihm recht ist. Auch jetzt, als sie wieder heiratete, bat sie ihn erst um seine Einwilligung. Und Gott sagte ja – dies im Gegensatz zu ihren beiden Töchtern und ganz Texas. Denn in deren Augen hat Betty die schlimmste Sünde begangen, die eine weiße Frau hier begehen kann: Sie heiratete einen schwarzen Mörder.

»Zudem ist er zwanzig Jahre jünger«, kokettiert Betty mit fröhlichem Schuldbewusstsein.

Sie trägt sein Foto im Portemonnaie bei sich. Es ist ein Bild aus früheren, besseren Zeiten mit abgegriffenen Ecken und schon ganz matt vom vielen Betrachten: Ein schmaler, schwarzer Teenager lacht keck in die Kamera. Auch eines seiner Gemälde führt sie stets mit sich. Aufgeklappt wie ein Altarbild füllt es den Rücksitz ihres Autos und ist auf Anhieb zu verstehen. Auf das verhärtete Gesicht eines jungen Mannes fällt ein schräger, rettender Sonnenstrahl.

Sofort nach Bekanntwerden ihrer Heirat entzog die Gefängnisverwaltung Betty den Status einer Pfarrerin. Seither wird sie von Verleumdungen verfolgt und von den Wärtern verächtlich behandelt. Briefe »voller Unwahrheiten«, wie Betty sagt, wurden an ihre Vorgesetzten geschickt. Und seit ein paar Wochen darf sie ihre Bibel nicht mehr mit in den Todestrakt nehmen. Sie wurde zur gewöhnlichen Privatbesucherin heruntergestuft.

Natürlich durfte sie ihn noch nie anfassen. Auf dem Standesamt vertrat ihn ein Onkel. So sehr Bettys Status in Huntsville gesunken ist, so sehr ist der ihres Angetrauten im Gefängnis gestiegen.

»Du hast mir gezeigt, dass ich noch immer ein Mann bin, sogar im Todestrakt«, dankte er ihr überwältigt. »Jetzt besitze ich einen Menschen, dem ich so viel wert bin, dass er sogar meinen Namen tragen will.«

Die Kinder

Alt genug zum Töten,
alt genug zum Sterben

Hol mir rasch ein Pfund Mehl im Laden, Dennis!«, schrie Gloria in den Vorgarten und warf ihrem Bruder eine gelbe Regenjacke aus dem Barackenfenster zu. Widerwillig schaute der Zehnjährige auf, er war grad so schön am Spielen. Im gleichen Augenblick begann der Wolkenbruch. Der Regen knickte die hohen Unkrautstauden am Zaun, klatschte in Strömen auf die staubige Straße, spritzte von den Dächern weg. Dennis sprang auf, packte die Jacke im Gras und warf sie im Rennen über den Kopf.

»Ich komme mit!«, rief Roger, der in der Nachbarhütte wohnte.

Doch dann stoppte ihn die Stimme seiner Mutter: »Erst die Schulaufgaben!«

Unwillig machte Roger rechtsum kehrt, trabte ins Haus zurück und warf sich hinter den Küchentisch. Da krachte etwas, das wie ein Schuss klang. Rogers Mutter, eine Krankenschwester, hob alarmiert den Kopf. Sie trat unter die Türe, blickte die Straße hinauf und hinunter und lief im Regen zu einem gelben Bündel, das mitten auf der Fahrbahn lag. Roger sah, wie sich seine Mutter daneben hinkniete. Dann richtete sie sich wieder auf und rief:

»Um Gottes Willen Roger, komm nicht her!«

Sein Freund Dennis lag auf dem Rücken, die Brust ein einziger offener, blutiger Krater. Ein anderes Kind hatte ihn im Drogenrausch erschossen. Zu lustig hatte seine gelbe Regenjacke im Wind geflattert.

Mit 14 Jahren hatte Roger McGowen bereits den Mord an drei Freunden miterlebt. Im 5th Ward von Houston ist Gewalt so allgegenwärtig wie der Staub oder die Scherben. Ständig heulen Polizeisirenen; aus den vorbeifahrenden Autos dröhnen gewalttätige Rhythmen; abends stehen an jeder Ecke Männergruppen, Bier- und Fuselflaschen in der Hand. Für Kinder gibt es keinen Spielplatz außer dem asphaltierten Schulhof mit seinen festbetonierten Sportgeräten. Doch auf dem Pausenplatz mag sich kein Kind freiwillig aufhalten. Dann lieber auf die Bahntrasse, die das Schwarzen-Getto in weitem Bogen durchschneidet. Dort kann man, zum Beispiel, Steine auf die vorbeifahrenden Züge werfen. Der beste Schütze ist Kirk.

»Kommst du mit?«, fragte ihn Roger nach Schulschluss.

Kirk schüttelte den Kopf. »Muss erst in die Bar. Aber hol mich dort um sieben ab.«

Kirks Eltern besaßen ein kleines Lokal im mexikanischen Viertel, wo Kirk abends die Toiletten reinigte und den Boden putzte. Um sieben wartete Roger vor der Bar auf seinen Freund. Plötzlich wurde die Tür aufgerissen; Kirks Mutter stürzte schreiend und mit ausgebreiteten Armen aus dem Haus und lief auf die Straße hinaus. Bremsen quietschten. Verwundert sah ihr Roger nach. Dann trat er in die Bar. Vor der Toilette sah er viele Männer stehen; sie blickten schweigend ins Innere. Von der Decke hing sein Freund Kirk, aufgeknüpft am verbogenen Draht eines Kleiderbügels. Seine Augen waren weit geöffnet und geradewegs auf Roger gerichtet.

Später erinnerte sich Kirks Mutter, dass zwei weiße Männer überstürzt aus der Toilette gekommen und gleich verschwunden waren. Sie hatte sich nichts weiter dabei gedacht. Und erst viel später nachgesehen, wo ihr Sohn so lange blieb.

Allein in Rogers Nachbarschaft gibt es 20 Bestattungsunternehmen. Das Geschäft mit dem Tod läuft im Getto fast so gut wie das Geschäft mit dem Alkohol. Kirk wurde gegenüber der Schule aufgebahrt. Der Nachmittag seiner Beerdigung war schulfrei. Nach der Bestattung versammelten sich seine Schulkameraden auf der Bahntrasse. Schweigend warfen sie mit Steinen auf die vorbeifahrenden Züge. Erst viel später dachte sich Roger, dass das wohl ihre Art des Abschiednehmens gewesen war.

Im Jahr darauf zog ein schwarzer Mann mit einer weißen Frau und einem weißen Kind ins Getto. Sie waren die einzigen Weißen hier, doch das kümmerte keinen. Es waren Verlierer wie sie. Der weiße Bub sah aus wie ein Flüchtlingskind, hatte dünne Arme und Beine und trug eine Brille mit dicken Gläsern. Da sie den gleichen Schulweg hatten, wartete Roger jeweils bis ihn das weiße Kind abholte. Meist war auch Johnny dabei. Johnny war zwar erst fünf Jahre alt, folgte seinem Freund Roger aber wie ein Schatten.

Der Schulweg führte über die Geleise. Die Züge waren endlos und rollten langsam; oft dauerte es eine Viertelstunde, bis die Bahnschranken wieder geöffnet wurden. Alle Buben im Getto beherrschten die Mutprobe, auf den Zug zu springen und sich auf der andern Seite wieder den Bahndamm hinunterrollen zu lassen.

Roger, Johnny und der weiße Bub kletterten auf die Trasse. Pünktlich sahen sie den Zug auftauchen, die große, weite Kurve nehmen und näher und näher kommen. Bereits konnte Roger das Gesicht des Lokomotivführers hinter der Scheibe erkennen. Eine Sekunde später stieß der weiße Bub den kleinen Johnny vor die Räder. Es war blitzschnell gegangen. Johnny hatte sich nicht gewehrt, ja nicht einmal geschrien.

Nach 100 Metern kam die Lokomotive zum Stehen. Da war kein Johnny mehr, da waren nur noch einzelne Körperteile, der größte so groß wie ein gefüllter Turnsack. Roger starrte minutenlang auf einen Turnschuh und wusste nicht, warum er die Augen nicht davon lassen konnte. Erst nach einer Weile realisierte er: Im Schuh steckte noch immer Johnnys Fuß.

Am nächsten Tag verschwand der schwarze Mann mit seiner weißen Familie aus dem Getto.

Kinder sind in den Armenvierteln Amerikas fast ebenso häufig Opfer wie Täter.

»Wenn nachts bei uns das Telefon läutet«, hatte Mary Norris gesagt, »dann haben alle Mütter die gleiche Angst: dass unser Kind erschossen wurde. Oder dass es selbst jemanden erschossen hat.«

Die Angst beschränkt sich nicht mehr auf die Armenviertel. Eine 1993 von der Harvard Universität publizierte Untersuchung ergab, dass 35 Prozent aller amerikanischen Teenager glauben, dass es »ziemlich oder sehr wahrscheinlich« ist, dass sie selbst einmal durch Schusswaffen sterben. Neun Prozent hatten selbst schon auf einen Menschen geschossen. 13 Prozent waren mit einer Schusswaffe bedroht worden, und 11 Prozent gaben an, schon mit einer Schusswaffe verletzt worden zu sein.

Die Zahlen sind überholt. In den letzten sieben Jahren sind die von Kindern begangenen Gewaltverbrechen wie Mord, Vergewaltigung, Körperverletzung und Raub in Amerika um mehr als zwei Drittel gestiegen. Nach dem Warum wird selten gefragt. Selbst nach von Jugendlichen verübten Massenmorden, wie sie 1998 und 1999 Schlagzeilen machten, behauptete der amerikanische Präsident Bill Clinton am Fernsehen:

»Die Gründe werden wir wohl nie erfahren.«

Doch die Gründe liegen auf der Hand. Warum sollen die Kinder eines Landes, das seine Probleme gewohnheitsmäßig mit Waffen löst – gestern wie heute, lokal und global – nicht ebenfalls zu Waffen greifen, um ihre Probleme zu lösen? Dies vor allem, wenn es ihnen so leicht gemacht wird: Die Hälfte aller in der Studie Befragten gab an, keinerlei Schwierigkeiten beim Beschaffen einer Waffe zu haben. Dass dies auch so bleibt, dafür sorgt die mächtige Waffenlobby. Bisher konnte sie noch jede Beschränkung des Waffenverkaufs als direkten Eingriff in die heiligen Grundrechte eines freien Amerikaners verhindern.

Bricht die Kindergewalt im weißen Norden los, ist die Nation entsetzt. Im schwarzen und braunen Süden ist sie längst Alltag. In Los Angeles bekämpfen sich derzeit 200 000 wütende, gewalttätige, außer Kontrolle geratene Minderjährige; in den Gerichtsgebäuden der Stadt stapeln sich 80 000 schwebende Fälle von Jugendgewalt. In ganz Amerika sind es jährlich 200 000. Tendenz: stark steigend.

Die meisten gehören Banden an. Die Banden sind oft die einzige Schule, die diese Kinder regelmäßig besuchen. Sie lernen, wie man in weniger als einer Minute ein Auto aufbrechen und die Zündung kurzschließen kann. Sie lernen, wie man Waffen präpariert und wie man durch die Straßen fahren muss, damit die Kollegen durch die getönten Scheiben nach Feinden aus Gegenbanden Ausschau halten und zuerst schießen können.

Die Gangs bieten alles, wonach sich ein Heranwachsender sehnt: Schutz, die Wärme einer Gemeinschaft, Macht und Status. Und Abenteuer.

»Fast erwischt zu werden, ist besser als Sex«, beschreibt es der Texaner Azikiwe Daniels. »Adrenalin ist die beste Droge von allen.«

Er hat die klassische Karriere eines Bandenmitglieds hinter sich. Alle seine Freunde waren bei den Crips, die in Schwärmen durchs Quartier streiften:

»Da wollte ich nicht draußen bleiben.«

Daniels begann mit 13 Jahren als BG, als Baby Gangster. Und entdeckte, dass ihn die Waffe in der Hand schlagartig vom Kind zum Erwachsenen machte. Stolz lebte er nach den Regeln seiner neuen Freunde:

»Sprich nicht, trau niemandem, fühle nichts.« Wie alle Baby Gangster begann er im Auftrag des Bosses mit dem Drogenverkauf. Das ist ein gefährlicher Job. Die Verluste an der Verkaufsfront sind hoch, der Bedarf an Nachwuchs enorm. Denn die Kinder riskieren nicht nur, von rivalisierenden Banden erschossen zu werden. Sie riskieren auch eine lebenslängliche Gefängnisstrafe. Die droht allen, die dreimal mit Drogen erwischt werden – egal, mit welcher Menge.

Als ein übergeordneter Gangbruder Daniels Gewinnspanne kürzte, erschoss er ihn. Im Jugendgefängnis stieg er vom BG zum YG auf, zum Young Gangster. Die Beförderung hatte er seinem tätlichen Angriff auf einen Wärter zu verdanken und seiner Weigerung, im Gefängnis Arbeit zu leisten. Jetzt trennt ihn nur noch ein Schritt zum OG, zum Old Gangster oder Veterano: ein weiterer Mord.

Für die amerikanische Polizei sind die Straßen ihrer südlichen Gettos schon lange Kriegszone. Dass der Staat nichts tut, wissen sie längst. So betreiben sie die Prävention mit ihren eigenen Mitteln. Freundlich hatten sich die Uniformierten den Bubengruppen genähert, die auf den Straßen des 5th Ward in Houston spielten und vorgeschlagen:

»Wollt ihr mal mitkommen und sehen, wie wir arbeiten?« Natürlich wollten die Kinder. Auf dem Polizeiposten setzten sie die Kinder auf einen Stuhl und fotografierten sie von vorn und von der Seite. Dann zeigten sie ihnen, wie man Fingerabdrücke nimmt. Jedes Kind durfte seine Hand auf dem Stempelkissen abrollen und dann auf ein Blatt pressen.

Die Polizei nannte es Schutzmaßnahme, die Mütter eine gewaltsame Kriminalisierung ihrer Kinder. Motto: Für die Gesellschaft ist es offenbar unausweichlich, dass aus unsern Kindern Verbrecher werden. Also werden sie es auch.

Tatsächlich sieht die amerikanische Gesellschaft in diesen Kindern nicht Gefährdete und Verlierer, sondern die zukünftige Bedrohung. Und sie drängt auf schnelle, einfache, wirkungsvolle Lösungen. Dazu dienen die neuen Gesetze, die sich ausschließlich gegen Jugendliche richten. Sie sorgen für so drastische Strafen für immer jüngere Kinder, dass sie bis weit ins Erwachsenenalter – und bis in die Mitte des kommenden Jahrhunderts – hinein weggesperrt und unschädlich gemacht werden können. 21 Bundesstaaten ermöglichen eine lebenslängliche Strafe für 15-jährige. Jetzt soll die Grenze auf 13 gesenkt werden. Im Gefängnis können sie von den wahren Profis lernen, wie man ein wirklich guter Krimineller wird. Und sollten sie im Laufe dieser Karriere einen Menschen umbringen, ermöglicht das neue Verfahren eine wesentlich zügigere Hinrichtung.

Doch die Strafen in Amerika werden nicht nur immer härter und länger, auch zu vorzeitigen Entlassungen wegen guter Führung kommt es immer seltener. 1990 waren es zwei von fünf Gefangenen gewesen, die ihre Strafe nicht ganz absitzen mussten; heute ist es noch einer von fünf. Damit fällt für die meist sehr jungen Menschen jeder Anreiz weg, sich mit gutem Benehmen Vergünstigungen oder erlassene Jahre einzuhandeln. Solche Aussichtslosigkeit lässt die Wut und die Bereitschaft zu Gewalt noch steigen.

Die Gefährlichsten werden nach »Estelle« bei Huntsville überführt. »Estelle« ist das neuste Modell auf dem Markt der Super-Hochsicherheitstrakte, ein – selbst für Gefängnisverhältnisse – hässlicher Stahl- und Betonbau, umrundet von elektrischen, mit Stacheldraht gespickten Zäunen.

Im Innern gibt es, wie in einer vollautomatischen Hölle, weder Tag noch Nacht, weder Gespräche mit andern Menschen noch Berührungen. Es gibt weder einen gemeinsamen Aufenthaltsraum, noch eine Küche oder eine Kapelle. In »Estelle« dämmert der Gefangene im künstlichen Licht dahin, ohne Fernsehen, ohne Radio. An die vorgeschriebene Frischluft kommen die schwierigsten Insassen nur dreimal eine Stunde pro Woche.

Der Betrieb wird von einer hermetisch abgeriegelten und verdunkelten Schaltzentrale aus regiert; nur die Computerbildschirme leuchten gespenstisch. Was der Gefangene braucht, bekommt er per Knopfdruck. Das Essen wird durch einen Schlitz in der Türe geschoben, der gleichzeitig der einzige Ausblick des Gefangenen auf die Welt ist. Menschenhände spürt er nur noch, wenn ihm der Wärter die Handschellen anlegt. Doch auch das ist in »Estelle« kaum mehr nötig. Denn die Dusche befindet sich in seiner Zelle und wird abends für ein paar Minuten automatisch angestellt.

Häufig werden auch geistig Gestörte aus dem Todestrakt hier entsorgt. Es ist einfacher, sie zu versenken als zu behandeln. Und der personalsparende Betrieb arbeitet günstiger als der Todestrakt: Mit nur 30 Dollar am Tag kann man hier einen Menschen am Leben halten, bis man ihn hinrichtet.

Viele Insassen klagen über Halluzinationen. Plötzlich bewegen sich die Wände ihrer Zelle, die Lichter werden heller und dunkler. Ess- und Schlafstörungen sind ebenso häufig wie Zittern, Schüttel- und Heulkrämpfe. Manche führen laute Selbstgespräche, andere spielen mit ihrem Kot. In den Korridoren sind tierische Schreie und Poltern gegen die Stahltüren zu hören. Keiner spricht in normaler Lautstärke, jeder brüllt, wenn er etwas zu sagen hat.

Isolationshaft gilt als Folter. Doch so wie »Estelle« haben sich viele Texaner schon immer ein richtiges Gefängnis vorgestellt. Deshalb sind jetzt vier weitere, ähnliche Strafanstalten mit 2640 Plätzen im Bau; Anfang 2000 werden sie bezugsbereit sein. Dann sollen nicht nur die Geisteskranken, sondern alle Männer aus dem Todestrakt darin Platz finden.

95 Prozent der Insassen in Hochsicherheitstrakten wie »Estelle« werden eines Tages wieder entlassen – gefährlicher als je zuvor. Der junge Willie Madlock, der 25 Jahre wegen Einbruch in »Estelle« verbüßt, sagte im texanischen Fernsehen: »Es ist einfach so, dass sie alles tun, damit wir Tiere werden, Hunde

oder so was. Nach einer gewissen Zeit verliert man wirklich seine – nun ja, seine Menschlichkeit. Und dann schicken sie uns wieder hinaus in die Freiheit, und wir sind härter, wütender und gestörter als zuvor.«

Noch knapper drückte es der Rechtsprofessor Wesley Johnson von der Sam Houston Universität in Huntsville aus: »Im Prinzip züchten wir in Gefängnissen wie ›Estelle‹ Monster heran.«

Der Krieg gegen die Kinder führt zu Strafmaßnahmen, die willkürlich erwürfelt scheinen. Das Verhör der 11-jährigen Lacresha Murray zeigt, wie geschult die Polizei inzwischen Kindern Geständnisse entlockt. Es wurde am 29. Mai 1996 in Austin, der Hauptstadt von Texas, von Polizist Ernesto Pedraza geführt.

Lacresha: Meine Schwester sagte, das Baby war krank.
Ernesto Pedraza: Nun, das Baby hat vielleicht etwas Fieber gehabt, aber daran ist das Baby nicht gestorben. Weißt du, warum es gestorben ist?
L: Nein.
E. P: Das Baby hatte viele Wunden an seinem Körper. Und diese Verletzungen sind ihm an jenem Tag zugefügt worden. Wir haben schon mit allen aus deiner Familie gesprochen und keiner kommt dafür infrage, okay?

L: Mhmh.
E. P: Jetzt bleibst nur noch du übrig.

Lacresha ist eines von 18 Adoptivkindern eines schwarzen Ehepaares. Sie wohnen im Schwarzenviertel von Austin, in einem freundlichen, weit von der Straße zurückgesetzten Backsteinhaus, in dem es einen nierenförmigen Swimmingpool, zwei Hunde und ein Klavier gibt. Im Murray-Haus wird viel musiziert.

Zur Adoptivkinderflut ist es gekommen, weil viele Adoptivkinder, einmal erwachsen geworden, ihre eigenen Kinder wieder von den Murrays adoptieren ließen. Aber auch andere Mütter haben es sich angewöhnt, ihre Kinder bei den Murrays abzugeben, wenn sie selbst etwas vorhatten.

»Nur nicht morgen!«, hatte Mutter Murray allen eingeschärft, »morgen geh ich zu dem Memorial Day!«

Trotzdem fuhr gerade, als sie aus dem Haus gehen wollte, ein Mann mit dem Kind seiner Freundin vor.

»Nur eine halbe Stunde!«, bat er, »ich hole sie gleich wieder ab.«

Er tat es nicht. Die zweieinhalbjährige Jayla schien krank, apathisch, erbrach sich wiederholt. Sie schlief den ganzen Tag über. Am Abend war sie tot.

Ernesto Pedraza: Ich weiß, dass das hart ist. Es ist hart, wenn so was passiert, aber du weißt, es muss einen

Grund dafür geben. Du hast das Baby vielleicht getragen, das Baby ist dir vielleicht aus den Armen gerutscht, oder es ist aus dem Bett gefallen oder etwas Ähnliches. Es gibt so viele Gründe, warum so was geschieht, aber bevor wir es nicht von dir selbst hören, wissen wir nicht, was wirklich geschehen ist. Wir haben nur unsere Meinung.

Lacresha: Und jetzt wollen Sie auch unsere Meinung.

E. P: Richtig. Wir brauchen auch eure Seite der Geschichte.

Lacresha: Ich hab sie doch gerade erzählt.

E. P: Ja, aber das war nur ein Stück davon. Du hast nicht alles erzählt.

Lacresha: Hab ich aber.

E. P: Du weißt, dass da noch mehr ist.

Lacresha: Uh-uh. (verneinend).

Die Gerichtsmediziner stellten fest, dass das Kind an einem schweren Leberschaden gestorben war. Er entsprach den Verletzungen nach einem Sturz aus dem dritten Stockwerk oder einem heftigen Autozusammenstoß. Das zweieinhalbjährige Kind hatte bloß zehn Kilo gewogen und an die 30 Wunden am ganzen Körper gehabt, nicht nur neue, sondern auch halb oder ganz verheilte. Solche Verletzungen sind typisch für misshandelte Kinder.

Ernesto Pedraza: Ein Arzt hat mir gesagt, dass alle diese Schläge an diesem Tag geschehen sind. Es war

aber niemand außer dir im Schlafzimmer. Es gibt immer einen Grund für alles, verstehst du, und du weißt, dass das Baby nicht einfach auf seinem Bett gelegen haben kann und dann plötzlich so viele Verletzungen hatte. Es ist vielleicht vom Bett gefallen oder …
Lacresha: *Weiß nicht.*
E. P: *Oder du hast es vielleicht in deinen Armen gehalten, und dann ist es aus deinen Armen gerutscht. So was gibt's, und das versteht jeder, aber ich möchte die Erklärung von dir hören.*
Lacresha: *Ich habe keine Erklärung. Ich habe alles gesagt, was ich weiß.*
E. P: *Du bist als einziger Mensch beim Baby gewesen. Was, glaubst du, denken die Leute?*
Lacresha: *Dass ich es getan habe. Aber ich war es nicht.*
E. P: *Was würdest du denn denken, wenn dir jemand diese Geschichte von einem andern Mädchen erzählte?*
Lacresha: *Ich glaube, ich würde glauben, dass sie es getan hat.*
E. P: *Du würdest also genau gleich wie die Leute denken, nicht? Du weißt, wie Leute sind. Die machen sich einfach ihre eigene Geschichte, wenn sie nicht wirklich alles wissen, okay? Und das ist unser Job hier, herauszukriegen, wie es wirklich war. Ich muss von dir wissen, wie alles war, damit ich all den Menschen, die mich fragen, sagen kann: »So ist das gewesen.« Ich werde die Wahrheit erzählen können, und der einzige Mensch, der sie kennt …*

Lacresha: Bin ich?

E. P: ... und niemand sonst. Das Kind ist vielleicht krank gewesen, und du hast es in deinen Armen gehalten oder so was, dann ist es gefallen, und all das ist absolut verständlich, so was passiert ständig.

Die Verhörmethode heißt »Minimization«, Verkleinerung, und ist berüchtigt dafür, falsche Geständnisse zu bewirken. Die Technik ist einfach: Der Polizist stuft die Anschuldigungen schrittweise so weit hinunter, bis ihr der Verhörte zustimmen kann. Damit ist der Anfang gemacht, der Schuh in der Tür. Der Verhörte beginnt, an seinem Gedächtnis zu zweifeln und zu überlegen, ob es vielleicht nicht doch so gewesen sein könnte, wie der Polizist jetzt behauptet.

Zum Verfahren gehört auch, dass man den Verhörten glauben lässt, ihm passiere nichts, sofern er nur die Wahrheit sagt. Und dass er, ist sie einmal draußen, gleich nach Hause gehen kann. Besonders Kinder sprechen darauf selbstverständlich stark an.

Ernesto Pedraza: Wir machen alle Fehler. Auch ich mache Fehler. Aber ich versuche nicht, sie zu verstecken. Ich versuche, mich zu bessern, und dann weiterzumachen. Und du bist ein junges Mädchen und du hast dein ganzes Leben noch vor dir. Das heißt nicht, dass dies das Ende deines Lebens ist, das ist nur der

Anfang, weil du die Dinge immer noch korrigieren kannst, okay? Verstehst du, was ich sage, Lacresha?

Lacresha: Hmm, Hmm. Ja.

E. P: Und deshalb möchte ich, dass du mir von Anfang an alles erzählst, verstehst du, was der Grund für all das gewesen ist, was genau passiert ist, damit ich es den andern erklären kann.

Lacresha: Wie, von Anfang an?

E. P: Als du ins Schlafzimmer gegangen bist und das Baby aufgenommen hast ...

Lacresha: Ich hab sie aufgenommen und wollte sie dem Großvater bringen, weil sie so komische Töne machte. Und da fiel sie, ein kleines bisschen. Sie fiel, ihr Kopf schlug auf den Boden auf und dann ihr Körper. Dann nahm ich sie wieder auf und rannte zum Großvater ...

Der Polizist schlug ihr vor, dass sie dabei vielleicht das Baby getreten hatte, und sie gab zu, dass sie dabei vielleicht das Baby getreten hatte, bevor sie es dem Großvater brachte. Danach ging der Polizist daran, nach einem Motiv zu suchen:

Ernesto Pedraza: Und du warst wirklich nicht wütend auf das Baby?

Lacresha: Was hätte es denn getan haben sollen, um mich wütend zu machen?

E. P: Ich weiß nicht, sag es mir.

Lacresha: Nichts.

E. P: Wirst du einfach, ohne jeden Grund, wütend?

Lacresha: Ich war überhaupt nicht wütend.

E. P: Hast du's denn aus Spaß gemacht? Weil es lustig war?

Lacresha: Was?

E. P: Dem Baby all die Verletzungen zugefügt. Wenn du nicht wütend warst …

Lacresha: Ich war nicht wütend!

E. P: Erinnerst du dich, ob du einen Gürtel gebraucht hast?

Lacresha: Wofür?

E. P: Nun, um das Baby vielleicht zu schlagen.

Lacresha: Ich schlage keine Babies.

E. P: … oder etwas anderes, das eine Verletzung hinterlassen hat?

Lacresha: Ich schlage keine Kinder. Ich schlage überhaupt niemanden. Ich bin zu klein dafür. Ich muss ja selbst noch manchmal geschlagen werden.

Nach zwei Stunden und 40 Minuten, während derer weder ein Anwalt noch eine andere Vertrauensperson Lacresha zur Seite gestanden hatte, konnte Ernesto Pedraza zum Schluss kommen:

Jetzt musst du nur noch hier unterschreiben, dass alles, was hier steht, wahr und richtig ist. Zwinge ich dich, zu unterschreiben?

Lacresha: Ja.
E. P: Wie?!
Lacresha: Nein.
E. P: Okay. Du tust das freiwillig.
Lacresha: Uuh. (positiv).

Am nächsten Tag wurde Lacresha verhaftet, zwei Monate später, im Juli 1996, stand sie wegen Mordes vor Gericht. Der Staatsanwalt Gary Cobb donnerte:

»Lacresha sagte, sie habe das Baby unabsichtlich fallen lassen. Wir sagen, das ist eine Lüge. Sie sagte, sie habe das Baby unabsichtlich getreten. Wir sagen, das ist eine Lüge.«

Den medizinischen Sachverständigen, der aussagen wollte, dass Jaylas Verletzungen keinesfalls alle frisch waren, ließ der Staatsanwalt nicht zu Wort kommen. Seine Begründung:

Die Jury ist ohnehin schon gefordert genug und langweilt sich bei solch ausführlichen medizinischen Ausführungen zu sehr. 12 Geschworene verurteilten Lacresha wegen Mordes zu 25 Jahren Gefängnis. 12 weitere Geschworene bestätigten das Urteil in der Berufungsverhandlung. Jetzt sitzt Lacresha ihre Strafe in Austin ab.

Noch lieber freilich sähen immer mehr Amerikaner ein Kind wie Lacresha in der Todeszelle. Motto: Wer alt genug ist zum Töten, ist alt genug zum Sterben. Republikanische Gouverneure überbieten sich gegenseitig in Sachen Alterssenkung. Der Gouverneur von Kalifornien möchte bereits 14-jährige Täter hinrichten lassen, der Gouverneur von New Mexico ist gar für 13-jährige. Geschlagen werden beide von einem Staatsanwalt im besonders von der Jugendkriminalität gebeutelten Los Angeles, der für Hinrichten ist, »egal, wie alt sie sind«. Präziser drückte sich Mitte 1998 der texanische Abgeordnete Jim Pitts aus. Er wollte schon 11-jährige Täter auf der Todesbahre sehen, »sofern sie erwachsen sind«. Natürlich, schränkte er ein, sollte sein Vorschlag nur als Diskussionsgrundlage dienen. Doch Grundlagen dieser Art sind schlüpfrige und abschüssige Böden, besonders nach Kinder-Massenmorden, wie sie immer häufiger Amerika erschütterten.

So wundert es nicht, dass die Vereinigten Staaten die Uno-Kinderrechtskonvention noch immer nicht unterschrieben haben, die die Hinrichtung von Jugendlichen verbietet, die zur Tatzeit jünger als 18 Jahre waren. 1998 wurden – offiziell wenigstens – weltweit lediglich drei Menschen exekutiert, die in diese Kategorie fielen – alle drei kamen in Amerika zu Tode. Der eine war der debile schwarze Robert Carter, der mit knapp 17 Jahren bei einem Raubüberfall einen Tankwart getötet hatte. Noch jünger, nämlich erst 15, war der weiße Sean Sellers, als er einen Ladeninhaber umbrachte, »um einmal zu sehen, wie das ist, jemanden zu töten«. Mit 16 Jahren hatte er, ohne ersichtlichen Grund, bei einem Urlaub aus dem Jugendgefängnis seine Mutter und seinen Stiefvater im Bett erschossen.

Großgezogen wurde Sean von einem Onkel. Wenn er zweimal hintereinander das Bett nässte, wickelte der Onkel eine Windel um seinen Kopf und zwang ihn, so in die Schule zu gehen. Der gleiche Onkel zeigte ihm auch, wie man ein Tier tötet, wenn man keine Waffe bei sich hat: Man tritt dem Kaninchen mit dem Stiefel auf den Kopf und reißt ihm die Beine aus. Von dieser Jugend war während des Prozesses mit keinem Wort die Rede gewesen. Ebenso wenig wie vom Gutachten, das Sean als schwer verhaltensgestört und schizophren bezeichnete, mit einem Hang zu Selbstzerstörung und Teufelswahn.

Insgesamt haben 70 der gegen 3500 Männer in amerikanischen Todestrakten ihre Tat als Minderjährige begangen. Mit dem Hinrichten wartet man allerdings, bis sie aussehen wie Männer. Das macht es für den Scharfrichter leichter, den Hebel zu drücken oder zu öffnen, je nach Todesart. Exekutiert wird schließlich ein Mensch, der kaum mehr etwas gemeinsam hat mit dem Kind, das einst tötete.

»Es ist beinah«, sagte ein Verteidiger, »als hätte der Staat vor der Hinrichtung in einer Art Alptraum-Verfahren eine Person mit einer andern vertauscht.«

Die Frommen

Die beste Henkersgehilfin ist die Bibel

Betty Matthews hat viele Gottesbeweise auf Lager. Den letzten erlebte sie erst vor zwei Wochen. Jemand hatte auf dem Parkplatz ihre Windschutzscheibe und den Seitenspiegel kaputtgeschlagen, und auf dem Weg nach Hause haderte sie mit Gott: woher jetzt das Geld für die Reparatur nehmen? Wo noch nicht einmal die Miete bezahlt war? Und warum gerade heute, wo der Tag im Todestrakt schon schwer genug war? Der eine ihrer Klienten stand kurz vor der Exekution, der andere hatte sie wegen ihrer Ehe mit einem schwarzen Gefangenen wild beschimpft. Im Treppenhaus hörte sie sich laut und wütend sagen:

»Warum tust Du mir das an, oh Herr! Warum? Warum?«

Und erschrak selbst über die Härte in ihrer Stimme.

Noch während sie ihre Tasche nach dem Schlüssel durchwühlte, läutete in der Wohnung das Telefon. Wahrscheinlich, wieder eine Frau, die eben das Exekutionsdatum ihres Mannes erfahren hat und Trost braucht. Oder eine Frau, die ihren Mann besuchen möchte und kein Geld für die Reise nach Huntsville hat. Oder wissen will, wie ihr Sohn heute aussah. Erschöpft griff sie nach dem Hörer; ihr »Hello …« geriet noch gedehnter und singender als sonst. Am andern Ende der Leitung meldete sich eine unbekannte Stimme. Der Mann hatte von ihrem Unglück gehört und bot sich an, den Schaden zu bezahlen. Gefängnispfarrerin Betty fiel auf die Knie, faltete die Hände, pries Gottes unerforschliche Wege und schämte sich zutiefst ob ihres kleinmütigen Glaubens.

Solche Geschichten hören auch die Männer im Todestrakt gern. Die bereits Bekehrten bestärkt es in ihrem Glauben; die andern überlegen sich, ob nicht doch etwas dran sein könnte an Jesus. Nützlich, das wissen sie aus Erfahrung, ist das Christentum auf jeden Fall. Brieffreundinnen und Brieffreunde geben sich freudig überrascht, wenn sie Bibelsprüche in ihre Schreiben einflechten und beteuern, dass Jesus ihre Rettung ist. Das drückt sich oft auch in klingender Münze aus.

Zudem locken Privilegien. Christen haben mehr Abwechslung. Sie kommen hin und wieder aus der Enge ihrer Zelle hinaus in die Gefängniskapelle oder in den Besuchsraum, wo sie ganz nahe Bettys rote Lippen betrachten können. Dass Betty nach der Heirat mit einem Insassen keine Bibel mehr in den Todestrakt nehmen darf, stört keinen.

Christen rechnen sich auch größere Chancen beim Gnadenausschuss aus. Eine repräsentative, anonyme Umfrage der *The Dallas Morning News* ergab, dass sich ein Drittel aller Gefangenen von ihrer Bekehrung Milde erhofft. Denn Amerika reagiert nervös auf Ungläubige. Wer hier weder an den Nutzen von Gott noch von Fitness glaubt und nicht an den Schaden von Nikotin und Cholesterin, gilt als suspekt.

Vielen aber ist es mit dem Christentum ernst. Vor allem denen, die aus einem durchaus geordneten Leben als Familienväter und ordentliche Bürger geradewegs in den Todestrakt katapultiert wurden – und das ist nahezu ein Drittel. Noch immer wissen sie nicht, welche Macht sie dazu getrieben hat, nach dem Streit mit der Ehefrau – einer Pfanne wegen! – den Nachbarn zu erschlagen. Warum sie auch die eigenen beiden Kinder umbrachten, als die Schwägerin das Kokain die Toilette hinunterspülte. Warum sie die ganze Familie erschossen, als sich die Ehefrau scheiden lassen wollte. Und wie bloß, quält sich der weiße Hochschulabsolvent, konnte ihn Crack so weit bringen, dass er die eigene Großmutter erstach, als sie keine fünf Dollar herausrücken wollte?

Im Todestrakt bietet niemand eine Antwort an außer den Geistlichen. Sie sind die Einzigen, die den Todgeweihten so etwas wie Gefühle entgegenbringen. Die Mitgefangenen interessieren sich nur für ihr eigenes Leid. Die Wärter haben als erste Lektion gelernt, sich auf keinerlei Gespräche einzulassen. Der Psychiater ist nur da, um zu verhindern, dass sie sich selbst umbringen, bevor sie der Staat umbringen kann. Und die amerikanische Gesellschaft tilgt die zum Tod Verurteilten so vollständig aus ihrem Bewusstsein, als wären sie bereits tot. Niemand mehr erwartet etwas von ihnen, weder Reue noch Buße, geschweige denn Besserung. Menschen im Todestrakt haben nur noch eines zu tun: möglichst rasch zu sterben.

So wittern nicht nur die Geistlichen der großen Kirchen ihre Chance. Missionare aller Richtungen und Färbungen kämpfen im Todestrakt um Seelen. Brieffreunde und -freundinnen bearbeiten die Wehrlosen mit Traktaten von *Christian Science* und Ufologen. Scientologen und Sekten aller Art bieten ihren Glauben an, schicken Schriften und kontrollieren mit gezielten Fragen, ob sie auch studiert wurden. Wohlverhalten wird nicht nur mit Zuwendung, sondern oft auch mit Geldspenden belohnt.

Resistent gegenüber Bekehrungsversuchen jeglicher Art sind nur Berufsverbrecher. Berufsverbrecher stehen in der Gefängnishierarchie zuoberst. Sie erkennen sich gegenseitig auf Anhieb, nicht nur an den Tätowierungen, sondern auch an der Art, wie sie dem Gegenüber in die Augen sehen. Berufsverbrecher wissen gleich, wie der Laden läuft, wer hier das Sagen hat, wer schwach ist, und mit wem man sich besser nicht anlegt.

Ihr mangelndes Interesse an religiösen Dingen rührt daher, dass sie sich prinzipiell nicht um die Zukunft kümmern, weder im Himmel noch hienieden auf Erden. Alles, was zählt, ist die Gegenwart. Gut ist nicht das ferne Heil im Jenseits – gut ist das nahe Heil in der Zelle. Vielleicht gelingt es, eine Stange Zigaretten in den Trakt zu schmuggeln. Gut ist nicht der Anwalt, der sich monatelang mit einer hieb- und stichfesten Berufung abmüht, die dereinst vielleicht Erfolg hat – gut ist der Anwalt, der ihnen jetzt Geld für Bestechungen aller Art schickt.

So kommt es, dass sie auch an die eigene Hinrichtung kaum ernsthaft denken. Sie liegt zu verschwommen in zu weiter Ferne. Oft gibt ihnen ihre Sorglosigkeit sogar Recht. Berufskriminelle sterben häufiger als andere vor ihrer Exekution – meist an Lungenkrebs, Herzinfarkt oder Aids.

Erst wenn alle Berufungen abgeschmettert sind und das Datum der Hinrichtung unausweichlich näher rückt, wird der eine oder andere zugänglicher für die christliche Frohbotschaft. Der Mafiaboss beugt sich im Besuchsraum ganz nahe zum vergitterten Glas, damit der Nebenmann seine Schwäche nicht mitkriegt, und fragt Betty eindringlich:

»Und du glaubst wirklich, dass Gott auch jemandem wie mir verzeiht?«

Betty bettet ihren Busen auf die Arme, sieht ihrem Gegenüber fest in die Augen und versichert, dass

Gott allen hilft, die an ihn glauben. Der Mann lässt sich in seinen Metallstuhl zurückfallen; ein ungläubiges Lächeln geistert über sein Gesicht, das besagt: »Schön wär's ja …«

Sie erklärt den Menschen, deren ganzes Leben aus Gewalt bestand, selbst zugefügter und erlittener Gewalt, nicht gleich das versöhnliche Neue Testament. Denn für einen Softie wie Jesus haben sie anfänglich nur Verachtung übrig. Sie ködert sie erst mit den blutrünstigen Geschichten aus dem ersten Teil der Bibel, wo es um Bruder-, Vater- und Sohnesmord geht und ganze Völker hingemetzelt werden.

»Verstehst du«, weckt sie ihr Interesse, »die Bibel ist eine Art religiöser Krimi mit vielen Geschichten über gute und böse Taten.«

Hin und wieder verfängt ihr Trick.

Noch häufiger als das Jenseits muss Betty freilich ihre Anwesenheit bei der Exekution versprechen. Es beruhigt die Männer, die Pfarrerin hinter dem Plexiglas zu wissen, den einzigen Menschen im ganzen Haus, der ihnen jetzt diesen Tod nicht wünscht. Betty hat unzählige Hinrichtungen erlebt. Es ist jedes Mal eine neue Qual. Vor ein paar Stunden noch hat sie mit diesen jungen und gesunden Menschen gesprochen, die versuchten, stark zu sein, und trotzdem gaben ihre Knie einfach nach, als sie sich setzen wollten. Und jetzt liegen sie vor ihr auf dem Schragen und nur noch Minuten trennen sie von ihrem Tod.

»Das Schlimmste ist«, sagt Betty, »sie wirken plötzlich so groß.«

Noch weniger Chancen als bei Berufsverbrechern haben Bekehrungsversuche bei Massenmördern. Ein Massenmörder braucht keinen Gott – er ist, als Herr über Leben und Tod, selbst eine Art Gott. Er benötigt keine Macht, die ihm verzeiht – er ist selbst die Macht, die über Gnade und Ungnade entscheidet. Und er braucht keinen Trost – er lebt von seinem Ruhm. Medienvertreter stehen Schlange um exklusive Interviews; nicht nur amerikanische, auch japanische Blätter sind wild auf seine Geschichten. Fans wollen Genaueres wissen und ein Autogramm. Und wird abends um halb sechs die Post verteilt, ist sicher ein Brief von Rick Staton aus Louisiana dabei, der wieder einmal um Nachschub bittet. Denn der Bestattungsunternehmer verkauft in seinem Versandhauskatalog *Grindhouse Graphics* alles, was Massenmörder-Hände geschaffen haben. Nicht nur handsignierte Bilder finden reißenden Absatz, auch Kopien von Prozessprotokollen. Je entsetzlicher die Taten, desto teurer das Stück. Immer auf der Suche nach neuen Artikeln, verscherbelt Rick Staton seit neustem sogar Autopsie-Berichte ihrer Opfer. Die bieten besonders viel Blut und Innereien.

Manchen dieser Serienkiller sieht man ihre Krankheit an. Der junge Mann aus Bangladesch, der im

Auftrag von Satan, Gott und dem CIA mordend unterwegs war, sagt mit fiebrigen Augen:

»Ich kann die ganze Welt beschützen, denn ich bin der Weltenpräsident.«

Warum denn das?

»Weil es in meiner Hand steht.«

Andere wirken kühl wie Vorsitzende eines Verwaltungsrates. Ihre hellen Augen wandern mitleidlos über ihre Mitgefangenen und lassen die Umwelt ihre Verachtung und krasse Überlegenheit fühlen. Ihre Haltung ändert sich auch nicht, wenn die Hinrichtung unmittelbar bevorsteht. Der nahe Tod scheint sie nicht im Geringsten zu beunruhigen. Im Gegenteil. Der staatlich befohlene Mord bestätigt sie in ihrem eigenen Wesen. Töten – ganz normal und erlaubt.

Die größten Missionserfolge unter den Afro-Amerikanern im Todestrakt verzeichnet der Islam. Denn viele Schwarze mögen sich nicht mit der Religion der Herrschenden identifizieren, die sie einst versklavten und noch immer missachten. Aber selbst der Buddhismus, keineswegs für Bekehrungseifer bekannt, nutzt seine Chance. Als der ehemalige Aircondition-Monteur William Parker wieder einmal in Isolationshaft landete, orderte er das Einzige, was ihm dort zustand: einen Bleistift Nr. 2 und ein religiöses Buch. Zu seiner Überraschung brachte man ihm statt der erwarteten Bibel ein Werk über Buddha. Schon die erste Seite nahm ihn gefangen. Und auf der letzten stand sein Entschluss fest: Er wollte Buddhist werden und durch Selbstverzicht ins Nirvana kommen.

William Parkers neue Bedürfnislosigkeit wurde auf eine harte Probe gestellt. Immer wieder boten ihm Wärter und Mitgefangene Kokain und Marihuana an, um seine Standfestigkeit zu prüfen. Andere Häftlinge, die auf Christus gesetzt hatten, sahen in ihm einen Heiden, den es mit Schlägen zum rechten Glauben zurechtzuprügeln galt. Auch der Pfarrer suchte das Gespräch. William Parker drohte, ihn bei weiteren Einmischungen umzubringen. Natürlich stand er da noch am Anfang seines gewaltlosen Glaubensweges. Bei seinem letzten Interview sagte er, wie man es von einem Buddhisten erwartet:

»Jetzt habe ich für alles ein Lächeln. Selbst für meine Hinrichtung.«

Das Einzige, was ihn auf dem Gang in die Todeskammer störte, war, dass ihn dabei zwei Männer stützten. Er wollte den Schragen, in die orangefarbene Mönchskleidung gehüllt, aus eigener Kraft erreichen.

Die buddhistische Gefängnisbewegung *Zen Foundation* versuchte ebenso erfolglos, seine Hinrichtung zu verhindern wie der Dalai Lama. Denn Amerika pfeift auf die Meinung geistlicher Würdenträger, egal ob Dalai Lama oder Papst, wenn es um die Todesstrafe geht. Auch die Meinung anderer Experten in

Sachen Ethik sieht es als Einmischung in seine inneren Angelegenheiten. So verhöhnte der Senat die Studie des UN-Hochkommissariats, die die Todesstrafe in Amerika als rassistisch und willkürlich brandmarkte, als »eine absurde Scharade« und die Untersuchungsergebnisse als »einen Haufen Dreck«.

Überdies muss man die Bibel nur richtig lesen, um genügend Munition für die Todesstrafe zu finden. Hat nicht Christus selbst ausdrücklich dafür plädiert, wenn er einen seiner Jünger, der einen Häscher töten wollte, warnte:

»Alle, die das Schwert ergreifen, sollen durch das Schwert umkommen.«

Drückte sich Apostel Paulus nicht ebenso deutlich aus:

»Tust du aber Böses, so fürchte dich. Denn (die Obrigkeit) trägt das Schwert nicht umsonst; sie ist Gottes Dienerin, eine Rächerin zur Strafe über den, der Böses tut.«

Luther formulierte den gleichen Gedanken noch griffiger:

»Wenn der Fürst oder Richter einen tötet, da ist unseres Herrn Gottes Wort und Befehl dabei, daselbst führst du das Schwert nicht, sondern Gott; daselbst leuchtet das Schwert, als wäre es in Gottes Hand (...). Die Hand, die solch Schwert führet und würget, ist alsdann nicht mehr Menschen Hand, sondern Gottes Hand, und nicht der Mensch, sondern

Gott hänget, rädert, enthauptet, würget und krieget, es sind alles seine Werke und Gerichte.«

Zwar lautet eines der zehn Gebote: »Du sollst nicht töten«. Doch, so weiß der glühende Todesstrafe-Befürworter Wesley Lowe auf seiner Homepage: hinter dem Satz steht ein Übersetzungsfehler.

»Direkt aus dem Hebräischen übertragen, heißt das Gebot: Du sollst keinen Mord begehen. Eine Hinrichtung aber ist kein Mord, sondern die gerechte Strafe des Staates.«

Ebenso feine Unterschiede macht er in Sachen Nächstenliebe:

»Es gibt Leute, die finden, dass die Todesstrafe nicht mit dem Neuen Testament vereinbar ist, weil man nicht gleichzeitig seinen Nächsten lieben und ihn töten kann. Diese Meinung basiert auf der falschen Annahme, dass Töten immer brutal und böse ist. Der Tod kann aber auch etwas überaus Friedvolles und seelisch und geistig Erhebendes sein. Man denke nur an Schwester Prejeans *Dead Man Walking*. Der Vergewaltiger und Mörder Matthew Poncelet belog die Schwester während ihrer Besuche im Todestrakt von Anfang an und manipulierte sie nach Belieben. Erst dem Druck seiner Hinrichtung ist es zu verdanken, dass er kurz vor seinem Tod tatsächlich Reue verspürte, ein Gefühl, das auch die längste Gefängnisstrafe nicht bewirkt hätte. Für jeden Christen aber ist diese Reue die Vorbedingung für die Erlösung der Seele und damit das wichtigste Argument für die Todesstrafe. Und deshalb ist *Dead Man Walking* der eindrücklichste Pro-Todesstrafe-Film, der je gemacht worden ist.«

Als ebenso gelungenes Produkt der Todesstrafe wird Karla Faye Tucker gepriesen. Karla erwies sich als Hit jeder religiösen Fernsehshow aus dem Todestrakt. Wer Karla im Programm hatte, dem flogen die Zuschauer zu; selbst die Konkurrenzsendung *Larry King Life* überbot sie mühelos. Denn keine war frömmer, keine bereute heftiger, keine war hübscher, keine sorgte für mehr Emotionen. Und kurz vor ihrem Tod heiratete sie sogar einen Pfarrer. Doch das Vorführen der sommersprossigen Sünderin, von dezenter Orgelmusik untermalt, hat nichts mit Erbarmen, Nächstenliebe oder Gnade zu tun. Vielmehr war die glühende Neuchristin eine attraktive Trophäe, nämlich das beste Beweisstück für die These, dass nur das unerbittliche Nahen des Hinrichtungsdatums, die rechte, gottgefällige Sühne produziert.

Kein Wunder, litten die Gegner der Todesstrafe angesichts des Karla-Rummels unter zwiespältigen Gefühlen. Einerseits waren sie froh, dass sich plötzlich die ganze Welt für die Todesstrafe interessierte. Mit Karla bekam der Todestrakt ein Gesicht; sie brach das Schwarz-Weiß der gängigen Mörder-Vorstellungen auf und verwandelte es in ein Tuckersches Grau. Andererseits – warum nur Karla? Wenige Wochen, bevor man sie auf die Todesbahre schnallte, hatte dort Michael Lockhart gelegen. Auch er trug ein Kreuz um den Hals, auch er hielt eine Bibel in der Hand, auch er rezitierte vor seinem letzten Atemzug Bibelverse. Aber Michael war schwarz, weniger gut aussehend und männlich gewesen. Und deshalb starb er, ohne dass jemand davon Kenntnis nahm.

Das Gefängnispersonal sieht es gern, wenn die Insassen fromm werden. Frömmigkeit dient der Disziplinierung, macht die Häftlinge duldsam und gefügig. Fromme sind Mustergefangene, die sich weder gegen drohende Hinrichtungsdaten noch gegen neue Verordnungen oder Schikanen auflehnen. Sie werfen nicht mit dem Essen nach den Wärtern, lassen sich bei Leibesvisitationen widerstandslos abtasten, trommeln nicht mit beim Lärmterror, der immer wieder im einen oder andern Flügel losbricht. Denn sie wissen: Ihr Leiden ist gottgewollt. Und ist es schließlich so weit, lassen sie sich wie die Schafe zur Schlachtbank führen.

Einen vorbildlichen Tod lieferte denn auch Dennis Gentry, 1997 wegen vorsätzlichen Mordes an seinem Freund hingerichtet. Wer hätte den Sinn der Todesstrafe und die Vorbereitung dazu im Todestrakt schöner ausdrücken können als er es mit seinen letzten Worten tat:

»Ich danke dem Herrn für die 14 Jahre im Todestrakt, die mich reif und erwachsen genug gemacht haben, um anzunehmen, was heute Abend mit mir geschieht. Ich bin glücklich. Ich gehe nach Hause zu Jesus.«

Und als die tödliche Mischung bereits zu fließen begann, rief er laut:

»Süßer Jesus, hier bin ich! Nimm mich nach Hause. Ich sehe den Weg, den Du gegangen bist.«

Die Geschworenen

Wenn er schon hier steht,
wird er es auch gewesen sein

Lisa wirkt winzig im Schalensitz ihres Jeeps. Lisa sieht aus wie eine jener Cartoon-Frauen, die mit wallendem Rossschwanz, den Colt um die schmalen Hüften geschnallt, ein Fantasy-Reich regieren. Aber Lisa besitzt keine Waffe.

»Doch, schon«, sagt sie, »unter dem Bett. Ich brächte es ohnehin nicht fertig, auf einen Menschen zu schießen.«

Ihr einziger Schutz sind eine kugelsichere Weste, eine Sprühdose »Chemische Keule« und das Auto, ein fahrender Panzer mit Kompass und funktionierender Innenverriegelung. Zudem beherrscht sie Karate und trägt Joggingschuhe, um besser davonrennen zu können.

»Lisa Milstein«, hatte Roger McGowens neuer Verteidiger Gary Taylor gesagt, »kann sehr gut mit Frauen und jungen Männern umgehen. Und Gerald Beerbaum kann es gut mit Strafentlassenen.«

Beide Privatdetektive haben sich ganz in den Dienst der Männer im Todestrakt gestellt. Lisa, gelernte Sozialarbeiterin, geht es dabei nicht um Schuld oder Unschuld.

»Es geht mir um die Rechte des Verurteilten: vor, während und nach dem Prozess.«

Und die, so weiß sie, werden sozusagen nie gewahrt: »80 Prozent unserer Verteidiger sind nur an einem möglichst großen Honorar und wenig Arbeit interessiert.«

Dank für ihr Tun darf sie von niemandem erwarten. Wer wie Lisa in Amerika Mördern aus dem Todestrakt hilft, gilt selbst als Verbrecherin.

»Hoffentlich amüsieren Sie sich dabei auch gut«, hatte ein Mann auf einer Party gehöhnt, als er sie nach ihrem Beruf fragte. Seither sagt sie nicht mehr, was sie arbeitet.

Hat der Mann im Todestrakt niemanden, der für die lebensrettenden neuen Untersuchungen bezahlt, macht sie ihre Arbeit umsonst. Für ihre Recherchen in Sachen Roger McGowen verlangten sie und ihr Partner zusammen 15 000 Dollar. Erst stutzten die Schweizerinnen, die das Geld für seine Verteidigung sammelten, über den hohen Betrag. Denn in Europa haben Privatdetektive einen zweifelhaften Ruf. In Amerika jedoch arbeiten sie eng mit der Justiz zusammen. Und ihre vereidigten Recherchen haben vor Gericht Beweiskraft.

Lisas Job ist nicht nur mies angesehen und schlecht bezahlt; er ist auch anstrengend und häufig nutzlos. Am meisten erschwert die Arbeit, dass ihre Klienten mehr Zeit als Geld haben. Glaubt sie die Geschichten, die ihr der Verurteilte erzählt – und die er inzwischen oft selbst glaubt – recherchiert sie am falschen Ort und verliert kostbare Tage und Wochen. Und findet sie ein Stückchen Wahrheit, das nicht mehr seiner Wahrheit entspricht, sieht er sie nicht länger als Komplizin, sondern als Verräterin.

Als besonders mühselig erweist es sich, die Polizeirapporte von damals mit den tatsächlichen Aussagen der Zeugen zu vergleichen:

»Beides hat oft überhaupt nichts miteinander zu tun.« Auch bleiben, nach so vielen Jahren, die wichtigsten Zeugen häufig unauffindbar:

»Im Getto wohnt man heute hier und morgen dort.« Hat sie, trotz aller Schwierigkeiten, den Gesuchten aufgetrieben, ist nicht gesagt, dass er auch mit ihr sprechen will. Oft aus guten Gründen, so wie Kerwin Kindle, der Mann, der während des Mordes an Marion Pantzer im Lesbenlokal »Just Marion and Lynn's« Billard gespielt hatte. Als Lisa an seinem Wohnblock klingelte, sah sie einen Mann hinter dem Fenster stehen und auf die Straße hinunterschauen. Er öffnete nicht. Als sie es am nächsten Tag nochmals versuchte, war seine Wohnung leer.

Nur im Gefängnis findet Lisa ihre Zeugen leichter. Dort stieß sie nicht nur auf eine von Rogers inhaftierten Schwestern, sondern auch auf Linda, eine Freundin der Familie. Linda hatte nach dem Mord erzählt, Kerwin Kindle habe sich bei ihr versteckt und mit der Tat geprahlt. Doch jetzt kann sie sich an nichts mehr erinnern.

»Da ist alles weg«, klagte die drogensüchtige Linda und klopfte mit dem Zeigfinger an ihren Kopf.

Immer wieder beugt sich Lisa über das Steuer und versucht, durch ein streifiges Baracken-Fenster mit Fliegengitter einen bewegten Schatten zu erblicken. Vergeblich. Dahinter bleibt es ebenso still wie auf den betonierten Verandas.

»Tagsüber ist es aussichtslos. Man muss abends kommen.«

Doch abends ist es gefährlich. Und leicht verfährt man sich in der Dunkelheit auf den Schotterstraßen des Schwarzen-Gettos von Houston, wenn an jeder Ecke der gleiche beleuchtete Bierschuppen zu stehen scheint.

Alle, die Lisa zu Roger befragte, bezeichneten ihn als überaus »herzlich und höflich«. Und nie, nie, fügten sie bei, würden sie ihm einen Mord zutrauen. Doch das hört Lisa jedes Mal, wenn sie in einem Mordfall recherchiert. Selbst die von Roger Ausgeraubten lobten, »der schwarze Mann mit dem Goldzahn«, habe sie während des Überfalls mit Respekt behandelt und nie bedroht. Anders als Willis, der mit der Waffe herumgefuchtelt und wild durch geschlossene Türen gefeuert hatte. Lisa notierte alles. Zwar haben Komplimente dieser Art keinen Einfluss auf die Wiederaufnahme eines Mordprozesses, aber sie machen das Dossier dicker.

Gefunden hat Lisa auch Rogers übrige Schwestern Deborah, Cheryl und Rhonda. Alle drei lieferten im Bemühen, ihrem Bruder zu helfen, ein anderes Alibi für die Mordzeit. Eine Schwester behauptete, sie sei mit ihm bei einer Geburtstagsparty gewesen. Einer anderen hatte er zur fraglichen Stunde die Haare geschnitten, und mit der Dritten war er den ganzen Abend zu Hause vor dem Fernseher gesessen.

Eher Folklore als Beweis blieb auch Rhondas Beschreibung von Willis, des Kindes, dessen Aussagen zu Rogers Verhaftung geführt hatten:

»Mit 14 Jahren konnte er weder lesen noch schreiben. Stets warf er sich mit Schuhen und Kleidern ins Bett. Gestunken hat er wie die Pest. Mit Gewalt mussten wir ihn dazu zwingen, wieder einmal zu duschen.«

Natürlich, sagte Rhonda, war das Essen in einer zehnköpfigen Familie, wo nur Roger, mit 23 der Älteste, regelmäßig verdiente, knapp gewesen. Aber irgendwie kam man immer über die Runden.

»Und sicher«, fügte sie heftig bei, »musste Willis nicht zu Raubüberfällen gezwungen werden. Im Gegenteil: War etwas geplant, wurde er beim bloßen Gedanken daran halb wahnsinnig vor Aufregung.«

Willis spielte im McGowenschen Heim den harten Jung-Gangster, fläzte sich stets so in den Sessel, dass alle seinen Stiefeln ausweichen mussten, ging mit dem Messer auf den Sohn der Hausmeisterin los und ließ alles mitlaufen, was nicht niet- und nagelfest war.

Gerald Beerbaum nahm sich die Männer vor. Ein Nachbar erinnerte sich, dass Roger stets Angst vor Waffen gehabt hatte. Ein anderer erzählte, Rogers älterer Bruder Charles sei einen Tag nach dem Mord mit einer blutenden Schusswunde bei einem Komplizen aufgetaucht und habe nach einem Arzt gefragt. Man habe ihn bei einem Überfall auf ein Lokal in Houston verwundet.

Ein weiterer Zeuge, der später mit Charles im Gefängnis saß, weiß noch, wie ihm Charles erzählte, dass er bei seinen Raubzügen jeweils Rogers Auto benutzte.

»Jetzt fühlte er sich schuldig, weil Roger derart in der Scheiße steckte.«

Charles überlegte sich damals, ob er mit seinen Aussagen zur Polizei gehen sollte. Aber die andern Gefangenen rieten ab. Und danach war es zu spät. Kaum wieder in Freiheit, wurde Rogers älterer Bruder bei einem neuen Überfall erschossen.

Leichter aufzutreiben, weil sesshafter, waren die Geschworenen, die damals Rogers Tod beschlossen. Jeder Amerikaner, der einen Führerschein besitzt, kann zu dieser Pflicht verdonnert werden. Wie lästig sie für die Betroffenen ist, zeigt ein Blick in die Gerichtssäle von Houston. Sie sind so schwach beleuchtet wie Grabkammern und liegen in mystischer Dämmerung. Das fördert nicht nur die Feierlichkeit des Ortes, sondern auch die Schläfrigkeit der Geschworenen. Wer höflich ist, stützt den Kopf in die Hand und tut, als hörte er mit geschlossenen Augen interessiert zu. Andere schlafen ungeniert mit offenem Mund. Oder schaukeln ungeduldig hin und her und lassen die Augen unruhig über Decke und Wände wandern. Und alle wirken sie, als wären sie mit Gewalt von der Straße heraufgezerrt worden und könnten es kaum erwarten, wieder von hier wegzukommen.

Anders als in Europa fragt sich in Amerika niemand, ob Geschworene der Rechtspflege eher schaden oder nützen. Hier werden Geschworene noch immer als ideale Ergänzung zum Berufsrichter angesehen, der in seinen engen juristischen Anschauungen gefangen ist und den Blick für das wirkliche Leben verloren hat. Geschworene verkörpern das ursprüngliche, das gesunde Volksempfinden. Als echte Volksvertreter sind sie entsetzt, jemanden vor sich zu sehen, der eine Tat beging, die in ihrem Freundeskreis niemand begehen würde. Sie neigen dazu, demjenigen zu glauben, der sich geschliffener ausdrückt – das ist meist der Staatsanwalt. Und sie lassen einen Mann dafür büßen, wenn er unvorteilhaft wirkt.

»Er sah«, sagte ein Geschworener in der Untersuchung *Capital Jury Project,* die sich seit 1990 mit dem Verhalten der Jury beschäftigt, »wirklich aus wie ein Krimineller, groß und schwarz und hässlich. Ich dachte mir, die Tat passt genau zu ihm.«

Zwar wird den Geschworenen eingeimpft, dass weder Vorurteile noch Sympathie bei der Urteilsfindung eine Rolle spielen dürfen. Doch wie sollen sie einem Mann vorurteilslos begegnen, der schon lange vor Beginn des Strafprozesses in den Medien als Mörder abgestempelt wurde? Und über den sie die schlimmsten Dinge gelesen haben?

Amerikanische Prozesse sind, nicht nur für die Geschworenen, eine öde Sache. Es fehlen die geschliffenen Wortduelle zwischen Verteidiger und Staatsanwalt, die feurigen Plädoyers und raffinierten Zeugenbefragungen. Und vor allem fehlt ein Angeklagter, der buchstäblich um sein Leben redet. In amerikanischen Prozessen bleibt der Angeklagte stumm. Auch Roger McGowen sagte an seiner Verhandlung nur einen einzigen Satz: »Ich bin unschuldig.« Just diese Behauptung aber führt oft zu einem härteren Urteil: Wie verbohrt, dieser Kerl … Denn die Geschworenen erfüllt das starke Gefühl, dass jemand für das bezahlen muss, was geschehen ist. Und da der Mann schon hier steht, wird er es schon gewesen sein.

Auch ist das Wichtigste schon vorbei, wenn die Verhandlung beginnt: die Auswahl der Geschworenen. Dieses so genannte *voir dire* ist ein zähes Ringen, ein Feilschen um jeden Mann und jede Frau. Jede Seite darf die ausgelosten Geschworenen darauf hin prüfen, ob sie der eigenen Sache nützen oder nicht, und missliebige Namen streichen. Ist das Mordopfer weiß und der Täter schwarz, dienen dem Staatsanwalt weiße Geschworene. Doch selbst, wenn es dem Verteidiger gelingt, ein paar schwarze Geschworene durchzuboxen, ist nicht gesagt, dass seine Rechnung aufgeht. Häufig schicken Schwarze einen andern Schwarzen in den Tod, nur damit kein Weißer glaubt, sie würden ihresgleichen schonen. In Roger McGowens *voir dire* versicherte eine schwarze Frau mit Inbrunst, an die Todesstrafe zu glauben, »weil sie die Bibel gut heißt«. Nein, lächelte sie auf Nachhaken des Staatsanwalts stolz, sie hat keinerlei Bedenken, Roger McGowen im Namen von Jesus zum Tode zu verurteilen. Nur wer die Todesstrafe befürwortet, darf in der Jury Einsitz nehmen.

Immer wieder hat es Versuche gegeben, die unberechenbaren Geschworenen kalkulierbarer zu machen. Erst jüngst hat ein Staatsanwalt in Philadelphia für seine Kollegen eine Art Steckbrief des Wunsch-Geschworenen zusammengestellt:

»Tatsache ist, dass Schwarze aus Armenvierteln weniger zu einem Schuldspruch neigen. Also sind sie unserer Sache nicht dienlich. Gut dagegen ist ein weißer Lehrer in einer schwarzen Schule, der genug von dieser Bande hat.«

Am besten, rät das Handbuch (auch als Video erhältlich), sollte man sämtliche Schwarzen aus der Jury entfernen. Aber Vorsicht ist auch geboten bei den »zu Jungen und zu Alten, den Geschiedenen, Ungekämmten und unordentlich Gekleideten, nicht fest angestellten Journalisten, Sozialarbeitern, Menschen ohne familiäre Bindungen und Menschen, die allein, in Gemeinschaftswohnungen oder zusammen mit einer Freundin wohnen, ferner bei Arbeitslosen und allen, deren Ehepartner im Lehrberuf tätig sind oder die ihren Hut aufbehalten.«

Was als Sicherheitsventil gedacht war, als Möglichkeit des Angeklagten, ihm offensichtlich feindlich gesinnte Geschworene auszuschließen, ist zum Triumph der Staatsanwälte geworden. Beim Mordprozess Shareef Cousin 1996 sorgte die Anklage dafür, dass alle Geschworenen wieder nach Hause mussten, die dazu neigten, Sympathie für einen 16-jährigen zu zeigen. Er stand allein deshalb vor den Schranken, weil eine Zeugin, die bei der Tat ihre Kontaktlinsen nicht eingesetzt hatte, vermutete, er könnte vielleicht der Mörder gewesen sein.

Ja, inzwischen scheint es, als hätte sich der Grundgedanke des Geschworenenprozesses, die Vermeidung von Willkür, ins Gegenteil gekehrt. Einst hatte die Beratung der Geschworenen hinter verschlossener Tür stattgefunden, damit sie unbeeinflusst von außen die Wahrheit finden konnten. Heute nutzen die Geschworenen die zugesicherte Anonymität für rassistische Bemerkungen, von denen sie sicher sein können, dass sie niemals an die Öffentlichkeit gelangen. »Sorry, ein typischer Nigger halt«, und »Der Nigger bekommt, was er verdient«, sind, so ergab die Studie *Capital Jury Project*, während der Beratung besonders häufig zu hören.

Alle Geschworenen, die mit Lisa sprechen wollten, hatten die Zusammensetzung ihrer Jury als »etwas seltsam«, nämlich unausgewogen, empfunden. Nicht nur zwei Anwälte waren darunter gewesen, sondern auch ein Polizist. Diese Ballung von Gesetzeskundigen ist zwar nicht ungesetzlich. Illegal war lediglich die Rolle, die der Polizist spielte. Obwohl er jetzt, auf Wunsch seiner Frau, als Wachmann in einer Bijouterie arbeitete, sehnte er sich offensichtlich nach seinem früheren Beruf zurück. Denn bei jeder Gelegenheit erzählte er aus der großen, weiten Welt der Kriminalität und protzte mit seinen Fängen und seiner Menschenkenntnis. Beeindruckt hingen die Geschworenen an seinem Mund und priesen sich glücklich, einen derartigen Fachmann unter sich zu haben.

Am ersten Beratungstag waren alle, außer dem ehemaligen Polizisten, für eine lebenslängliche Strafe gewesen. Dann brachte der Polizist Mann für

Mann, Frau für Frau auf seine Seite. Hatten sie denn die Worte des Staatsanwalts vergessen, der gewarnt hatte:

»Eine Frau aber wird nie mehr zurückkommen, und das ist Marion Pantzer. Und irgendwo lebt jetzt ein weiterer Mensch, der eines Tages ebenfalls durch diesen Angeklagten zu Schaden kommen wird.«

Waren sie wirklich bereit, mit einem »Lebenslänglich« solche Schuld auf sich zu nehmen? Konnten sie das verantworten? Noch mehr Eindruck machte den Geschworenen seine Beschreibung der hollow-point-Kugeln, mit denen, so sagte er, Marion Pantzer ermordet worden war: Diese teuren Kugeln verwendet nur, wer sicher gehen will, einen Menschen nicht nur zu treffen, sondern auch zu töten.

Die Geschworene Marjorie Noel erinnerte sich, bei der Beratung schließlich so zerstritten gewesen zu sein, dass sie einen Zettel an den Richter schickte mit der Frage:

»Wie lange dauert ›lebenslänglich‹?«

In Texas verbietet ein Gesetz dem Richter, diese Geschworenenfrage zu beantworten. So drückte sich der Richter bei der Antwort vage aus. »Ein Drittel« schrieb er, unkorrekt, auf den Zettel und schickte ihn zurück. Denn die vorzeitige Entlassung eines Lebenslänglichen ist in Texas erst nach 40 Jahren möglich. Die Auskunft des Richters bewog etliche der Geschworenen zu seufzen:

»Vielleicht retten wir ein anderes Leben, wenn wir das seine opfern.«

Schließlich widerstand nur noch Darrell Colbert dem Gruppendruck. Dann starb seine Großmutter, und die Beratung musste seinetwegen um eine Woche verschoben werden. Als er zurückkam, schlug ihm der blanke Hass entgegen. Alle hatten genug vom abgeschirmten Geschworenendasein, alle wollten endlich nach Hause. Der Druck auf ihn erhöhte sich. Aufgehetzt wurde die Jury jetzt nicht nur vom Polizisten, sondern auch von einer Geschworenen, die eine Pauschalreise ohne Rückgaberecht gebucht hatte und um Ferien und Geld bangte. Schließlich gab er auf. Sein Gewissen erleichterte er damit, dass ihm versichert wurde, das Todesurteil würde ohnehin nicht vollstreckt, weil es während des Verhörs zu einem Verfahrensfehler gekommen war.

Nach dem Prozess traten Richter, Staatsanwalt und Roger McGowens Verteidiger Ronald Mock zu den Geschworenen und gratulierten ihnen aufgeräumt zum Todesurteil. Es sei umso gerechtfertigter, hörten sie, als der Mann »noch ganz anderes, viel Schrecklicheres« auf dem Kerbholz hatte, das im Prozess leider nicht vorgebracht werden durfte.

Im Sommer 1998 hatten Lisa Milstein und Gerald Beerbaum ihre Befragungen abgeschlossen und vereidigen lassen. 40 eng beschriebene Seiten gingen an den Verteidiger Gary Taylor. Der begann, Roger

McGowens Habeas Corpus zu tippen, seine letzte Berufungsmöglichkeit. Am wenigsten erhofft er sich vom Vorwurf des »mangelnden Rechtsbeistandes« seines Vorgängers Ronald Mock. Nicht, dass er nicht zuträfe: Mock hatte weder entlastende Beweise gesucht noch Verdächtige wie Kerwin Kindle oder Bruder Charles vorgeladen. Vielmehr erscheint besagter Vorwurf in schier jeder Berufungsschrift und ist mittlerweile so abgegriffen und kraftlos wie die Schlussfloskel am Ende eines Geschäftsbriefes.

Größere Chancen rechnet sich Gary Taylor vom Verfahrensfehler aus, dass Roger vor seinem Geständnis keinem Polizeirichter vorgeführt worden war. Und am meisten erwartet er von der Art und Weise, wie der Schuldspruch der Geschworenen zustande gekommen war. Da in den Akten nichts von hollow-point-Kugeln stand, durfte das Argument bei der Geschworenenberatung auch nicht verwendet werden. Zwar sind Gary Taylors juristische Fundstücke – verglichen mit den schlagenden Unschuldsbeweisen in andern Fällen – unscheinbar. Sie haben aber einen nicht zu übersehenden Vorteil: Den ausschlaggebenden Fehler haben nicht der Staat und die Richter begangen, sondern die Laien, die Geschworenen. Das macht es für die Justiz – vielleicht – leichter, einen Irrtum zuzugeben.

Am 28. August 1998 schickte Gary Taylor Roger McGowens Eingabe an das Berufungsgericht des

Fünften Distrikts. Dieses Gericht gilt als außergewöhnlich konservativ; Tausende von weiteren Berufungen lagern in seinen Archiven. Das ist einerseits schlecht, weil die überlasteten Richter nur allzu schnell das Wort »Abgelehnt« auf das Deckblatt stempeln. Das ist andererseits gut, weil es mindestens ein Jahr dauert, bis der Entscheid gefällt ist. Und das heißt für Roger McGowen: ein Jahr länger leben.

Die Unschuldigen

Eine Konferenz mit 36 Toten, die noch immer am Leben sind

Am schlimmsten, sagt Dr. Jay Smith, waren die Mäuse. Alles fraßen sie auf, sogar die Dokumente, die ihm sein Anwalt schickte. Und krabbelten sie nachts über seinen Körper, fühlte der Mann, der wegen dreifachen Mordes zum Tod verurteilt worden war, zum ersten Mal in seinem Leben Mordgelüste:

»Man denkt nur noch an eines: Wie bringe ich eine Maus um?«

Noch heute zuckt er zusammen, hört er einen Schlüsselbund rasseln. Noch immer hat er die Worte des Wärters im Ohr, der ihm den Hotdog durchs Gitter schob:

»Hat ungefähr die Größe der Elektroden vom elektrischen Stuhl.«

Ließen die Aufseher absichtlich ein Stück Brot vor seiner Zelle fallen, war es in wenigen Minuten schwarz von Kakerlaken, und er fühlte Panik in sich aufsteigen: Was, wenn sie in seine Zelle krochen?

»Alles«, sagt er, »wird zur Bedrohung, wenn man 23 Stunden am Tag mit sich allein ist und nur Stehen, Sitzen oder Liegen kann.«

Jay Smith, von 1986 bis 1992 im Todestrakt, ist eines jener 75 Justizopfer, die die Northwestern University in Chicago Ende 1998 zum ersten Kongress der irrtümlich zum Tode Verurteilten eingeladen hat. 36 sind gekommen, die andern haben das Schreiben nicht beantwortet. Vielleicht, weil sie nichts mehr mit diesem Abschnitt ihres Lebens zu tun haben wollten; vielleicht, weil sie bereits gestorben sind. Aus der Todeszelle Gerettete können ihre wiedergewonnene Freiheit oft nicht lange genießen. Fast scheint es, als wäre ihre innere Uhr bereits auf den nahen Tod programmiert gewesen und jetzt nicht mehr fähig, sich auf eine neue Zukunft einzustellen.

Jay Smith steht hinter dem Rednerpult in einem der Hörsäle der Northwestern University. Man sieht, dass ihm die Stellung vertraut und das Dozieren nicht fremd ist. Denn bevor er als Mörder einer Lehrerin und ihrer beiden Kinder verurteilt wurde, war er Direktor einer Mittelschule in Pennsylvanien gewesen. Ein strenger Direktor, betont er, einer, der unter seinen 1700 Schülern und Schülerinnen weder Miniröcke noch Jeans duldete. Ihren Bierkonsum auf dem Campus überprüfte er ebenso wie ihr Elternhaus.

»Junge Menschen brauchen Kontrolle«, sagt er, »auch wenn sie das Wort nicht mögen. Erwachsene dagegen sollten so wenig Überwachung wie möglich erfahren.«

Dass Jay Smith noch lebt, ist das Ergebnis eines Zufalls, den kein Krimiautor seinen Lesern zuzumuten wagte. Eines Tages hatte der Polizist, der die Untersuchung gegen ihn mit nahezu persönlichem Fanatismus geführt hatte, einen Altwarenhändler kommen lassen, um den Dachboden seines Hauses zu räumen. Als der Händler in seinem Lager die abtransportierte Ware nach Verwertbarem durchsuchte, traute er seinen Augen nicht. In einem Gartengrillkarton lagen sämtliche Beweisstücke aus dem Mordprozess Smith, die während des Gerichtsverfahrens plötzlich auf mysteriöse Weise verschwunden waren. Heißester Fund: die Sandkörner, die zwischen den Zehen der toten Lehrerin geklebt hatten und bewiesen, dass sie am Strand ermordet worden war. Dort konnte Jay Smith zur Tatzeit nicht gewesen sein, wohl aber der Kronzeuge, ebenfalls ein Lehrer. Dessen Mordmotiv lag auf der Hand: Er hatte seine geschiedene Kollegin dazu überredet, eine Versicherung über 750 000 Dollar auf seinen Namen abzuschließen. Denn, so machte er ihr plausibel: Sollte ihr als allein erziehender Mutter ein Unglück widerfahren, konnte er nach ihrem Tod für ihre beiden Kinder sorgen.

Weil die Sandkörner und weitere Beweisstücke nicht ins Konzept des Staatsanwalts passten, war von ihnen am Prozess nicht mehr die Rede. Nur ein braver Polizist blieb bei seiner Aussage, Meersand an den Füßen des Mordopfers gesehen zu haben. Erst als man ihm drohte, ihn wegen Bestechung anzuklagen (»offenbar versucht Smith alles, um seine Haut zu retten«), schwieg auch er. Dass der Schuldirektor in seinem Prozess keine Chance hatte, lag aber auch daran, dass es sich als schier unmöglich erwies, unvoreingenommene Geschworene zu finden. Denn alle hatten entweder den Bestseller über seinen Fall gelesen oder die gleichnamige Fernsehserie gesehen. Und im Buch wie im Film wurde er als hemmungsloser Lüstling dargestellt, der, von Eifersucht zerfressen, seine Geliebte samt ihren beiden Mädchen ermordete.

Beim Kongress in Chicago ist Jay Smith stets von Menschen umringt. Trotzdem sieht er verloren aus. Er trägt einen konservativen Anzug mit konservativer Krawatte. Trotzdem wirkt er vernachlässigt. Im Todestrakt hatte er sich täglich zum Rasieren und Kämmen gezwungen; jetzt findet er dies nicht mehr so wichtig. Im Todestrakt hatte er versucht, den rapiden Zerfall seines Gedächtnisses mit dem Auswendiglernen der Kalendersprüche aufzuhalten, die in seiner Zelle hingen. Nach seiner Freilassung brauchte er vier Jahre, um wieder einen zusammenhängenden Satz über die Lippen zu bringen. Die größte Tortur aber war, sagt er, der stete Lärm im Trakt. Er ebbte auch nachts nicht ab, man konnte ihm nicht entrinnen, war ihm 24 Stunden lang ausgesetzt.

»Um zu überleben, muss man einen Sinn im Ganzen sehen, und das führt, ob man will oder nicht, zur Philosophie, zur Religion. Es ist das Einzige, was hilft.«

Er selbst redete sich ein, dass ihn Gott in diese Hölle geführt hatte, damit er das Böse an der Todesstrafe aufdecken und eine Reform des Justizsystems bewirken konnte.

Nicht alle zum Kongress Eingeladenen können sich so wohlformuliert ausdrücken wie Jay Smith; nicht jeder zitiert Shakespeare. Manche steigern sich in einen wütenden Rap; manche setzen, so plötzlich im Rampenlicht, ständig ihre Brille auf und wieder ab. Andere wippen nervös mit ihren sehr weißen Schuhen. Harmlose Fragen aus dem Publikum führen zu endlos langen Monologen, Eruptionen, die niemand zu unterbrechen wagt. Ein Mann mit verwüstetem Gesicht namens Joe Burrows spricht, nach fünf Jahren Todestrakt, so verschluckt, als spräche er unter einer Decke. Wenn er sich aus dem Sessel stemmt, hilft ihm seine Frau wie einem Kranken. Sein Anwalt, eher neutraler Beobachter im Prozess denn Verteidiger, hatte sich nicht die Mühe gemacht, seine Entlastungszeugen aufzubieten.

Randall Adams aber tigert unablässig auf dem Podium hin und her, die Daumen betont locker in die

Taschen seiner Weste gehängt. Der Gürtel seiner Hose verschwindet unter dem herunterhängenden Bauch, die Haare hat er zum dünnen Rossschwanz gebündelt. Als ihn eine Stimme aus den Zuhörerreihen auffordert, sich hinters Mikrophon zu stellen, bleibt er stehen und starrt ins Publikum, als bemerkte er es zum ersten Mal. Dann ruft er gereizt zurück:

»Ich bin jetzt ein freier Mann. Ich kann tun und lassen, was ich will.«

Begonnen hatte sein Alptraum damit, dass er eines samstagabends nach Dallas fuhr, um Benzin zu tanken. Zwei Monate später klingelte es an seiner Tür und zwei Polizisten fragten: »Sind Sie Randall Adams?« Als er bejahte, legten sie ihn in Handschellen und führten ihn ab. Beim Verhör erfuhr er, dass er an jenem Samstag einen Polizisten erschossen hatte. Das wenigstens behauptete ein 16-jähriger.

12 Jahre lang wartete Randall Adams im Todestrakt von Huntsville auf seine Hinrichtung. Bis sich ein Journalist für den Psychiater Grigson zu interessieren begann, der mit seinen Rückfallprognosen regelmäßig für die Hinrichtung der Angeklagten sorgte. Denn der Experte beschrieb sie durchwegs als blutlüsterne, kalte Bestien, die nur nach einem lechzten: nach dem nächsten Mord – Grund genug für jedes Geschworenengericht, die Todesstrafe zu verhängen. Auch Adams war ein Grigson-Opfer. Der

Psychiater hatte den nicht Vorbestraften mit Adolf Hitler und Charles Manson verglichen, dessen nächster Massenmord, sollte man ihn je wieder unter die Menschheit lassen, unmittelbar bevorstand.

Eigentlich suchte der Reporter nur einen weiteren Zeugen für seine Grigson-Story. Nach dem Interview aber rückte Adams ins Zentrum seiner Geschichte, von dessen Unschuld er überzeugt war. Seine Recherchen führten zu einem Buch, das ein Bestseller und ein Film wurde, *The Thin Blue Line,* und schließlich zur Freilassung von Adams. Einmal mehr war es der Kronzeuge gewesen, der den Mord begangen hatte und ihn einem Missliebigen in die Schuhe schob – einer der häufigsten Gründe, warum Unschuldige im Todestrakt landen. Die Geschworenen hatten dem 16-jährigen aus angesehener Familie eher geglaubt als dem tätowierten Außenseiter Adams, der – so sagt er selbst – mal arbeitete, dann wieder nicht. Auf die Spur gebracht hatten den Reporter die Freunde des Teenie. Die erinnerten sich daran, wie er sich nach dem Mord mit der Waffe seines Vaters mit seiner Tat gebrüstet und darüber gelacht hatte, wie er Adams hereinlegte. Es geschah aus Rache.

»Das Schwein«, so seine Begründung, »wollte mich nicht bei sich übernachten lassen.«

Randall Adams unterbricht seine unablässige Wanderung auf dem Podium, wendet sich ans Publikum und sagt:

»Wäre ich schwarz, wäre ich ein Latino, gäbe es mich längst nicht mehr. Es ist ein Spiel, Leute, es ist ein Spiel!«

Über 80 Menschen wurden seit 1976, seit der Wiedereinführung der Todesstrafe nach einem vierjährigen Unterbruch, wegen erwiesener Unschuld freigelassen. Im Durchschnitt saßen sie acht Jahre im Todestrakt. Dann konnte endlich Geld für einen Privatverteidiger aufgetrieben werden, der die lebensrettenden Untersuchungen veranlasste. Oder Zeugen, damals massiv eingeschüchtert, gaben zu, am Prozess gelogen zu haben. Oder der Deal des Staatsanwalts mit dem Kronzeugen flog auf: Du beschuldigst den Verdächtigen, dafür wird deine Strafe vermindert. Oder der wahre Täter gestand.

Manchmal geschieht dieses Wunder erst Stunden vor der Exekution. Joseph Green Brown saß in Florida schon in »Death Watch«, der Überwachungszelle neben dem Elektrischen Stuhl. Bereits hatte ein Gefängnisangestellter den Umfang seines Brustkorbs und die Länge seiner Beine gemessen; bereits war er auf die Waage gestellt und gewogen worden.

»Ihr wollt doch jetzt wohl kein Weight-Watcher-Programm mehr mit mir beginnen«, hatte er gescherzt und keine Antwort bekommen. Er hörte, wie zweimal am Tag die Funktionstüchtigkeit des Elektrischen Stuhls getestet wurde und wie die Generatoren aufheulten und wieder abklangen.

24 Stunden später saß er in einem Zimmer eines *Holiday Inn* und wartete darauf, dass ihn eine Freundin abholte. Die Tür ließ er offen, nie wieder würde er in einem abgeschlossenen Raum leben können. Im Auto brachte er es nicht über sich, sich vorschriftsmäßig anzuschnallen: »14 Jahre lang«, erklärte er der Freundin, »habe ich versucht, zu verhindern, dass mich jemand auf einem Stuhl festbindet. Und jetzt soll ich es selbst tun …?«

Niemand weiß, wie viele Unschuldige unter den 7000 Menschen, die die Vereinigten Staaten in diesem Jahrhundert bereits hingerichtet haben, vergeblich auf ein derartiges Wunder gewartet haben. Die USA hat noch keinen einzigen Justizirrtum offiziell zugegeben, geschweige denn, sich dafür entschuldigt – dies im Unterschied zu Großbritannien und Russland. Und werden Justizirrtümer bekannt, interpretiert sie die amerikanische Öffentlichkeit auf ihre Weise: als Beweis dafür, dass das amerikanische Justizsystem funktioniert. Man sieht doch, dass es möglich ist, die Unschuldigen rechtzeitig aus der Brühe der Schuldigen herauszufischen.

Falsch. Denn häufig werden Unschuldige nicht wegen, sondern trotz des Justizsystems gerettet. Da interessieren sich Journalisten, Hobbydetektive oder Studenten für einen Fall – und stoßen auf schier unglaubliche Versäumnisse der Strafjustiz. Besonders oft fündig werden die Studenten des Lehrgangs

»Recherchier-Journalismus« von David Protess an der Northwestern University in Chicago. Fast wie Kaninchen aus dem Hut zaubern sie die Unschuldigen aus dem Todestrakt – oft mit so einfachen Mitteln wie dem Nachstellen von Szenen. Oder dem Klingeln an einer Türe und freundlichem Befragen eines Zeugen.

Geradezu dramatisch ist der Anstieg von entdeckten unschuldig Verurteilten, seit es die Wunderwaffe DNA gibt. Bereits 60 Todeskandidaten verdanken der Erbgutanalyse ihr Leben. Sie erlaubt, anhand von Haaren, Hautzellen oder Samen zweifelsfrei Schuld oder Unschuld eines Täters zu beweisen. So hat denn Glück, wer eines Mordes bezichtigt wird, wo das Opfer nicht nur getötet, sondern auch vergewaltigt wurde. Wie Dennis Williams. 18 Jahre lang wartete er im Todestrakt auf seine Hinrichtung, weil ein debiles Mädchen bezeugte, ihn am Tatort erblickt zu haben. Es habe, sagte es aus, während 30 Minuten im Lichte eines Bic-Zigarettenanzünders zugeschaut, wie die vier Männer zwei Mädchen vergewaltigten und töteten. Später zog es seine Aussagen zurück. Dann wiederholte es sie wieder – unter massivem Druck der Polizei, wie sich herausstellte. Bis schließlich DNA die Unschuld der Verurteilten bewies. Die Polizei hatte buchstäblich die ersten vier Schwarzen festgenommen, die ihr über den Weg liefen: Die jungen Männer waren neugierig näher getreten, um zuzusehen, wie die Uniformierten den Tatort abriegelten. Sie passten eben allzu gut ins Täterschema: schwarz, Leder-jacken, Drogen und, einst unter dem Namen *Ford Heights Four* bekannt, keine lupenreine Vergangen-heit. Jetzt, am Kongress in Chicago, grüßt Dennis Wil-liams seine schwarzen Brüder mit geballter Black-Panther-Faust und flegelt sich so auf den Stuhl, dass das Publikum vor allem seine Schuhsohlen sieht. Die Welt ist ihm viel schuldig.

Auch Ex-Marine-Soldat Kirk Bloodsworth, ein ro-buster Rothaariger mit breiten Hosenträgern, wäre ohne Erbgutanalyse nicht mehr unter den Leben-den. Er hatte das Pech, entfernt dem Phantombild eines Kinder-Vergewaltigers zu gleichen. Zwar hatten die Zeugen nicht nur von einem »Rothaarigen mit Schnauz«, sondern auch von einem »dünnen, klei-nen Mann« gesprochen.

»Und dünn und klein«, lächelt der massige Kirk Bloodworth grimmig, »war ich wahrhaftig noch nie.«

Beim Verhör legten die Polizisten den Stein, mit dem das Mädchen erschlagen worden war, vor ihn auf den Tisch. Zunehmend entnervt über seine Ver-haftung beschimpfte ihn Kirk Bloodworth schließlich als »bloody rock«. Das kann sowohl verdammter wie auch blutiger Stein heißen. Die Polizisten aber werte-ten seinen Fluch flugs als Geständnis. Und feierten ihren Triumph, nur eine Woche nach dem Mord den Täter präsentieren zu können. Denn die Gesellschaft verfolgt, sobald ein Kind das Opfer ist, die Fort-

schritte der Untersuchungen jeweils besonders misstrauisch.

Kirk Bloodsworth fühlt sich im Universitätsge-
bäude sichtlich unwohl, denn er ist ein Mann der fri-
schen Luft und der Männerhobbies wie Fischen und
Jagen. Doch offensichtlich hat er beschlossen, sich
der guten Sache wegen zusammenzunehmen und
geduldig Auskunft zu geben. Am meisten gefreut,
sagt er, hat er sich nach seiner Freilassung darauf,
wieder mit Messer und Gabel statt mit einem Plas-
tiklöffel zu essen. Am meisten genossen hat er, sagt
er, wiederum selbst eine Tür öffnen und schließen zu
können und die Toilette zu benützen, ohne dass jemand zuschaut. Dann ist seine Geduld offensichtlich
erschöpft. Unauffällig sieht er sich nach seinen ehemaligen Mitgefangenen und einem Ausweg um. Und
zündet sich die nächste Zigarette an. Fast alle Freige-
lassenen sind Kettenraucher.

Auch zwei Frauen sind unter den unschuldig Verurteilten. Die dunkelhäutige Sabrina Butler, ihre wo-
genden Formen unter einem wallenden Kleid ver-
borgen, saß wegen Mordes an ihrem neun Monate
alten Kind fünf Jahre im Todestrakt. Erst dann fand
sich eine Zeugin, die bestätigte, dass die Kratzspuren
im Gesicht des Säuglings vom misslungenen Versuch
herrührten, ihm Medizin einzuflößen.

Sabrina Butler sagt nicht viel, meist sitzt sie still
da. Wirbliger ist Sonia Jacobs, ein Star der Branche

wie Jay Smith, Randall Adams und all die andern, über deren Schicksal Bücher geschrieben oder Filme gedreht wurden. Sonia Jacobs trägt eine große Brille im magern Gesicht und bewegt sich noch immer so aufgeregt wie jene junge Hippiefrau, die vor 20 Jahren verhaftet worden war. Fast ist es, als hätte sie die 16 Jahre Gefängnis und Todestrakt nicht gelebt. Sie hatte es damals spannend gefunden, einen wirklich Kriminellen zum Freund zu haben und in einer Welt zu verkehren, die so wunderbar unbürgerlich war. An jenem Abend waren sie nach Florida unterwegs gewesen, als die Polizei an einer Autobahnraststätte ihre Ausweise kontrollieren wollte. Ihr Freund und dessen Kumpane weigerten sich; heftige Worte flogen hin und her, und schließlich fielen die Schüsse, die beide Polizisten töteten. Sonia, die sich im Auto schützend über ihre beiden Kinder geworfen hatte, und ihr Gefährte Jesse Tafero wurden zum Tode verurteilt, der Kumpan aber für seine Falschaussage, Tafero habe geschossen, mit einer lebenslänglichen Strafe belohnt. Ein Fall von ›Rough Justice‹, die erlaubt, selbst tatenlos gebliebene Mitläufer mit dem Tod zu bestrafen. Auch hier war es eine Filmerin aus Los Angeles gewesen, die nachgewiesen hatte, dass der Kronzeuge log. Für Jesse Tafero kam der Film zu spät. Er war bereits hingerichtet worden. Seine Hinrichtung gab viel zu reden. Nicht, weil man an seiner Unschuld zweifelte, sondern weil, eines Defekts am elektrischen Stuhl wegen, blaue und grüne Flammen aus seinem Kopf schlugen.

Alle Geschichten am Kongress hören sich an wie Protokolle aus einem besonders rückständigen, barbarischen Drittwelt-Land. Pech für den Angeklagten, wenn der Richter kurz vor seiner Wiederwahl steht und dem Stimmvolk rasch den Skalp eines zum Tode Verurteilten präsentieren will, egal, wie und mit welchen Mitteln. Pech auch, wenn der Polizist seine Karriere mit dem Paukenschlag eines im Alleingang erlegten Mörders beenden will und alle Blutspuren im Auto entfernt, weil sein Verhafteter eine andere Blutgruppe hat. In Philadelphia fertigte die Polizei eine neue Tatskizze an, damit sie auf ihren Verdächtigen namens Neil Ferber passte. Und um Schuldirektor Smith zur Strecke zu bringen, schmuggelte die Polizei nicht nur seinen Kamm unter die Leiche, sondern rollte während des Verhörs auch seine Fingerabdrücke auf ein Klebeband, das sie hernach auf die tote Lehrerin presste.

»Welcher Jurist«, sagt Jay Smith bitter, »glaubt nicht an Fingerabdrücke!«

Der Staat hat sich weder bei ihm noch bei einem andern der unschuldig zum Tod Verurteilten für die erlittenen Jahre entschuldigt. Eine Entschädigung für das gestohlene Leben bekommen die wenigsten. Kirk Bloodsworth beispielsweise war mit 300 000 Dollar für seine neun Jahre im Todestrakt abgefunden worden. Erst in letzter Zeit werden – je nach Staat – größere Summen offeriert: 36 Millionen Dollar Schadenersatz beispielsweise sollen Dennis Williams und seinen drei »Mittätern« ausbezahlt werden. Sie finden es zu wenig. Um einen noch viel höheren Betrag kämpft ein anderer Kongressteilnehmer. Es ist Muneer Deeb, ein kleiner schüchterner Mann mit runden Augen, die wohl einmal recht vergnügt in die Welt geschaut haben. Er findet 100 Millionen Dollar nicht zu viel dafür, »dass mir der Staat alle Jahre zwischen 20 und 30 gestohlen hat.«

Der Jordanier Muneer Deeb, Sohn eines hohen Berufsoffiziers, war mit 18 als Elektronikstudent ins Land seiner Träume gekommen, das bald zum Land seiner Alpträume werden sollte. Schuld daran war ein Polizist namens Truman Simons, der im gleichen Lokal zu essen pflegte, wo auch der Student Muneer verkehrte. Truman Simons hasste alle Araber, Muneer aber ganz besonders.

Zu jener Zeit erschütterte der Mord an drei jungen Mädchen, mitten im beliebten Ausflugsgebiet vom Wako, ganz Texas. Alle Spuren, die die Polizei verfolgte, verliefen im Sand. Schon wollte sie den Fall auf Eis legen lassen, da meldete sich Truman Simons bei seinen Vorgesetzten und schlug vor:

»Gebt mir eine Woche, und ich bringe euch den Mörder.« Schulterzuckend ließ man ihn gewähren. Was konnte schon schief gehen.

Truman Simons Zuversicht war begründet. Denn er wusste bereits, wer der Mörder war: sein alter Feind Muneer Deeb. Auch ein Tatmotiv hatte er sich schon zurechtgelegt: Muneer Deeb, der sich sein Studium mit einem eigenen kleinen Kiosk verdiente und dort eines der ermordeten Mädchen als Verkäuferin beschäftigte, wollte die 10 000 Dollar der Unfallversicherung kassieren, die er für sie abgeschlossen hatte.

Doch die Simons'sche Konstruktion klang selbst in den Ohren der Texas-Justiz zu kühn und Muneer Deebs Alibi war zu hieb- und stichfest. Sie hatten allerdings nicht mit der Hartnäckigkeit eines Mannes vom Schlage Simons gerechnet. Er quittierte seinen Job als Polizist und ließ sich als Aufseher in einem Gefängnis anheuern. Dort gewährte er einem Gefangenen so viele Privilegien – angefangen bei Gratis-Zigaretten bis zu ungestörten Schäferstündchen mit seiner Frau –, bis der Häftling gewillt war, auszusagen, was Simons forderte: Ein Mitgefangener habe ihm gestanden, für Muneer Deeb die Morde begangen zu haben.

Im Prozess sagten sich die Geschworenen: Wäre dieser Mann nicht schuldig, stünde er nicht hier. Muneers Pflichtverteidiger taten nicht viel, um ihre Meinung zu ändern. Der eine war Scheidungsspezialist, der andere kam geradewegs von der Universität und schnupfte in jeder Pause Kokain. Und so landete der Jordanier, wo ihn sein Jäger schon immer haben wollte: im Todestrakt von Huntsville.

Muneer Deeb beschloss, seine Berufungen selbst in die Hand zu nehmen; von amerikanischen Anwälten hatte er genug. Davon ließ er sich auch nicht abbringen, als ihn ein Richter warnte:

»Das ist, als würden Sie sich selbst am Herzen operieren.«

Mit seinem schlechten Englisch quälte er sich durch die amerikanische Fachliteratur; er kämpfte gegen das Fehlen einer Kopiermaschine, gegen die Wärter, die sich einen Spaß daraus machten, seine Schriften immer neu zu vernichten, und gegen die Einsamkeit. Seine Familie wohnte zu weit weg, um ihn zu besuchen.

Nach vier Jahren war er so weit: Es wurde ihm erlaubt, während fünf Stunden den Staatsanwalt, die Polizisten und Zeugen zu befragen, die ihn mit ihren Aussagen in den Todestrakt gebracht hatten. Das Ergebnis fiel derart eindeutig aus, dass ihm ein neuer Prozess gewährt wurde. Und neun Jahre nach seiner Verhaftung und nach sieben Jahren im Todestrakt sprach man Muneer Deeb in allen Anklagepunkten frei.

Heute besitzt Muneer Deeb einen Luxusauto-Service in Dallas und hat sich mit allen Dingen umgeben, von denen ein junger Einwanderer aus einem armen, heißen Land träumt: etliche riesige Stretchlimousinen mit eingebauter Bar, eine blonde, attraktive Geschäftsführerin und einen blauäugigen Schlittenhund. Nur seine Wohnung ist leer bis auf eine Matratze am Boden und einen Tisch, auf dem sein mit einer Häkeldecke geschmückter Computer steht. Nichts soll ihn ablenken bei seinem Kampf, denn hier arbeitet er Nacht für Nacht an seiner Klage gegen den Staat Texas.

»Wenn die mich schon töten wollten«, sagt er am Kongress, »sollen sie dafür so teuer wie möglich bezahlen.«

Es gibt wohl keinen effektvolleren Auftakt für eine neue Kampagne gegen die Todesstrafe in Amerika als das Vorführen von Überlebenden, von Menschen, die man dem sicheren Tod entrissen hat. So wärmte sich der Kongress am Anblick der Geretteten und am Wissen, in einer kalten Welt unter Gleichgesinnten zu sein. Man lächelte sich zu, mühelos kam man, über die Lunchboxes gebeugt, miteinander ins Gespräch und stärkte sich gegenseitig im Kampf gegen das Unrecht. Da waren die energischen, durch nichts zu erschütternden Frauen, die seit Jahren Gefangene im Todestrakt besuchen. Und da waren Sachverständige, die von Verurteilten erzählten, die das Alphabet nur bis zum D aufsagen und nicht weiter als zehn zählen konnten. Von Jugendlichen, die in Erwachsenengefängnissen auf ihren Tod warteten. Oder die Tag und Nacht von ihren Dämonen gejagt wurden.

Gestörten Menschen lässt sich eine Tat eben besonders gut anhängen. Aber auch Kindern und Berufsverbrechern. Letztere machen, so paradox das klingt, den größten Prozentsatz aller Unschuldigen im Todestrakt aus. Denn ist ein Mord geschehen, greift die Polizei gern zuerst in die Kartei der ortsansässigen Kriminellen, legt den Passendsten in Handschellen und fordert ihn auf, seine Unschuld zu beweisen. Besitzt er kein bombensicheres Alibi, hat jeder Staatsanwalt ein leichtes Spiel, die 12 soliden Bürger und Bürgerinnen, die als Geschworene fungieren, davon zu überzeugen, dass der Mann sehr wohl mit dem Verbrechen zu tun haben könnte. Seltsamerweise schicken sich viele Berufskriminelle widerspruchslos in ihr Schicksal. Es scheint, als würden sie die Todesstrafe ebenso als unvermeidliches Berufsrisiko einstufen wie Bergsteiger ihren Absturz.

Das Szenario für den Höhepunkt der Veranstaltung musste sich eine besonders feinsinnige Seele ausgedacht haben. Es passt zu diesen Männern und Frauen wie die kleine Nachtmusik in ein Bierlokal. Hintereinander betreten sie die Bühne, packen eine Sonnenblume und würgen sie in eine Vase. Milde lächelnd hilft eine gute Fee im schicken, roten Kostüm nach und ordnet den Besen zum harmonischen Gebinde. Dann nehmen die Männer auf der Bühne Platz, ordentlich aufgereiht wie zum Schulabschluss-Foto.

Das Publikum ist begeistert. Immer wieder reißt es die Kämpfer für das Gute von den Stühlen. Immer wieder bricht der Sturm des Applauses für die Helden auf der Bühne los. Junge Männer mit Pferdeschwanz und Optimismus-trotz-allem-Gesichtern fallen gestandenen Anwältinnen in die Arme. Wie in einem Erweckungsgottesdienst summen schwarze Sozialarbeiterinnen, stiller Glanz auf den Gesichtern: »Mmh, yes man, mmh, say it, man …«

Die Justizopfer geben sich große Mühe, die in sie gesetzten Erwartungen zu erfüllen. Die Schwarzen sitzen da im schlotternden Gewand, bescheiden und dankbar, wie das die Weißen mögen. Die Weißen haben ihre Tätowierungen unter einem steifen Anzug versteckt und ihre Krawatten so korrekt fest geknotet, dass sie im Bogen abstehen.

Und trotzdem scheinen sie nicht ganz da. Immer wieder fährt Carl Lawson mit seiner großen, schwarzen Hand übers Gesicht, als wollte er endlich aufwachen. Recht fremd schaut Muneer Deeb auf seine feiernden Retter und Helfer und auf die Menschenrechtsaktivisten, die jubeln:

»Es gibt Hoffnung! Es gibt Hoffnung!«, und dabei im Takt mit den Fingern schnippen.

Hoffnung? Vielleicht. Doch nicht mehr für sie. Wie hatte Randall Adams gesagt:

»Wir sind alles Tote, die noch immer leben.«

Die Hinrichtung

Am liebsten sterben sie im Trainer

Martin Droughan hat schon eine Hinrichtung hinter sich. Eines Tages waren unangekündigt zwei Männer in seiner Zelle erschienen, hatten ein Inventar all seiner Habe aufgenommen und ihn in die »Death Watch« abgeführt.

Der Begriff »Death Watch« ist wörtlich zu nehmen. In »Death Watch« ist der Verurteilte ausgestellt wie an einem Pranger und allen Blicken preisgegeben. Jeder, der diesen Käfig ohne schützende Seitenwände passiert, kann einen neugierigen Blick auf den Mann werfen, der nur noch ein paar Stunden zu leben hat. Wärter notieren alle seine Bewegungen und jedes seiner Worte. Das liest sich beispielsweise so:

»14.15   Gefangener isst vier Gabeln Spaghetti.

15.00   Gefangener steht vorn am Gitter und schaut Fernsehen.

15.15   Gefangener steht vorn am Gitter und schaut Fernsehen.

15.45   Gefangener verlangt Wasser.

16.00   Gefangener wird vom Transportdienst abgeholt.«

Martin Droughan setzte sich auf die Pritsche in »Death Watch« und wusste nicht, was er mit seinen letzten Stunden anfangen sollte. Nachdenken? Dazu hatte er im Todestrakt Zeit genug gehabt. Briefe schreiben? Aber wie schreiben, wenn er kaum imstande war, mündlich einen ganzen Satz zu formulieren? Schließlich legte er sich auf den Rücken und sah dem Football-Spiel am Fernsehen zu.

Nach einer schlaflosen Nacht erschien am nächsten Morgen ein Aufseher und teilte ihm mit, seine Hinrichtung sei verschoben worden.

Es gibt Menschen im Todestrakt, die schon neun Probe-Hinrichtungen hinter sich haben.

»Das ist jedes Mal«, drückte es einer aus, »wie wenn man mit Tempo 200 auf eine Wand zurast.«

Jedes Mal werden sie ins Büro des Oberaufsehers gerufen und müssen mithelfen, ihren eigenen Tod zu planen. Welche Zeugen sollen zur Hinrichtung eingeladen werden? Was bestellen sie als Henkersmahlzeit? Was wollen sie bei ihrer Exekution tragen? Und welche Schuhe? Wem soll ihr toter Körper übergeben werden? Und wer darf erben, was sich in ihrer Zelle die Jahre über angesammelt hat?

Jedes Mal untersucht ein Arzt aufs Neue ihre Venen auf Kanülentauglichkeit. Jedes Mal werden sie gewogen und gemessen, um die Stärke des »taktischen Teams«, der Hilfshenker, auf möglichen Widerstand hin abstimmen zu können. Jedes Mal wird ihnen alles weggenommen, was sie besitzen, außer ihrem Adressbuch, Schreibpapier und einem Bleistift.

Am Vorabend dürfen sie sich von ihren vertrautesten Mitgefangenen verabschieden; höchstens 15 Minuten pro Besuch sind erlaubt. Dabei sitzen sich die beiden Männer in ihren separierten Käfigen gegenüber wie zwei wilde Tiere, die man trennen muss.

Manche lachen, um es dem zurückbleibenden Freund leichter zu machen, weichen aber seinem Blick aus. Er könnte die Angst in ihren Augen sehen. Andere bezwingen jedes Gefühl, aus Furcht, die Kontrolle über sich selbst zu verlieren. Andere verschränken die Arme, damit man nicht sieht, dass sie zittern. Sie wollten so viel sagen und bringen kein Wort heraus. Und wenn sie zum Abschied aufstehen wollen, versagen ihnen die Knie.

Muenda, so sein Name im Gefängnis, hat Erfahrung mit solchen Abschieden. Als Gründer der afroamerikanischen Gefängnisorganisation *Pure,* wird er von seinen Genossen oft zu letzten Besuchen gerufen. Robert Carter war einer von ihnen. Carter hatte als 17-jähriger bei einem Raubüberfall einen Tankwart erschossen. Im Todestrakt war er lange der jüngste gewesen und deshalb »Young blood«, junges Blut, gerufen worden. Inzwischen war er 33 geworden. Beinah schien es, als hätte ihn der Staat nur groß-gezogen, um ihn töten zu können.

»Wie geht es dir, my African brother?«, fragte Muenda, und schämte sich sogleich ob der platten Gedankenlosigkeit seiner Worte. Robert schien es nicht zu bemerken:

»Ich tu mein Bestes, um den Kopf oben zu halten.« Sein zaghaftes Lächeln zeigte, dass er log.

Muenda versuchte, in Roberts besorgten Augen zu lesen:

»Beschäftigt dich etwas?«

»Ja, ich denke an die Familie des Opfers. Ich möchte ihnen sagen, dass mir Leid tut, was ich getan habe und dass ich hoffe, dass sie mir vergeben können und dass ich niemanden verletzen oder töten wollte.«

»Werden das deine letzten Worte sein?«

Robert nickte.

»Dann schau die Familie direkt an. Schau nicht die Wärter an. Und nicht das Arschloch von einem Pfarrer. Nicht bei ihnen musst du dich entschuldigen. Schau in die Kabine, wo die Familie des Opfers sitzt.«

Robert nickte, aber Muenda war nicht sicher, ob er ihn auch verstanden hatte. Roberts Intelligenzquotient lag knapp über der Grenze zum Schwachsinn. Er war nicht so dumm auf die Welt gekommen. So dumm gemacht hatten ihn die Elektroschocks, mit denen ihn seine Eltern regelmäßig traktierten, ein auf seinem Schädel entzwei gegangener Baseballschläger des Bruders und verschiedene andere an seinen Kopf geworfene Gegenstände wie ein Ziegelstein und Geschirr. Keiner der Schädelbrüche, keine der Gehirnerschütterungen war behandelt worden.

»Soll ich dir die Worte aufschreiben?«, fragte Muenda. Doch dann stand bereits wieder die Aufseherin vor dem Käfig. Seine 15 Minuten waren vorbei.

»Werde gerufen, my brother. Wir sind auf Mission.« Zum letzten Mal grüßten sie sich mit der erhobenen Black Panther Faust.

Der Abschied von der eigenen Familie findet im allgemeinen *Visitors room,* inmitten des Stimmengewirrs der übrigen Besucher statt. Für viele Frauen ist das Schlimmste, dass sie ihre Söhne und Männer nicht einmal mehr vor ihrem Tod umarmen dürfen; Maschendraht und Glas verhindern jede Berührung. An diesem Abend im Jahre 1998 sieht auch Pedro Muniz, seit 21 Jahren in »Death Row«, seine Tochter zum letzten Mal. Angefasst hat er sie noch nie. Sie ist nach seiner Tat auf die Welt gekommen.

Sie versucht, munter zu scheinen. Aber als die Wärter wiederkommen, ihr Vater mit einer längst zur Gewohnheit gewordenen, automatischen Bewegung die Hände auf den Rücken legt, damit sich die Handschellen um seine Gelenke schließen lassen, rinnen ihr die Tränen über das Gesicht. Sie blickt ihm nach, bis seine breite Gestalt unter der Tür verschwunden ist. Dann steht sie auf und verharrt bewegungslos mitten im Raum. Noch immer versteht sie nicht, was eben geschehen ist. Ein großer, schwarzer Gefangener, zwei Besuchskäfige weiter, beugt sich vor und klopft an die Scheibe.

»Hey«, sagt er, »ich habe diesen Mann nicht gekannt. Aber ich wünsche ihm Frieden.«

Seit sechs Monaten bezahlt sie die Raten für die Beerdigung ihres Vaters.

Pedro Muniz gehört zu den wenigen Glücklichen, die Angehörige haben, die sich um sie kümmern und von denen sie sich verabschieden können. Die meisten sind auf der Straße, in einem Jugendgefängnis oder bei einer Großmutter aufgewachsen, die längst gestorben ist. Oder ihre Familie hat sich von ihnen losgesagt. Oder im Lauf der Jahre vergessen. Oder konnte in der leeren Hülle, die ihnen beim Besuch gegenübersaß, immer weniger den Sohn, den Vater, den Bruder von einst erkennen. Bis sie eines Tages ganz wegblieben. Denn viele Männer haben im Todestrakt ihr Ich verloren. Wenn sie hingerichtet werden, sind sie innerlich schon längst tot. Zu lange ist alles ohne ihr Zutun geschehen, zu lange hat niemand mehr mit ihnen von Mensch zu Mensch gesprochen. Bis sie schließlich nur noch ein Ding sind, das darauf wartet, vom

Henker ergriffen und an die Hinrichtungsstätte geschleppt zu werden. Das ist wörtlich zu verstehen.
Viele müssen auf ihrem letzten Gang gestützt oder
gar getragen werden. Im Berufsjargon der deutschen Henker heißt der zum Tod Verurteilte denn
auch plastisch »Packen«.

Häufiger als Familienangehörige weinen Brieffreundinnen und Brieffreunde vor dem vergitterten
Glas. Nur wenige finden unter dem Zwang, jetzt
etwas von Belang zu sagen, die richtigen Worte. Das
kann für den Verurteilten qualvoller sein als gar kein
Besuch. Er ist es, der in seinen letzten Stunden die
Kraft aufbringen muss, um zu trösten, statt dass er
getröstet wird. Er sagt:

»Ich geh doch nur voraus ...«

Und:

»Kopf hoch, mein Freund.«

Oder:

»Wir sind alle zum Tode verurteilt. Der einzige Unterschied ist: Ich weiß auf die Minute genau, wann
ich sterben muss.«

Diese Minute variiert von Teilstaat zu Teilstaat. Die
meisten töten in der Nacht. Texas tötet zu Bürozei-
ten, abends um sechs. Das ist praktischer und macht
weniger Umstände.

Von Dutzenden von Brieffreunden musste sich
John Moody anfangs 1999 verabschieden. Man
schrieb ihm gern, denn seine Briefe waren intelli-

gent, ohne die hoffnungslos phonetische Orthographie und unbeholfene Handschrift der meisten Männer im Todestrakt. In einer Art Notwehr griff er deshalb zum Mittel der Rundbriefe. Eine seiner letzten Botschaften lautete:

»Ich war hungrig, und ihr habt Vereine gegründet, um meinen Hunger zu diskutieren. Ich war eingesperrt, und ihr seid in eure Kirchen gegangen und habt für meine Freiheit gebetet. Ich war nackt und ihr habt darüber nachgedacht, ob mein Anblick moralisch vertretbar sei. Ich war krank, und ihr seid auf die Knie gegangen und habt Gott für eure eigene Gesundheit gedankt. Ich war ohne Dach, und ihr habt mich ermahnt, daran zu denken, dass Gottes Liebe das beste Dach ist. Ich war allein, und ihr habt mich verlassen, um für mich zu beten.«

John Moody, weiß und impulsiv, wehrte sich im Gefängnis für seine Rechte. Das machte ihn bei den Wärtern unbeliebt. So nutzten sie seine Hinrichtung für ihre Rache. Grinsend suchte ein Aufseher in »Death Watch« in John Moodys Gesicht nach Spuren von Angst. John versuchte, ihn zu übersehen. Schließlich hielt er es nicht mehr aus. So ruhig wie möglich wandte er sich an den Wärter:

»Haben Sie ein Problem?« Der Wärter verneinte lächelnd.

»Dann«, fuhr ihn John Moody an, »nehmen Sie gefälligst dieses läppische Grinsen vom Gesicht!«

Wortlos verschwand der Aufseher und kam erst nach einer halben Stunde wieder. Kostbare 30 Minuten waren vergangen, während derer John Moody keine Gespräche entgegennehmen und sich nicht von seinen Freunden verabschieden konnte. Denn in »Death Watch« bleibt der Gefangene telefonisch erreichbar. Der Apparat befindet sich außerhalb der Zelle; eine Aufsichtsperson nimmt den Hörer ab und reicht ihn durch die Gitterstäbe.

Auch Rosie Leupp aus Kilchberg hatte, wie alle seine Freunde, Mühe gehabt, John Moody in seinen letzten Stunden zu erreichen. Erst gab man ihnen die falsche Telefonnummer, dann ließ man sie endlos in der Leitung hängen, bis plötzlich wieder das Besetztzeichen hupte. Rosie Leupp war seine vertrauteste Brieffreundin gewesen; auf seinen letzten Brief klebte er all seine Briefmarken, die ihm noch geblieben waren: der Umschlag sah aus wie eine Kriegserklärung. Rosie erfüllte auch John Moodys letzten Wunsch. Keinesfalls wollte er auf dem stacheldrahtumzäunten Gefängnis-Friedhof in Huntsville beerdigt werden. Er wollte im Grab seiner Großmutter in West Virginia liegen. Und Rosie Leupp in der Schweiz machte sich daran, herauszufinden, was der Transport eines toten Körpers durch halb Amerika kostete. Als Luftfracht, teilte man ihr mit, musste sie dafür 998 Dollar zahlen, in einer Kühltruhe im Zug 300 Dollar mehr. John Moody entschied sich für die Luftfracht. Und Rosie Leupp erhöhte ihre Überweisung um 200 Dollar, für ein Kissen und Blumenschmuck.

Während der Verurteilte in »Death Watch« nur noch einen Schritt weit vom Tod entfernt ist, werden die Mitglieder des Gnadenausschusses aus Abendparties und Feierabendbeschaulichkeit geklingelt. Richter Alex Kozinski beschrieb im *New Yorker* wie er sich dabei fühlte, das Todesurteil eines Mannes zu bestätigen, dessen Namen er vor drei Tagen zum ersten Mal gehört hatte. Wann immer er zu Milde neigt, lässt er die Leserschaft wissen, nimmt er sich nochmals die Prozessakten vor und liest nach, was der Mann verübt hat:

»Die Beschreibung von Brutalitäten hat eine unglaubliche Wirkung. Man kann sich ihr nicht entziehen.«

Kein Wunder, kommt er regelmäßig zum selben Schluss:

»Wer solcher Scheußlichkeiten fähig war, hat das Recht auf Leben verwirkt.«

Doch obwohl er weiß, dass er den Mann zu Recht in den Tod schickt, fühlt er sich jedes Mal erleichtert, wenn er nachts aufwacht, sich aufsetzt, auf den Wecker blickt und sieht, dass der Verurteilte bereits hingerichtet ist.

Nicht, dass Richter Kozinski keine Zweifel an der Todesstrafe hätte. Vor allem befürchtet er, »dass es nur eine Frage der Zeit ist, bis wir angesichts des jetzigen Exekutionsrhythmus den falschen Mann hinrichten.« Auch stört ihn die Art des Tötens:

»Gewiss, die Giftspritze ist sicher, schmerz- und gewaltlos. Aber ich finde es abstoßend, dass wir die Mittel des Heilens – Spritze, Katheter und vom Gesundheitsministerium zugelassene Medikamente – zum Töten benützen. Ich finde es auch falsch, dass wir dem gewalttätigsten Akt, den die Gesellschaft einem ihrer Mitglieder antun kann, einen solch antiseptischen Anstrich verpassen. Wäre nicht Erschießen, samt Verstümmelung und verspritztem Blut, ehrlicher?«

Das finden nicht nur viele Amerikaner, das fand auch Oberaufseher Richard Peabody, als Louisiana vom elektrischen Stuhl auf Todesspritzen umstellte. Er befürchtete:

»Die Zeugen werden sich langweilen.« Denn nur auf dem elektrischen Stuhl sieht man Flammen aus dem Kopf schlagen. Nur auf dem elektrischen Stuhl quillt Rauch aus Ohren und Mund und Blut aus der Nase, wirft sich der Körper im Todeskampf gegen die Gurten.

»Das Einzige«, bedauerte Mr. Peabody, »was ein Zeuge jetzt noch zu sehen bekommt, ist ein Mann, der nach Luft schnappt oder gähnt.«

Die Hälfte aller Männer im Todestrakt bevorzugt, so ergab die Untersuchung der *The Dallas Morning*

News, die Giftspritze als humanste Tötungsart. Denn die drei nacheinander injizierten Stoffe sorgen für einen Tod innerhalb von fünf bis sieben Minuten, so lange wie es dauert, um Wasser zum Kochen zu bringen.

Erst stellt das Natriumpentothal den Körper ruhig und führt zur sofortigen Bewusstlosigkeit. Eine Minute später wird Pancuroniumbromid zugeführt, um die Muskeln zu lähmen. Wiederum nach einer Minute folgt Kaliumchlorid, um das Herz still zu legen. Trotzdem war es öfter zu Pannen gekommen. Erst seit der selbst ernannte Ingenieur Fred A. Leuchter Jr., in Europa als Holocaust-Leugner polizeilich ausgeschrieben, seine Injektionsmaschine erfunden hat, wurden die Hinrichtungen krisensicherer. Sein Apparat kostet 30 000 Dollar. Im Angebot ist auch – für 100 000 Dollar – ein fahrbares Modell, genannt »Execution-Mobil« samt angehängter Stahlkabine, wo der Gefangene vor seiner Hinrichtung eingesperrt wird. Das Modell bestellen vor allem Gefängnisse, die keine eigenen Hinrichtungskammern besitzen.

Fred A. Leuchter konnte bei der Entwicklung seiner Maschine nur von Forschungsergebnissen bei Schweinen ausgehen. Texas und New Jersey waren die ersten, die den so genannten »Leuchter-Cocktail« am lebenden Objekt, am Menschen, ausprobierten. Tatsächlich waren weniger Nebenwirkungen wie Hustenanfälle, Würgen und Krämpfe zu beobachten.

Ärzte dürfen, ihr Eid verhindert es, nicht helfend eingreifen. Sie bleiben trotzdem nicht untätig. Man benötigt sie zum Feststellen des Todes und zum Ausfüllen des Totenscheins. Als Todesursache bescheinigen sie: »Homicide«, Mord. Und häufig bauen sie, Protesten der amerikanischen Ärztevereinigung zum Trotz, ihre Statistenrolle noch aus und sind aktiv beim Vergasen, Erhängen, Erschießen, Vergiften und Verbrennen dabei. Bisher wurde noch kein Mediziner wegen dieser »ernsthaften Verletzung ethischer Grundsätze« zur Rechenschaft gezogen. Zum Glück. Denn sieht man, wie die oft dürftig ausgebildeten Sanitäter bis zu eineinhalb Stunden lang eine brauchbare Vene suchen oder den Katheter ins Herz würgen, wünschte man sich – Eid des Hippokrates hin oder her – mehr Ärzte bei Hinrichtungen.

Schon immer haben Exekutionen strikt einen Plan befolgt. Früher nannte man ihn Ritual, heute ist es ein Countdown, der auf die Minute genau abläuft. Ohne diese Etikette des Sterbens, so vermuten Fachleute, würde sich der Verurteilte nicht so willig in sein Schicksal fügen und so kooperativ verhalten, wie das von ihm erwartet wird.

Um 16 Uhr fährt der Wagen vor, um ihn im Gefängnis »Ellis I« abzuholen und zur 20 Kilometer entfernten Hinrichtungsstätte »The Walls«, mitten in Huntsville, zu transportieren. Von nun an ist er für niemanden mehr zu erreichen. Neben dem Hinrichtungsraum wird ihm auf einer schmalen, an der Wand befestigten Metallplatte die letzte Mahlzeit serviert. Was sich der Gefangene wünscht, dafür interessiert sich die Presse stets in besonderem Maße. Die meisten Männer ordern ein Kindermenu: Hamburger, Pommes frites und Schokoladekuchen. Scherzt der Strafjustiz-Pressesprecher Larry Fitzgerald:

»Auf den Cholesteringehalt müssen sie jetzt ja nicht mehr achten.«

Karla Faye Tucker begnügte sich mit einer Banane, einem Pfirsich und einem grünen Salat.

Auf zu exotische Wünsche kann nicht eingegangen werden.

»Die Mahlzeit soll«, sagt Larry Fitzgerald, »aus den Vorräten des Gefängnisses hergestellt werden. Falls also jemand Fasan bestellt, werden wir das mit Huhn ersetzen.«

Auch die Crevetten, die sich Pedro Muniz wünschte, wurden gestrichen. Stattdessen brachte man ihm einen Hamburger. David Castillo verlangte 24 Tacos, 6 Enchilladas, 2 ganze Zwiebeln, 2 Cheeseburger, 6 Schokolade-Kuchen, einen Viertel Liter Milch und ein Paket Marlboro Zigaretten. Letztere wurden ihm verweigert: Rauchen gefährdet Ihre Gesundheit. Ebenso unerfüllt bleibt der Wunsch nach einem letzten Bier. Oder nach einer Beruhigungspille. In Texas muss der zum Tod Verurteilte bei klarem Bewusstsein sterben.

Überraschend viele Männer lehnen die Henkersmahlzeit ab. Vielleicht, weil sie instinktiv spüren, was dieses letzte Essen einst war: ein Akt der Versöhnung und des Friedensschlusses. Nahm der Mensch, den die Gesellschaft oder die Priester töteten, diese letzte Gabe an, fasste man dies als sein stilles Einverständnis in das Bevorstehende auf. Damit war sichergestellt, dass die Seele des Toten keine Rachegelüste hegte, seine Mörder nicht mit Alpträumen verfolgte. Noch heute sehen es die Verantwortlichen nicht gern, wenn der zum Tod Verurteilte keine besonderen Wünsche äußert oder die Henkersmahlzeit gar verweigert.

Ebenso Teil dieses alten Rituals ist die letzte Waschung. Die Verurteilten sollten jegliche irdische Unreinheit abstreifen, bevor sie den Göttern geopfert wurden.

»Auch bei uns sterben alle sauber«, versichert Larry Fitzgerald. Tragen dürfen sie dabei, was sie wollen. Das Gefängnis lässt ihnen die Wahl zwischen einem roten, einem grünen und einem blauen Anzug. Die meisten bevorzugen jedoch etwas Bequemes, meist einen Trainer und Turnschuhe. Sie werden auch darin beerdigt. Am schlimmsten empfinden viele die Vorbereitungen, die getroffen werden, um ein Austreten der Körperflüssigkeiten zu verhindern: die Windel, die sie sich in die Hosen stopfen müssen. Oder, bei Exekutionen auf dem elektrischen Stuhl, das Verschließen der Nasenlöcher mit Watte.

Der Hinrichtungsraum ist eine Art türkisblau gestrichene Notfallstation, die im Laufe der Zeit immer wieder verbessert wurde. Hinter der Scheibe, wo von 1924 bis 1964 das Stromaggregat des elektrischen Stuhles stand, steht jetzt Leuchters Giftmischmaschine. Den fahrbaren Hinrichtungsschragen ersetzte man vor ein paar Jahren mit einem fest verankerten Stahltisch. Auch dessen Form änderte man ab. Manche Christen störten sich daran, dass der Verurteilte mit ausgebreiteten Armen wie auf ein Kruzifix geschnallt dalag. Jetzt hat man den Winkel der Seitenarme so verstellt, dass die Bahre eher wie ein Pfeil wirkt.

Weitere Modernisierungen stehen bevor. Bisher musste sich das Publikum, Schulter an Schulter, stehend die Hinrichtung ansehen. Jetzt plant man, das Zuschauen mit einer Art festverankerter Stadionbestuhlung nicht nur bequemer zu machen, sondern den hinteren Rängen auch freie Sicht auf das Geschehen zu ermöglichen. Besonders Polizisten beobachten gerne das Ende eines Mannes, den sie eigenhändig zur Strecke gebracht haben. Dagegen wollen Richter oder Staatsanwälte nur selten – manche sagen gar: nie – eine Exekution miterleben. Die Folgen ihres Urteils scheinen sie nicht zu interessieren.

Der Gefängnispfarrer, Baptist James F. Brazzil, besucht den Verurteilten, dessen Exekutionstermin feststeht, nicht mehr in seiner Zelle.

»Zu gefährlich«, sagt er.

Schon einige Male hat er erlebt, dass ihn der Verurteilte mit dem Scharfrichter verwechselte und tätlich auf ihn losgegangen ist. Seither erwartet er ihn in »The Walls«, neben der Hinrichtungskammer, und spricht mit ihm durch die Stäbe der Zelle.

»Meine Aufgabe«, sagt er, »ist es, den Mann ruhig zu halten, damit die Exekution ohne Schwierigkeiten durchgeführt werden kann.«

Über die Berechtigung der Todesstrafe mag er nicht sprechen. Schließlich ist sein Arbeitgeber der gleiche, der auch die Exekutionen anordnet.

Am Nachmittag hat James F. Brazzil, eine dezente Perle in der bordeauxroten Krawatte, die Angehörigen des Verurteilten im *Hospitality Home* getroffen, einem Baptistenheim, in bequemer Gehdistanz von »The Walls« entfernt. Er erklärt ihnen, was auf sie zukommt. Besonders die Mütter pflegt er mehrere Male eindringlich zu fragen:

»Sind Sie wirklich bereit, Ihren Sohn sterben zu sehen?«

Der Pfarrer wirkt respektabel, seine Worte sind mild, doch ohne jeglichen Trost. Offensichtlich hat er niemandem etwas zu sagen; er tut seine Pflicht. Die Familie des Täters hat nichts anderes erwartet. Sie hoffte weder auf Verständnis noch gar Zusprache. Härter trifft die Abwesenheit jeglichen Gefühls die Familie des Opfers. Sie sind, so lässt man sie auf Schritt und Tritt spüren, bloßer Störfaktor in der Exekutionsmaschinerie. Niemand kümmert sich um sie. Niemand sieht sie an, während sie in einem Zimmer auf die Hinrichtung des Mannes wartet, der das Unglück über sie gebracht hat. Niemand spricht mit ihnen, erklärt ihnen etwas. Die einzigen Worte, die sie zu hören bekommen, ist die Ermahnung, ihre Gefühle »zu kontrollieren«. Und schließlich den Satz:

»Es ist Zeit, folgen Sie mir.«

Die Angehörigen und Freunde von Tätern und Opfern werden auf getrennten Wegen in den Hinrichtungsraum geschleust. Auch der Hinrichtung sehen sie aus zwei getrennten Kammern zu – eine Neuerung aus dem Jahre 1995, als man eine Wand im Zeugenraum einzog. Jetzt sind die beiden Kammern nicht größer als begehbare Wandschränke. Wenn sie sich hinter die Plexiglasscheiben stellen, liegt der zum Tod Verurteilte bereits auf dem Schragen, und die Kanülen führen schon in sein Fleisch. Man will den Zeugen sich heftig wehrende Todeskandidaten ersparen.

Die Männer, die den Mann festschnallten, nennt man umschreibend »Strapdown Team«. Das Team besteht aus 15 Männern, oft Vietnam-Veteranen, die sowohl Karate oder einen anderen Kampfsport beherrschen wie auch eine Sanitätsausbildung haben. So desinfizieren sie stets fachgerecht die Einstichstelle, um einer Entzündung vorzubeugen.

Sie werden aus dem gefängniseigenen Personal rekrutiert und bekommen für ihre Aufgabe keinen Sonderbonus. Mit andern Worten: Sie arbeiten ehrenamtlich. In der Fachliteratur werden Henker als durchschnittliche Menschen ohne besondere Fähigkeiten beschrieben, die im Ausführen des staatlich befohlenen Tötungsakts eine Bedeutung gewinnen, die ihnen im Leben sonst verwehrt bliebe. Die Namen des Strapdown-Teams werden ebenso geheim gehalten wie die Namen der beiden Männer, die hinter der Scheibe stehen und die Ventile für die tödlichen Flüssigkeiten öffnen.

Schon vor drei Jahrhunderten hatte Luther gegen den alten Brauch gewettert, dass der Henker in einer letzten, versöhnlichen Geste seinem Opfer die Hand reicht und ihn um Verzeihung für sein Tun bittet. Luther hätte an den Hinrichtungen in Huntsville zweifellos seine Freude gehabt. Denn hier erfüllt der Staat seine Pflicht kalt, fachmännisch und unpersönlich. Es war diese überlegte Planmäßigkeit des Vorgehens, die Rick Halperin, Professor für Menschenrechte in Dallas, am meisten schockierte. Zwar kämpfte Halperin seit Jahrzehnten gegen die Todesstrafe. Im Herbst 1998 aber erlebte er zum ersten Mal eine mit. Er wusste, was ihm bevorstand. Trotzdem traf ihn die absolute Gewalt über einen Menschen, die der Staat demonstrierte, als Schock. Da lag Frank McFarland, mit breiten Ledergurten wehrlos gemacht, kaum einen Meter von ihm entfernt auf dem Schragen, die Kanüle im Arm, unter dem Kopf statt eines Kopfkissens ein dreifach gefaltetes Tuch. Als wäre er bereits tot, warfen weder die Wärter, die hinter seinem Kopf standen, noch der Pfarrer zu seinen Füßen einen Blick auf ihn.

»Alle starrten die ganze Zeit über zu Boden.«

Ein Mikrophon fuhr aus der Decke und verharrte wenige Zentimeter vor dem Mund des Festgeschnallten. Frank McFarland schloss die Augen, lächelte und sagte:

»Ich muss niemanden um Verzeihung bitten, weil ich kein Verbrechen begangen habe. Ich rufe die Geister meiner Vorfahren, das Land, das Meer, den Himmel an und bitte sie, mir meinen Weg zu bereiten, damit ich heim kommen kann.«

Und dann sagte er:

»Loch sloy«, den Schlachtruf des schottischen McFarland Clans. »Loch sloy«, wiederholte der Pfarrer und gab damit, wie vereinbart, das Stichwort für den Beginn der Exekution. Rick Halperin sah, wie sich Franks Brust mehrmals heftig hob und senkte, dann hörte er ein gurgelndes Husten, dann rührte sich der Mann, der Frank McFarland gewesen war, nicht mehr.

Vier Minuten lang bewegte sich niemand, als wäre das Bild eingefroren. Wärter und Pfarrer schauten weiterhin zu Boden, Frank McFarland lag still da. Endlich öffnete sich eine Tür, ein Mann trat ein. Der Arzt stellte sich an die Bahre, schob die Lider des Liegenden hoch und leuchtete mit einer Taschenlampe in seine Pupillen. Dann nahm er Franks schlaffen Arm und fühlte den Puls. Anschließend setzte er das Stethoskop auf die Brust und horchte. Und schließlich richtete er sich auf, näherte seinen Mund dem Mikrophon und sagte:

»Tod um 6 Uhr 27. Tod um 6 Uhr 27.«

Jede Familie hörte die andere Familie im andern Abteil weinen.

Die Leere nach der Hinrichtung ist für die Angehörigen des Opfers schlimmer als für die des Täters. Vor der Hinrichtung hatte die Opferfamilie in die Kameras der Fernsehstationen und Fotografen gestrahlt:

»Endlich ist es so weit!«, und dazu mit den Fingern das V-Zeichen für Victory, Sieg, gemacht.

Oder sie hatten jubiliert:

»Er bekommt, was er verdient. Ich bin glücklich. Das ist wundervoll.« Oder:

»Auf diesen Tag habe ich seit 20 Jahren gewartet.«

Nach der Exekution dagegen treten sie benommen wieder hinaus in die Abendsonne. Es riecht, wie immer vor »The Walls« nach Kanalisation, und hinter der Abschrankung stehen noch immer die Gruppen, die gegen die Todesstrafe demonstrierten und für die Seele des Hingerichteten beten. Manche Opferangehörigen verstecken ihre Enttäuschung hinter einem kurzangebundenen:

»Gute Arbeit. Ende der Geschichte«.

Andere blicken sich fremd um und fragen mit vor Schmerz und Wut rotgeränderten Augen:

»War das alles?«

Die eigene Tochter hat kein letztes Mahl bekommen, bevor er 118 mal auf sie eingestochen hatte. *Er* konnte sich verabschieden, *sie* nicht. Er starb so leicht, ohne zu leiden. Nur seine Lippen hatten etwas gezittert. Und es ging so rasch. Man möchte die Hinrichtung nochmals sehen. Alles ganz genau mitbekommen. Dabei sein, wenn sie ihn anbinden. Andere malen sich in ihrer Not längere, grausamere Todesarten und Foltermethoden aus. Da sollte mehr Qual auf dem Gesicht liegen. Ein Bein hätte man ihm amputieren und ihn dann über scharfen, rasch wachsenden Bambussprösslingen aufhängen sollen, bis sein Körper durchbohrt ist. Langsam ertränken. Lebendig begraben. Rädern und Vierteilen. Mit der Axt hätte Karla Faye Tucker erschlagen gehört, so wie sie ihre Opfer mit der Axt erschlagen hat. Und viele richten ihre Hoffnung ins Jenseits, wo die wahre Strafe erst beginnt, und wo er »Hitler, Stalin und all die andern Verbrecher treffen wird«.

Damals, nach dem Mord, hatte ihnen die Justiz versichert:

»Wir kriegen ihn, wir richten ihn hin, und dann sind eure Wunden geheilt.«

Sie glaubten dem Staat und seiner versprochenen therapeutischen Rache. Acht, zehn oder 20 Jahre warteten sie auf den Tag der Exekution, damit sie selbst wieder zu leben beginnen konnten. Jede Berufung hatte sie noch wütender gemacht. Der Täter verdiente es nicht, seinen Tod so lange hinauszögern zu können. Täglich neu nährten sie ihren Hass auf ihn und vergaßen darüber das Trauern. Und jetzt – ist alles wie zuvor.

»Will jemand mit der Presse sprechen?«, fragt Larry Fitzgerald die Familie des Opfers.

Viele sind gesprächsbereit. Sie hoffen, Menschen zu finden, die ihr Gefühl des Ungenügens teilen, die mitfühlen, dass da keine Erleichterung ist, im Gegenteil. Sie glaubten, die Sieger zu sein. Aber es gibt keine Sieger.

Zehn Minuten nach der Hinrichtung stehen im verdunkelten Konferenzzimmer Thermoskannen mit Kaffee und Gebäck bereit. Die Medienvertreter haben ihre Zeilen längst geschrieben, mussten nur noch die genaue Todeszeit einsetzen. Jetzt vergleichen sie ihre Notizen – was waren genau seine letzten Worte? – und warten auf etwas Besonderes, das anzufügen sich lohnt. Die Angehörigen setzen sich geschäftig in die Clubsessel rund um den ovalen Konferenztisch. Man hört das Rühren der Löffel in den Tassen, das Räuspern derjenigen, die etwas sagen wollen. Die Scheinwerfer gehen an, die Mikrophone werden in Stellung gebracht. Und, wie war's?

Die Tante der drei umgebrachten Kinder sagt, sie habe als Christin zu vergeben. Es hört sich an, als hätte sie es auswendig gelernt. Der Onkel stemmt die Faust in die Wange und blickt vor sich hin. Dann sagt er ratlos:

»Es ist so viel Zeit vergangen inzwischen.«

Dann:

»Aber er hat immer noch die gleichen Augen wie damals. Sie haben sich nicht verändert.«

Stille. Der Onkel nimmt die Brille ab und fährt sich mit einem Taschentuch über die Lider.

»Warum hat er nicht gesagt, dass er bereut …«

»Was macht das schon für einen Unterschied«, wirft spöttisch ein Reporter ein.

Der Onkel blickt auf und wieder auf den Tisch.

»Ich hätte mich besser gefühlt, jetzt …«

Roger McGowen, im Sommer 1999

Meine Haut brennt vor Unruhe«, steht im letzten Brief von Roger McGowen. Alles ist ihm zur Last geworden, nicht nur das Briefeschreiben, auch das Briefebekommen. Denn im Todestrakt von Huntsville vibrieren Angst und Spannung: In wenigen Wochen sollen die 450 Männer ins Hochsicherheitsgefängnis von Livingston, östlich von Huntsville, verlegt werden. Dort gibt es kein Fernsehen und Radio mehr, weder Tageslicht noch Frischluft. Selbst verbale Kommunikation von Zelle zu Zelle wird unmöglich, da die Türen statt aus Eisenstäben aus solidem Metall bestehen.

Roger McGowen hat kaum mehr Hoffnung, weder für sich noch für die anderen. Er möchte, dass das Ende rasch kommt – wie auch immer.

Anhang

Zahlen und Fakten rund um die Todesstrafe

Wer tötet wie

In über 90 Ländern ist die Todesstrafe gesetzlich erlaubt, darunter:

Ägypten: Erhängen, Erschießen
Afghanistan: Erschießen
Algerien: Erschießen
Antigua: Erhängen
Bahamas: Erhängen
Bangladesch: Erhängen, Erschießen
Barbados: Erhängen
Benin: Erschießen
Bosnien-Herzegowina: Erschießen
Botswana: Erhängen
Chile: Erschießen
China: Erschießen
Eritrea: Erschießen
Gabun: Erschießen
Georgien: Erschießen

Ghana: Erschießen
Grenada: Erhängen
Guatemala: Erschießen
Guinea: Erschießen
Indien: Erhängen, Erschießen
Indonesien: Erschießen
Irak: Erhängen, Erschießen
Iran: Erhängen, Erschießen, Steinigen
Jamaika: Erhängen
Japan: Erhängen
Jemen: Enthaupten, Erschießen, Steinigen
Jordanien: Erhängen, Erschießen
Jugoslawien: Erschießen
Kamerun: Erschießen, Erhängen
Kasachstan: Erschießen
Katar: Erhängen, Erschießen, Enthaupten
Kenia (erneut seit 1975): Erhängen
Kirgistan: Erschießen
Kuba: Erschießen
Kuwait: Erhängen
Lesotho: Erhängen
Libanon: Erhängen, Erschießen
Liberia: Erhängen, Erschießen
Libyen: Erhängen, Erschießen
Malaysia: Erhängen
Marokko: Erschießen
Mauretanien: Erschießen, Steinigen,
    Enthaupten

Mongolei: Erschießen
Myanmar (Burma): Erhängen
Nigeria: Erschießen, Erhängen
Nordkorea: Erschießen
Oman: nicht bekannt
Pakistan: Erhängen, Steinigen
Ruanda: Erschießen
Russland: Erschießen
Sambia: Erhängen
Saudi-Arabien: Enthaupten, Steinigen
Sierra Leone: Erhängen, Erschießen
Simbabwe: Erhängen
Singapur: Erhängen
Somalia: Erschießen
St. Lucia: Erhängen
Sudan: Erhängen, Erschießen, Steinigen
Südkorea: Erschießen
Syrien: Erhängen, Erschießen
Tadschikistan: Erschießen
Taiwan: Erschießen
Tansania: Erhängen
Thailand: Erschießen
Tunesien: Erhängen, Erschießen
Trinidad/Tobago: Erhängen
Türkei: Erhängen
Uganda: Erhängen, Erschießen
Ukraine: Erschießen
Usbekistan: Köpfen

USA: Elektrischer Stuhl, tödliche Injektionen, Gas-
kammer, Erhängen, Erschießen
Vereinigte Arabische Emirate: Erschießen, Enthaup-
ten, Steinigen
Vietnam: Erschießen
Zaire: Erschießen, Erhängen
Zentralafrikanische Republik: Erschießen.

3 Länder haben die einst abgeschaffte Todesstrafe in
den letzten Jahren erneut eingeführt: Philippinen,
Gambia und Papua Neu Guinea.

Länder, die die Todesstrafe abgeschafft haben

Über die Hälfte aller Länder haben die Todesstrafe
entweder durch Gesetz oder in der Praxis abgeschafft.

67 Länder für alle Verbrechen, 14 Länder mit Aus-
nahme von Kriegszeiten (z. B. Israel, Kanada, Großbritannien).

23 Länder haben sie faktisch abgeschafft, weil sie
in den letzten zehn oder mehr Jahren keine Exekutionen mehr durchgeführt haben.

Im Durchschnitt verzichteten, seit 1976, jährlich
zwei Länder neu auf die Todesstrafe.

Jahreszahl: Datum der Abschaffung. Jahreszahl in Klammern: Datum der letzten vollstreckten Hinrichtung, sofern bekannt

Andorra, 1990 (1943)

Angola, 1992

Aserbeidschan, 1998

Australien, 1985 (1967)

Belgien, 1996 (1950)

Bulgarien, 1998 (1989)

Bundesrepublik Deutschland, 1949

DDR: 1987 (1981)

Costa Rica, 1877

Dänemark, 1978 (1950)

Estland, 1998 (1991)

Finnland, 1972 (1944)

Frankreich, 1981 (1977)

Griechenland, 1993 (1972)

Haiti, 1987 (1972)

Irland, 1990 (1954)

Island, 1928 (1830)

Italien, 1994 (1947)

Kanada, 1998 (1962)

Kolumbien, 1910

Kroatien, 1990

Liechtenstein, 1987 (1785)

Litauen, 1998 (1995)

Luxemburg, 1979 (1949)

Mauritius, 1995

Monaco, 1961 (1847)

Mozambique, 1990

Nepal 1997 (1990)

Neuseeland, 1989 (1957)

Nicaragua, 1979 (1930)

Niederlande, 1982 (1952)

Norwegen, 1979 (1948)

Österreich, 1968 (1950)

Portugal, 1976 (1849)

Polen, 1997 (1988)

Rumänien, 1989 (1989)

San Marino, 1865 (1468)

Slowakei, 1990

Slowenien, 1989

Spanien, 1995 (1975)

Schweden, 1971 (1910)

Schweiz, 1992 (1944)

Südafrika, 1997 (1991)

Tschechien, 1990

Ungarn, 1990 (1988)

Uruguay, 1907

Vatikan, 1969

Venezuela, 1863.

Die häufigsten Hinrichtungs-
methoden

85 Länder (in den USA nur der Bundesstaat Utah) lassen ihre zum Tod Verurteilten *erschießen*, entweder
durch einen Einzelschützen oder ein Erschießungs-
kommando von zehn bis 12 Männern, die eine gemeinsame Salve feuern. Unabhängig von der Treff-
sicherheit hat sich immer wieder gezeigt, dass die
Nervosität der Schützen beträchtlicher ist, als diese
selbst glaubten. Nur selten wird der Delinquent sofort mit einem Herzschuss getötet; weit häufiger werden Hals, Arme und Bauch getroffen. Oft lebt der zu
Tötende auch nach 20 oder 30 Kugeln im Körper
noch. Manche Länder bauen solches Missgeschick
planmäßig in ihre Erschießung ein: Sie beginnen erst
auf die Füße zu zielen und wandern dann langsam
nach oben. In China muss die Munition von der Familie des Hingerichteten bezahlt werden.

78 Länder *hängen* ihre zum Tode Verurteilten. Der
Tod tritt ein durch Verschiebungsbrüche der Halswirbel
oder Zerquetschen des Rückenmarks. Da Wirbelbrüche
dieser Art zur sofortigen Bewusstlosigkeit führen und
die Atmung verunmöglichen, kann der Gehängte das
Bewusstsein nicht mehr erlangen. Als rein automatischen Vorgang bezeichnen Fachleute, dass das Herz
des Gehängten danach noch bis zu 20 Minuten weiter-
schlagen kann. Die Länge des Seils im Verhältnis zum

Körpergewicht ist ausschlaggebend für einen raschen Tod. Nach der Henker-Liste muss ein 81 Kilogramm schwerer Delinquent 2,55 Meter tief fallen, um das Ziel der sofortigen Bewusstlosigkeit zu erreichen. Für je drei Kilogramm weniger an Körpergewicht wird der Strang um fünf Zentimeter verlängert.

Die britische Art des Hängens, von den meisten ihrer ehemaligen Kolonien übernommen und noch immer praktiziert, unterscheidet sich von der amerikanischen nur in einem Detail: Der englische Scharfrichter setzte den Knoten des Strangs vor den linken Unterkiefer, der amerikanische legt ihn hinter das linke Ohr.

Sechs Länder, allesamt islamisch, praktizieren *Steinigung*. Der zum Tod Verurteilte wird bis zum Hals in die Erde eingegraben. Artikel 119 des iranischen Strafgesetzbuches fordert, dass die Steine nicht zu groß sein dürfen, damit der Verurteilte nicht schon nach dem ersten oder zweiten Wurf stirbt. Sie dürfen aber auch nicht so klein sein, dass sie die Bezeichnung Stein nicht mehr verdienen.

In ebenfalls sechs Ländern, in der Mehrzahl islamisch, wird die *Enthauptung* noch immer – zum Teil öffentlich – praktiziert. Eine scharfe Klinge trennt die Wirbelsäule durch. Da ein Schwert im Gegensatz zum Fallbeil eine leichte Waffe ist, sind meist mehrere Schläge notwendig. Hier kommt alles auf die Geschicklichkeit und Kraft des Scharfrichters an. Oft überleben alle vitalen Teile minutenlang die Enthauptung. In Europa fand die letzte Hinrichtung mit der *Guillotine* 1977 in Frankreich statt. Im Durchschnitt dauerte sie 40 Sekunden, was ein beinah fließbandmäßiges Hinrichten ermöglichte.

Tödliche Injektionen, eine amerikanische Erfindung, und erstmals 1977 verwendet, haben inzwischen drei weitere Länder übernommen, darunter die Philippinen. Erst wird dem Verurteilten über eine Kanüle 15 Kubikzentimeter zweiprozentiges Natriumpentothal eingespritzt, eine Minute später injiziert man 15 Kubikzentimeter Pancuroniumbromid, und nach einer weiteren Minute 15 Kubikzentimeter Kaliumchlorid. Darauf tritt der Tod in der Regel nach zwei Minuten ein.

Der *elektrische Stuhl* wird nur in Amerika eingesetzt. Die mit Wasser benetzten Elektroden werden am Kopf und am linken Bein befestigt, das Kinn mit einer Bandage gestützt. Drei starke Stromstöße sorgen für einen Herzstillstand und lähmen den Atmungsapparat.

Auch die *Gaskammer* kommt nur noch in Amerika zur Anwendung, denn diese Todesart ist aufwendig. Bevor der Verurteilte in die Kammer geführt wird, befestigt man zwei Pfund Zyankali, in zwei Gazebeutel verpackt, an einem Haken unterhalb der Sitzfläche des Stuhles. Das zuvor mit einem Riemen am Körper des Verurteilten befestigte Stethoskop wird durch ein Verbindungskabel an ein Klappenventil außerhalb der Gaskammer angeschlossen, um dem Arzt die Möglichkeit zu geben, den Herzschlag des Gefangenen zu kontrollieren. Die große, eiserne Tür wird verschlossen und versiegelt. Ein von außen betätigter Hebel lässt die mit Zyankali gefüllten Gazebeutel in eine schwefelhaltige Säure eintauchen. Die daraus entstehenden giftigen Dämpfe sollten – atmet der Verurteilte, wie ihm geraten wird, tief ein – zur baldigen Bewusstlosigkeit führen. Diese Einrichtungsart wird von den Wärtern deshalb geschätzt, weil sie die Leiche wesentlich sauberer zurücklässt als eine Hinrichtung durch den Strang.

Länder mit besonderen Hinrichtungskriterien

Nepal: Angriffe auf die königliche Familie
Irak: Angriffe auf die Regierung
Zypern: Piraterie
Singapur: Besitz von mehr als 15 Gramm Heroin
Libyen: Schmuggel von Drogen und Alkohol, Korruption, Devisenspekulationen, politische Ansichten
Taiwan: Regierungsfeindliche Propaganda
Iran: Ehebruch, Prostitution
China, Saudi-Arabien und Pakistan: Betreiben eines Bordells und Vorführen von pornografischen Filmen, Blasphemie

Israel: unerlaubter Besitz von Waffen

Zypern: Meuterei, Zusammenarbeit mit dem Feind,
Verlassen eines Militärpostens, Sabotage

Rekorde

Mitte 1996 war erstmals in der Geschichte der
Menschheit die Zahl der Staaten, die die Todesstrafe
im Gesetz oder in der Praxis abgeschafft haben,
größer als die Zahl der Staaten, die an der Todesstrafe festhielten.

1996 war das blutigste Jahr, das die Menschen-
rechts-Organisation Amnesty International je do-
kumentiert hat. Mindestens 4272 Menschen wurden in 39 Ländern exekutiert, die tatsächliche Zahl
liegt mit Sicherheit weit höher. China allein zeich-
net für mindestens 3500 Hinrichtungen verantwortlich, gefolgt von der Ukraine, Russland, Iran
und den USA.

China hat in den neunziger Jahren mehr Menschen hingerichtet als der Rest der Welt zusammen.
Die Todesstrafe ist für mindestens 68 Straftatbe-
stände vorgesehen.

Die USA sind die einzige westliche Industrie-
nation, die nach wie vor Todesurteile vollzieht.

Die letzten beiden Schweizer Kantone, die einen
Menschen hingerichtet haben, waren die Kantone Zug

und Obwalden (1939, 1940). Während des Zweiten Weltkriegs erschoss die Schweizer Armee 17 Verräter.

Der jüngste Mensch, den die Vereinigten Staaten in diesem Jahrhundert hinrichteten, war der 14-jährige George Stinney gewesen. Er starb am 16. Juni 1944 in South Carolina auf dem elektrischen Stuhl.

Die unmenschlichste Hinrichtung des Jahres 1999: In Afghanistan dauerte, laut Amnesty International, das Sterben eines lebendig Begrabenen 74 Stunden.

46 Jahre hatte es gedauert, bis die britische Justiz den 1952 gehenkten somalischen Matrosen und Einwanderer Hussein Mattan rehabilitierte. Der damals bestellte Verteidiger hatte seinen Mandanten einen halbzivilisierten Wilden genannt; eine Appellation wurde ihm verwehrt, das Todesurteil nach nur sieben Wochen vollzogen. 1999 entschuldigte sich der Vorsitzende des Appellationsgerichts bei der Witwe, einer Waliserin, und ihren beiden Söhnen für das Geschehen.

Fragen und Antworten

Warum ...

... schafften viele der ehemaligen Ostblockstaaten die Todesstrafe ab?

Sie wollten der EU beitreten. Dieser Staatengemeinschaft kann nur angehören, wer keine Todesstrafe kennt.

... ist die Todesstrafe seit 1994 ein delikates Thema zwischen Großbritannien und seinen ehemaligen britischen Kolonien?

Als letzte Instanz über Berufungen aus den englischsprachigen Karibikstaaten entscheidet der Privy Council in London. Vor fünf Jahren befand dieser Gerichtshof, dass die Strafe für Häftlinge, die länger als fünf Jahre auf die Vollstreckung der Todesstrafe warten, aus humanitären Gründen in eine lebenslängliche umgewandelt werden soll. Seitdem versuchen die Verurteilten mit allen Mitteln, ihre Hinrichtung hinauszuzögern. Insgesamt warten in der Karibik über 150 Männer auf ihre Exekution. Jetzt möchte Barbados, ein unabhängiges Mitglied des Commonwealth, seine Verfassung ändern, um den Entscheid aus London außer Kraft zu setzen. Die Regierung weiß dabei das Volk hinter sich. Denn nicht nur Barbados, auch die übrigen Karibikinseln wie Jamaica und die Bahamas wollen sorgenfreie Ferien an ihren Palmenstränden verkaufen und hoffen, angesichts der zunehmenden Kriminalität, auf die abschreckende Wirkung der Todesstrafe.

... ist die Todesstrafe in den Vereinigten Staaten 1967 aufgehoben und 1976 wieder eingeführt worden?

Der Oberste Gerichtshof der Vereinigten Staaten stellte im Fall Furman vs. Georgia fest, dass die Todesstrafe ungesetzlich, weil willkürlich, d. h. vor allem gegen Schwarze, angewandt wird. Sie verletzte auch den 8. Verfassungssatz, wonach niemand »grausam und ungewöhnlich« bestraft werden dürfe. Darauf versuchten die einzelnen Bundesstaaten, einen Katalog mit besonders schweren Verbrechen aufzustellen, der von Staat zu Staat verschieden ausfiel. Kentucky und Idaho bestrafen zum Beispiel auch schwere Fälle von Kidnapping mit dem Tod, Kalifornien das Entgleisen-Lassen von Zügen, Florida den Drogenschmuggel, Georgia Flugzeugentführungen etc. 1976 stimmte der Oberste Gerichtshof dieser neuen Klassifizierung zu und befand, dass die Todesstrafe unter diesen Umständen weder grausam noch ungewöhnlich sei.

... *werden in Illinois so viele Unschuldige freigelassen?*

Der Northwestern Universität in Chicago ist es gelungen, in einigen spektakulären Fällen die Unschuld von zum Tode Verurteilten zu beweisen. Das hat die Aufmerksamkeit von Richtern, Anwälten, Journalisten und der Öffentlichkeit erregt und dazu geführt, dass Anwälte die Unschuldsbeteuerungen von Gefangenen ernster nehmen, Staatsanwälte die mildernden Umstände eher berücksichtigen, Journalisten sich für weitere, aussichtsreiche Fälle interessieren. Außerdem übernimmt Illinois die Kosten für DNA-Untersuchungen, die die Unschuld hundertprozentig beweisen, wenn z. B. Samenflüssigkeit oder Blut am Tatort zurückblieben.

... greifen nicht mehr amerikanische Bundesstaaten zur so zweifelsfreien Erbgutanalyse?

Die Methode wird zwar in Amerika vor Gericht seit den Achtzigerjahren angewandt. Doch weil sie kostspielig ist (man muss mit 100 000 Dollar pro Fall rechnen), bezahlt der Staat nur in Ausnahmefällen dafür. Im Juli 1999 wurde in Huntsville der erste Mann hingerichtet, dessen Schuld mit DNA bewiesen wurde.

... kann in Amerika auch ein bloßer Mitläufer zum Tode verurteilt werden?

Wenn die Geschworenen glauben, dass ein Mitläufer gewusst hat, dass sein Gefährte eine Waffe bei sich trug und damit ein Verbrechen begehen wollte, kann es den Mitläufer, kommt es zur Tat, als Mitschuldigen ebenfalls in den Todestrakt schicken. Das nennt man ›Rough justice‹.

... lässt sich mit Berufungen die Hinrichtung bis zu 20 Jahren hinauszögern?

Die Berufungswege ändern von Teilstaat zu Teilstaat. Meist aber handelt es sich um ein zweistufiges Verfahren, das bis zum US Supreme Court, dem höchsten Gericht des Landes, führt. Die erste Berufung, in den meisten Staaten obligatorisch, behandelt nur Verfahrensfragen: Sind Verhöre und Prozess korrekt verlaufen? Wurden die Geschworenen richtig instruiert? Hat sich der Richter nach Gesetz verhalten? Die zweite Berufung, der Habeas Corpus (lateinisch für: Du kannst den Körper haben), ist fakultativ, wird aber fast immer eingereicht. Der Habeas Corpus hat seinen Ursprung im England des 13. Jahrhunderts und der Magna Charta und erlaubt dem Verurteilten, nachträglich Beweise und Einwände geltend zu machen, die während des Prozesses nicht zur Sprache kamen. Zum Beispiel: Hat der Verteidiger seine Aufgabe erfüllt? Kamen neue Beweismittel zum Vorschein? Hat der Staatsanwalt Beweismittel für die Unschuld des Angeklagten unterschlagen? Der Habeas wandert meist über das Berufungsgericht bis hinauf zum Obersten Gerichtshof. Er kann verschiedene Zwecke verfolgen: eine Exekution aufschieben, einen neuen Prozess anstreben, die Todesstrafe in eine lebenslängliche umwandeln oder die Freilassung verlangen. Bis 1996 konnte ein Verurteilter viele Habeas Corpus einreichen. Jetzt ist nur mehr ein Einziger zulässig. Von den ungefähr 6000 Menschen, die seit 1976 in Amerika zum Tode verurteilt worden sind, hat ein Drittel durch die Berufungen eine Verbesserung des Urteils erzielt.

... *ist die Anzahl der Morde in Amerika seit 1991 um 19 Prozent gesunken?*

Bewaffneter Überfall und Mord sind die Straftaten, die am engsten mit der Crack-Epidemie verbunden sind, die 1985 begann und 1991 abrupt endete. Der Markt und damit auch die Zahl der Mordopfer explodierten förmlich, da Crack im Gegensatz zu Heroin in kleinsten Mengen verkauft wurde und die Konsumenten zwang, nach dem rasch abflauenden Hoch für sofortigen Nachschub zu sorgen. Dies geschah oft mit Gewalt; Konsumenten wie Dealer waren bewaffnet. 1991 begann der rasche Zerfall des Crack-Markts. Grund: Die Babyboom-Generation kam in die Jahre, die Droge galt nicht mehr als schick, sondern als passé und die nachrückende Generation hatte für die rasch zerfallenden Crack-Opfer nur ein mitleidiges Lächeln übrig. Weiterer Grund dürfte auch die niedrigere Arbeitslosigkeit sein. Denn wo bezahlte Arbeit eine Alternative ist, dienen Drogen weniger häufig als Mittel zur Flucht aus einer unerträglich gewordenen Realität, wird weniger oft zur Pistole gegriffen.

... stieg die Anzahl der Exekutionen in Amerika trotzdem an?

1996 unterschrieb Präsident Clinton ein Gesetz, das die Beschleunigung des Berufungsverfahrens für zum Tode Verurteilte bewirkte. Das »Gesetz zur Bekämpfung des Terrorismus und zur effektiven Durchsetzung der Todesstrafe« beschränkt die Anzahl der Berufungsmöglichkeiten drastisch und setzt

Fristen für die Einreichung der Anträge, was die Hinrichtungen der Gefangenen erleichtert.

... bleibt in amerikanischen Prozessen, so wie auch im Prozess O. J. Simpson, der Angeklagte nahezu stumm?

Beide Seiten, Verteidigung wie Anklage, versuchen nach Möglichkeit, den Angeklagten aus der Verhandlung auszuschließen. Aus verschiedenen Gründen. Ruft die Verteidigung den Angeklagten in den Zeugenstand, gibt sie damit auch der Anklage Gelegenheit zum unerwünschten Kreuzverhör. Außerdem befürchtet die Verteidigung, dass sich der Angeklagte zu wenig gekonnt ausdrückt, sich verheddert und damit einen schlechten Eindruck auf die Geschworenen macht. Aber auch der Staatsanwalt hat kein Interesse an einer weiteren Befragung des Angeklagten. Entweder, weil er befürchtet, der Angeklagte trage damit zu seiner Verteidigung bei. Oder aber, weil er befürchtet, es könnte sich zeigen, dass der Angeklagte geistig tatsächlich nicht in der Lage ist, wie gefordert, der Verhandlung zu folgen.

Zahlen und Fakten

1998 wurden, offiziell, weltweit mindestens 1625 Gefangene in 37 Ländern hingerichtet, davon 1067 in China, über 100 im Kongo, 68 in den USA, 60 im Iran sowie vermutlich Hunderte im Irak.

In den USA werden prozentual etwa zehnmal mehr Morde verübt als in Europa oder Asien. Vergleicht man die Städte miteinander, steigt diese Quote noch an.

Seit Ende des Zweiten Weltkrieges verhindern verschiedene internationale Normen, darunter die internationale UN-Konvention zum Schutz der Rechte des Kindes, die Exekution von Minderjährigen. Trotzdem richteten in den letzten 10 Jahren (offiziell) 6 Länder Straftäter hin, die zum Zeitpunkt der Straftat jünger als 18 waren: Iran (4), Irak (13, alles Kurden), Yemen (1, ein Dreizehnjähriger), Nigeria (1), Pakistan (1), Saudi-Arabien (1) und die USA (12).

20 amerikanische Bundesstaaten erlauben die Hinrichtung von Jugendlichen, die bei der Tat 16 Jahre alt gewesen sind, 4 Staaten setzen die Grenze bei 17 Jahren, 14 Staaten bei 18. Die Jugendlichen – seit 1973 sind es 173 – warten zwischen 6 und über 20 Jahre auf ihre Hinrichtung.

Die Tötung von Geistesschwachen ist in 28 amerikanischen Bundesstaaten erlaubt.

Wo die Todesstrafe abgeschafft wurde, führte dies nicht zu einer Erhöhung von Verbrechen. Im Gegenteil. In Kanada fiel z. B. die Mordrate von 3,09 Fällen auf 100 000 Einwohner im Jahre 1975, dem Jahr vor der Abschaffung der Todesstrafe, auf 2,19 im Jahre 1993.

In einigen der 38 US-Staaten mit Todesstrafe ist die Mordrate doppelt bis dreifach so hoch wie in den übrigen Bundesstaaten ohne Todesstrafe. In Texas beispielsweise, das ein Drittel aller in Amerika ausgesprochenen Todesstrafen vollstreckt, ist die Mordrate seit der Wiederaufnahme der Todesstrafe um 46 Prozent gewachsen. In Texas sterben heute mehr Menschen an Schussverletzungen als an Autounfällen.

Die Zahl der zum Tod Verurteilten in den USA hat in den letzten 15 Jahren um 181 Prozent zugenommen: von 1209 im Jahre 1983 auf ungefähr 3450 im Jahre 1999.

Fast die Hälfte aller Hinrichtungen in den USA geschehen durch tödliche Injektionen, gefolgt vom elektrischen Stuhl. Nur drei Teilstaaten lassen hängen, nur Utah erschießen.

34 Prozent aller zum Tod Verurteilten sind nicht vorbestraft.

In 16 amerikanischen Bundesstaaten dürfen Angehörige des Opfers neuerdings bei der Exekution dabei sein. Begründung: Niemand hat ein größeres Recht darauf als sie.

82 Prozent aller Menschen, die in den USA seit 1977 hingerichtet wurden, haben einen Weißen umgebracht.

Von den 7000 Menschen, die die USA in diesem Jahrhundert hingerichtet hat, waren 23 erwiesenermaßen unschuldig. Seit der Wiedereinführung der Todesstrafe in den USA 1976 wurden rund 560 Verurteilte exekutiert, aber auch mehr als 80 wegen erwiesener Unschuld wieder freigelassen.

Von 550 wegen Mords verurteilten Männern wird nur einer mit dem Tod bestraft.

42 Prozent der gegen 3500 in amerikanischen Todeszellen einsitzenden (und 53 % der seit 1930 hingerichteten) Männer sind schwarz, obwohl ihr Bevölkerungsanteil nur 12 Prozent beträgt.

Schwarze, denen vorgeworfen wird, Weiße getötet zu haben, erhalten 15 mal häufiger die Höchststrafe als Weiße, denen die Ermordung Farbiger zu Last gelegt wird.

Im Durchschnitt sitzt ein zum Tode Verurteilter 8 Jahre in der Todeszelle, bevor er hingerichtet wird. Das kostet den Steuerzahler 3,2 Millionen Dollar, lebenslange Haft dagegen nur 725 000 Dollar.

Texas vollzieht rund ein Drittel der in den letzten Jahren durchschnittlich 60 bis 70 Exekutionen jährlich. Vorher waren es 20 im Jahr.

Im Jahre 2000 rechnet man in Amerika mit 2 Millionen Menschen in Gefängnissen. Die Verbrechensrate ist in Amerika sechs- bis zehnmal höher als in den übrigen Industrienationen. Von 100 000 Einwohnern sitzen in den USA 645 im Gefängnis.

72 Prozent aller Amerikaner sind für die Todesstrafe.

Wie funktioniert die amerikanische Rechtssprechung?

Die beiden größten Unterschiede zwischen europäischer und amerikanischer Justiz:

1. Europa hat die Geschichte gelehrt, dass die Gerichte nicht immer über jeden Zweifel erhaben sind. Amerika glaubt noch immer bedingungslos an die Unfehlbarkeit seiner Richter.

2. In Europa ist die Wahrheitsfindung oberstes Ziel eines Gerichtsverfahrens. Die amerikanische Rechtssprechung dagegen reagiert noch immer auf die Lynchmorde und selbst ernannten Richter im Wilden Westen und legt als Folge größeren Wert auf die Gewährleistung eines fairen Verfahrens und den Schutz der Rechte des Verurteilten.

Eine dieser Folgen – und für Europäer besonders schwierig zu verstehen – ist, dass es in der amerikanischen Justiz nicht um Schuld oder Unschuld des Angeklagten geht, sondern allein um das zweifelsfreie Nachweisen der Schuld. Im Falle des Indizienprozesses gegen O. J. Simpson: Weil es der Verteidigung gelang, zu zeigen, dass der Verbleib der am Tatort zurückgebliebenen Blutproben bis zum Prozess nicht lückenlos nachgewiesen werden konnte, mussten sie als Beweismittel ausgeschlossen werden. Schließlich hätte sie jemand in der Zwischenzeit austauschen können.

Eine weitere Folge ist, dass seit 1968 jeder Angeklagte das Recht auf einen Geschworenenprozess hat – eine Prozessform, die aus England kommt, heute aber fast nur noch in den USA die Norm ist. Nobler Sinn des Geschworenenprozesses: Der Angeklagte soll die Möglichkeit haben, eine gewählte Gruppe seines Standes über seine Schuld oder Unschuld entscheiden zu lassen.

Der Angeklagte tritt erst vor die *Grand Jury*. Sie heißt so, weil sie aus bis zu 24 Mitgliedern besteht. Die Aufgabe dieser Vorverhandlung ist, festzustellen, ob ein Prozess gerechtfertigt ist, ob die Anklageerhebung der Sachlage angemessen ist. Für den Staatsanwalt eine heikle Angelegenheit. Denn greift er im Strafmaß zu hoch, kommt die Regel der *Double Jeopardy* zum Einsatz, d. h. die Jury entscheidet auf nicht schuldig im Sinne der Anklage, worauf der Angeklagte als freigesprochen gilt und nicht noch einmal für die gleiche Tat vor Gericht gestellt werden kann.

Weil jeder Staatsanwalt aus Karrieregründen auf eine beinahe lückenlose Erfolgsstatistik verweisen will, wird er es sich sehr genau überlegen, ob er für geplanten Mord aus niederen Motiven (Mord ersten Grades) oder auf Totschlag (Mord zweiten Grades) plädiert. Was Mord ersten und zweiten Grades ist, das variiert von Teilstaat zu Teilstaat. Gewöhnlich muss zur Erfüllung des Tatbestandes Mord ersten Grades eines der folgenden Kriterien erfüllt sein:

1. Die Tat war geplant und selbst ausgeführt.

2. Die Tat war geplant und einem Dritten in Auftrag gegeben.

3. Die Tat war ein Auftragsmord.

4. Die Tat war von einem andern schweren Vergehen begleitet (z. B. Vergewaltigung, Raub).

5. Die Tat war zwar nicht geplant, doch der Täter hätte die Gefährlichkeit seines Tuns erkennen müssen und hat den Tod eines andern in Kauf genommen.

Zudem gilt als Mord ersten Grades in den meisten Bundesstaaten auch, wenn ein Kind, ein Polizist oder ein Richter ermordet wurde. Meist ist die *Grand Jury* mit dem Anklagemaß des Staatsanwaltes einverstanden.

Am Anfang der Hauptverhandlung steht das so genannte *voir dire*. Dabei geht es um die Auswahl der Jury. Jede Partei versucht, unerwünschte Mitglieder auszuschalten, um zu gewinnen. Sie tut es anhand von Fragebögen und persönlichen Befragungen. Wichtigster Punkt: Hat das zukünftige Geschworenenmitglied schon etwas über den Fall gehört oder sich seine eigene Meinung darüber gebildet? Lautet die Antwort ja, ist der Betreffende auszuschließen.

In der Hauptverhandlung halten beide Seiten ihre einführenden Plädoyers, gefolgt von der Beweisphase und der Befragung der Zeugen. Da sowohl die

Verteidigung wie die Anklage meist an einem raschen Prozess interessiert sind, dauert dieser Teil nicht lange.

Wenn sich die Geschworenen anschließend in Klausur begeben, dürften sie weder persönliche Überlegungen noch am Prozess Gehörtes, das der Richter als unzulässig erklärt hat, in ihr Urteil einbeziehen. Sollte der Richter ungehalten über ihren Entscheid sein, kann er einen neuen Prozess anordnen oder die Jury zum Überdenken ihres Urteils auffordern. Nur ein Freispruch bleibt unantastbar.

Anschließend folgen Berufungen und Revisionsanträge bei den verschiedenen Gerichten und, hin und wieder, auch Anträge auf eine Neuaufnahme des Verfahrens.

Da nicht nur der Staatsapparat, sondern auch die Pflichtverteidiger meist völlig überlastet sind, drängen meist beide Seiten den Angeklagten zu einer *Plea Bargain,* zu einer Absprache zwischen Staatsanwalt und Verteidiger. Man handelt gemeinsam Anklage und Strafmaß aus. Das Ergebnis teilt man dem Richter mit, der sich ebenfalls daran hält. In der Praxis werden oft auch Unschuldige zu einer Anerkennung der Schuld gedrängt und dafür mit einem niedrigeren Strafmaß, zum Beispiel Lebenslänglich statt Todesstrafe, »belohnt«.

Es sagten

... die Generalversammlung der Vereinten Nationen in Artikel 3 und 5 der *Allgemeinen Erklärung der Menschenrechte* von 1948: »Jeder hat das Recht auf Leben, Freiheit und Sicherheit der Person.« – »Niemand darf der Folter oder grausamer, unmenschlicher oder erniedrigender Behandlung oder Strafe unterzogen werden.«

... Präsident Mandela, als nach einer Bombenattacke gegen das amerikanische *Planet Hollywood*-Restaurant in Kapstadt die Wiedereinführung der Todesstrafe diskutiert wurde: »Diese Art von Rache hilft uns nicht, Leute zu töten, nur weil sie andere getötet haben.«

... ein Leser in der *Houston Post* nach der Lektüre eines Artikels, der auf die Gefahr aufmerksam machte, dass Unschuldige hingerichtet werden: »Als ein Vertreter der Todesstrafe habe ich kein Problem damit, zuzugeben, dass auch Unschuldige hingerichtet werden können. Wir führen einen Krieg in unserem eigenen Land – gegen das Verbrechen und die Leute, die es begangen haben. Es ist traurig, dass Unschuldige im Krieg getötet werden. Aber so ist es nun mal.«

... Jerry Mooney, der als 16-jähriger einen Mord begangen hatte und seither im Hochsicherheitstrakt in Oklahoma auf seine Hinrichtung wartet: »Mich zum Tode zu verurteilen, löst nichts. Es bedeutet nur, dass mein Leben keinerlei Wert hat, dass ich weder straf- noch besserungswürdig bin.«

… Joseph John Cannon, der 1998 hingerichtet wurde: »Ich möchte die Leute wissen lassen, dass ich bereut habe, was ich getan habe, und wenn ich irgendetwas tun könnte, um zu ändern, was geschehen ist, würde ich es tun. Ich schäme mich sehr, auf diese Art zu sterben.«

… Albert Camus: »Einer, der genießerisch seinen Morgenkaffee trinkt und in der Zeitung liest, dass der Gerechtigkeit Genüge getan worden sei, würde seinen Kaffee wieder von sich geben, erführe er auch nur die kleinste Einzelheit.«

… Gandhi: »Aug um Aug … und die ganze Welt wird blind.«

Information

Amnesty International Schweiz:
 Postfach, 3001 Bern.
 Tel: 0 31/307 22 22

Amnesty International Deutschland:
 Heerstraße 178, 53108 Bonn.
 Tel. 02 28/98 37 30, Fax 63 00 36

Amnesty International Österreich:
 Möringgasse 10–1, 1150 Wien.
 Tel. 0 43/17 80 080, Fax: 17 80 08 44

Lifespark, Briefkontaktstelle für Gefangene
 im Todestrakt, Postfach, 4002 Basel.
 Tel. und Fax: 00 41/91/968 14 83,
 E-Mail: bhaug@tinet.ch,
 Internet: http://www.geocities.com/Enchanted
 Forest/Glade/3216

TCADP (Stelle zur Abschaffung der Todesstrafe)
 P.O. Box 70314, Houston, TX 77270

Citzens United for Alternatives to the Death Penalty,
 177 U.S.Hwy, Nr. i, Box 297, Tequesta,
 FL 33469 USA. www.cuadp.org
 E-Mail: cuadp@cuadp.org

School of Law Legal Clinic, Northwestern University,
357 East Chicago Avenue, Chicago, Illinois

Auskünfte über bevorstehende Exekutionen,
Aufschübe etc. sind erhältlich auf der Website:
www.ecadp.org

Quellen

Amnesty International, Death Penalty Information Center, Washington; Bureau of Justice Statistics, Washington; »Streitfall Todesstrafe« (Frank Müller, Patmos Verlag 1998); »No matter how loud I shout« (Edward Humes, 1996); »The Rope, the Chair, & the Needle«, Capital Punishment in Texas, (James W. Marquart, University of Texas, Austin, 1998), »I Saw 189 Men Die in the Electric Chair«, (Don Reid, Cordovan Press, Houston 1973): »Dead Man Walking«, (Sister Helen Prejean, Random House, New York, 1993), »Divided Passions« (Kimberly Cook, Northeastern University Press 1997); »The Death Penalty in America« (New York, Oxford University Press, 1982); »A Promise of Justice – The Eighteen Year Fight to Save Four innocent Men« (David Protess, Hyperion Press, 1998)

Ausgewertet wurden: »The Houston Chronicle«, »The Houston Press«, »Huntsville Item«, »The National Law Journal«, »Newsweek«. »The Dallas Morning News«, »Austin American Statesman«, »U.S. News & World Report«, »Herald Tribune«, »The Economist«, »The Caged Panther«, »Neue Zürcher Zeitung«, »Der Spiegel«, »La peine de mort« (Livespark, Genf)

Peter Holenstein *Die Innenseite der Schuld*
352 Seiten ISBN 3 251 40082 0

**Mehr als 2,5 Millionen Deutsche sind alkoholabhängig.
Alkoholismus ist eine behandelbare Krankheit.**

Peter Holenstein berichtet von einem spektakulären Fall:
Felix Heiden wird zu zehn Jahren Zuchthaus verurteilt wegen
vorsätzlicher Tötung seines Sohnes und der versuchten Tötung
seiner Frau. Felix Heiden ist ein Musterschüler in der Schule,
brilliert an der Uni, bringt es im Militär zum Offizier und wird
Sekretär einer großen Partei. Felix Heiden ist seit seinem vierzehnten
Lebensjahr alkoholabhängig. Viele Jahre lang kann er seinen
Alkoholkonsum in der Öffentlichkeit rechtfertigen. Als der
Druck unerträglich wird, kommt es zu der Katastrophe.
Peter Holenstein hat in enger Zusammenarbeit mit dem Täter dessen
Lebensgeschichte rekonstruiert. Das Extrembeispiel macht deutlich,
wo die Grenzen vom Genuß zum Mißbrauch liegen, und zeigt Mittel
und Wege, wie ein Ausstieg möglich ist.